全面依法治国与中华法文化的创造性转化研究

张晋藩／著

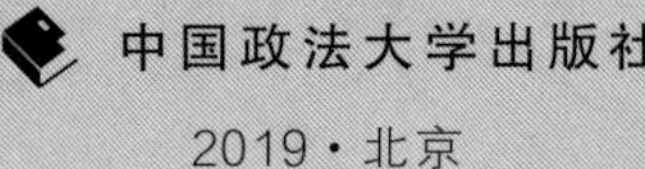

中国政法大学出版社

2019·北京

本书系国家社会科学基金重大委托项目“创新发展中国特色社会主义法治理论体系研究”（项目批准号：17@ZH014）的阶段性成果。

序

马克思曾说："人们自己创造自己的历史，但是他们并不是随心所欲地创造，并不是在他们自己选定的条件下创造，而是在直接碰到的、既定的、从过去承继下来的条件下创造。"〔1〕

习近平总书记强调："历史是最好的老师。在漫长的历史进程中，中华民族创造了独树一帜的灿烂文化，积累了丰富的治国理政经验，其中既包括升平之世社会发展进步的成功经验，也有衰乱之世社会动荡的深刻教训。我国古代主张民惟邦本、政得其民，礼法合治、德主刑辅，为政之要莫先于得人、治国先治吏，为政以德、正己修身，居安思危、改易更化，等等，这些都能给人们以重要启示。治理国家和社会，今天遇到的很多事情都可以在历史上找到影子，历史上发生过的很多事情也都可以作为今天的镜鉴。中国的今天是从中国的昨天和前天发展而来的。要治理好今天的中国，需要对我国历史和传统文化有深入了解，也需要对我国古代治国理政的探索和智慧进行积极总结。"〔2〕

中国是世界著名的文明古国，有着五千年从未中断的历史。就法文化而言，同样源远流长，彪炳史册，其底蕴之深厚、特点之鲜明、影响之深远，

〔1〕 马克思："路易·波拿巴的雾月十八日"，载《马克思恩格斯选集》第1卷，人民出版社1995年版，第585页。

〔2〕 2014年10月13日习近平总书记在主持中共中央政治局第十八次集体学习时的讲话。

以及治国理政方面的充分论证都显示了古圣先贤的政治智慧、法律智慧与舍我其谁的治国抱负。他们所创造的法文化资源，既是标志其文明高度的丰碑，同时也是支持我国当前治国理政和增强文化自信所需要的智库。

但是，历史和阶级的局限，使得传统法文化中难免菁芜并存，我们的任务就是去芜存菁，激活传统法文化的优秀部分，使之创造性转化，为全面依法治国、坚持中国特色社会主义法治道路、建设新时代中国特色社会主义法治体系而服务。

本书在《鉴古明今：传统法文化的现实意义》一书的基础上，根据新的史料和新的研究认识作了重要的修改，并增加了“国以民为本，本固则邦宁”和“良法、贤吏与善治”两章，其中有四章力求与全面依法治国的理论体系相衔接，另外四章按照古代的立法、执法、司法、普法，力求为科学立法、严格执法、公正司法、全民守法提供历史的借鉴。

如何从中华法文化创造性转化的角度与当前全面依法治国的现实相结合，对我说来是新的课题，因此，我处在不断探索、不断总结的过程中，认识上也处于渐进的状态。偶有所得，还不足以展开论述，只能补充到已发表过的著作中，这种情况并不是个别的，读者会从书中发现的，谨此说明。

張晋藩

2019 年 2 月 20 日

目　录

第一章　国以民为本，本固则邦宁

习近平总书记在十九大报告中提出："坚持以人民为中心。人民是历史的创造者，是决定党和国家前途命运的根本力量。必须坚持人民主体地位，坚持立党为公、执政为民，践行全心全意为人民服务的根本宗旨，把党的群众路线贯彻到治国理政全部活动之中，把人民对美好生活的向往作为奋斗目标，依靠人民创造历史伟业。"为了使中华优秀的法文化能够在新时代全面依法治国的伟大事业中进行创造性转化和创新性发展，特撰写此文。

一、国之本在民，无民何以为国

人类社会从建立国家时起，民就是构成国家最基本的实体，也是社会物质生产的承担者。无民何以为国？民的社会性生产，使社会得以延续和进步，国家得以存在和发展，政治和思想上层建筑得以确立和巩固。没有民的社会性生产，则国将不国，也就难以为继。

民又是国家赋税的提供者，赋税是国家存在与发展的要素之一，是国家活动的财政保证。马克思说，"国家存在的经济体现就是捐税"。[1]从夏朝立国时起，赋税便是民对国家的一项义务，《史记·夏本纪》说："自虞夏时，贡赋备矣。"

---

〔1〕《马克思恩格斯全集》第1卷，人民出版社1972年版，第182页。

民还是国家军队的主要来源，在中国古代，所谓“国之大事，在祀与戎”[1]，“祀”与“戎”是国家的主要活动。没有军队，国家就失去了重要支柱，就无法保卫边疆和实现国家对内与对外的职能。在中国古代，参军不仅是民的义务，也是民的权利。

民也是国家重大工程的兴建者，无论是修建水利工程，还是修筑城池、宫殿，民都承担着力役的义务。贞观元年（627 年）唐太宗谓侍臣曰：“自古帝王凡有兴造，必须贵顺物情。昔大禹凿九山，通九江，用人力极广，而无怨讟者，物情所欲，而众所共有故也。”[2]

所以，中国古代的思想家反复论证了“国之本在民，无民何以为国”。汉兴之时，贾谊总结秦亡的教训，从中提出了国以民为本的命题。他说，“闻之于政也，民无不为本也。国以为本，君以为本，吏以为本……此之谓民无不为本也”。[3]东汉王符说：“国之所以为国者，以有民也。”[4]朱熹在给《孟子》“民为贵，社稷次之，君为轻”作注时进一步阐发说：“国以民为本，社稷亦为民而立。”[5]清末，主张变法维新的康有为、梁启超也说，“国之为国，聚民而成之……故一切礼乐政法皆以为民也”[6]，“国者积民而成，舍民之外，则无有国”[7]。

二、得民心者得天下

中国作为一个具有五千年历史的文明古国，经历了无数次的王朝兴亡，从中凸显了一条规律，就是“得民者昌，失民者亡”，前者在得民心，后者在失民

---

〔1〕《左传·成公十三年》。
〔2〕《贞观政要·俭约》。
〔3〕（汉）贾谊撰，阎振益、钟夏校注：《新书·大政上》，中华书局 2000 年版，第 338 页。
〔4〕《潜夫论·边议》。
〔5〕（宋）朱熹撰：《四书章句集注》卷一四《孟子集注·尽心章句下》，中华书局 1983 年版，第 367 页。
〔6〕《孟子微》卷一《总论》，上海广智书局 1916 年版。
〔7〕梁启超：《论近世民族竞争之大势及中国之前途》，载《饮冰室合集·文集之四》，中华书局 1989 年版，第 56 页。

心，周之代商就雄辩地证明了这一点。商是一个“邦畿千里”的大国，但却为“小邦周”所灭，原因之一就在于，商朝末代君主纣“重刑辟”，实行法外极刑，丧失了民心，以致在关键性的牧野之战，“亿兆夷人”[1]倒戈相向，使得赫赫不可一世的商朝瞬间覆亡。商王曾经自恃拥有“如火如荼”的庞大军队，以为周之寇商不足道也。不料，正是这支军队的倒戈相向，使纣王身死国灭。

胜利者在惊喜之余，深深地认识到民心的向背决定着国家的兴亡。继起的周朝的执政者周公，一再告诫他的兄弟子侄民心的重要。他说，“人无于水监，当于民监”[2]，“天畏棐忱，民情大可见”[3]，并且把民心与天命连接起来，借助天命渲染民心的重要性。他说，“民之所欲，天必从之”，“天视自我民视，天听自我民听”。[4]从周公的立论来看，他重民思想的核心在于重视民心，他的一切施政都可归结到得民心上。这决定了他所实行的礼乐政刑综合治国的方略，也决定了他所创立的明德慎罚的法律制度，谱写了中国古代法文化史上绚丽多彩的一章。后世推行的德主刑辅、以刑辅德都导源于此。

由于周初的治国理政体现了重民、保民的指导原则，由此带来了“刑错四十余年而不用”[5]的成康之治。而且周初实行的礼法之治影响深远，春秋末世，孔子便以悲天悯人的心情表达了“礼乐不兴，则刑罚不中；刑罚不中，则民无所措手足”[6]的失落感。

以上可见，周初统治者通过一系列主张，把“敬天”落实到“保民”上。民的价值得到凸显，周初所推行的各项国家治理措施都归结到重民、保民和得民心上，并且第一次宣告了立法与司法的目的不在于刑人，而在于定是非、明曲直、慎刑罚，以有效地惩治犯罪，保民不受损害。这种刑罚的目的论，对后世影响深远。

---

〔1〕《尚书·泰誓》。

〔2〕《尚书·酒诰》。

〔3〕《尚书·康诰》。

〔4〕《尚书·泰誓》。

〔5〕《史记·平津侯主父列传》。

〔6〕《论语·子路》。

春秋战国时期，诸侯称雄，兼并战争连年不绝，为了取得兼并战争的胜利，民的价值进一步受到重视。孟子对此发表了一系列论断，他说，“桀纣之失天下者，失其民也；失其民者，失其心也。得天下有道：得其民，斯得天下矣。得其民有道：得其心，斯得民矣”；“得民而得天下，失民而失天下，得民而欲无王，不可得矣；失民虽欲保天下，亦不得矣”。〔1〕“乐民之乐者，民亦乐其乐；忧民之忧者，民亦忧其忧。乐以天下，忧以天下，然而不王者，未之有也。”〔2〕他还提出了一个千古不朽的命题：“民为贵，社稷次之，君为轻。”〔3〕

荀子进一步总结道：“用国者，得百姓之力者富，得百姓之死者强，得百姓之誉者荣。三得者具而天下归之，三得者亡而天下去之。”〔4〕他主张君为民而立，还将民与君比喻成水与舟的关系，“天之生民，非为君也；天之立君，以为民也”〔5〕，“君者，舟也，庶人者，水也；水则载舟，水则覆舟”〔6〕。

孟荀之说，既是夏商周兴衰之由的规律性总结，也是对国家治理的要旨——“民惟邦本”的精彩阐发。后世论者，大都仿此，只是增加了时代的烙印而已。

除儒家论证了民本思想外，法家也同样坚持以民为本，以顺民心为治国之要。

早期法家管仲说，“政之所兴，在顺民心；政之所废，在逆民心”。〔7〕“夫争天下者，必先争人。明大数者得人，审小计者失人。得天下之众者王，得其半者霸”。“夫霸王之所始也，以人为本。本理则国固，本乱则国危”。〔8〕又说“明君顺人心，安情性，而发于众心之所聚。是以令出而不稽，刑设而不用。先王善与民为一体”。〔9〕“国之所以为国者，民体以为国”。〔10〕

---

〔1〕《孟子·离娄上》。
〔2〕《孟子·梁惠王下》。
〔3〕《孟子·尽心下》。
〔4〕《荀子·王霸》。
〔5〕《荀子·大略》。
〔6〕《荀子·王制》。
〔7〕《管子·牧民·右四维》。
〔8〕《管子·霸言》。
〔9〕《管子·君臣上》。
〔10〕《管子·君臣下》。

慎到主张君主治国，“得助则成，释助则废”[1]，说明百姓的支持决定了君主的权威和成败，君主只有“得助于众”才能令行禁止。三王、五伯之德可以参于天地，通于鬼神，遍及万物，就在于“其得助博也”[2]。

韩非说，上古之时，有巢氏构木为巢以避群害，燧人氏钻木取火以化腥臊，正是由于造福于民众，民心大悦，遂“使王天下”[3]。

《吕氏春秋》中提出，“天下非一人之天下也，天下之天下也”[4]，“先王先顺民心，故功名成。夫以德得民心以立大功名者，上世多有之矣。失民心而立功名者，未之曾有也”[5]。“安危荣辱之本在于主，主之本在于宗庙，宗庙之本在于民”。[6]

后世论治国之要者，也都集中在得民心上。唐太宗李世民以隋亡为戒，他指出，开皇十四年大旱，人多饥乏，但仓库盈溢，文帝“不怜百姓而惜仓库”，不赈济灾民，置民众生死于不顾。至炀帝时，恃仓储富饶奢华无道，终于失民心，亡其国，说明“凡理国者，务积于人，不在盈其仓库”。唐太宗借古人“百姓不足，君孰与足”[7]之语说明“为君之道，必须先存百姓”[8]，“朕每日坐朝，欲出一言，即思此一言于百姓有利益否？所以不敢多言”[9]。他感慨做天子之不易：“天子者，有道则人推而为主，无道则人弃而不用，诚可畏也。”对此魏征应答道：“古语云：‘君，舟也；人，水也。水能载舟，亦能覆舟。’”[10]正是由于太宗时君臣能以失民心而亡国家、得民心则兴国家的历史规律自警自戒，才有了气象恢宏、中外称赞、民众安居乐业、国势空前强盛的“贞观之治”。

---

〔1〕《慎子·威德》。
〔2〕《慎子·威德》。
〔3〕《韩非子·五蠹》。
〔4〕《吕氏春秋·孟春纪·贵公》。
〔5〕《吕氏春秋·季秋纪·顺民》。
〔6〕《吕氏春秋·有始览·务本》。
〔7〕《贞观政要·辨兴亡》。
〔8〕《贞观政要·君道》。
〔9〕《贞观政要·慎言》。
〔10〕《贞观政要·政体》。

宋代理学家程颐把顺民心列为为政之本，他说："为政之道，以顺民心为本，以厚民生为本，以安而不扰为本。"[1]著名清官包拯也说："民者，国之本，财用所出，安危所系。"[2]

明太祖朱元璋将赢取民心和顺应天意看作国家兴盛的重要条件，如忤逆天意，违背民心，则必有亡国之危，他说，"所畏者天，所惧者民。苟所为一有不当，上违天意，下失民心，驯致其极而天怒人怨，未有不危亡者矣"[3]。

明成祖朱棣告诫群臣，"君国之道，以民为本"，如果臣子都能体察君王的爱民恤民之心，"推而行之"，兴利除害，则不但"天下之民举得其所"，各级官吏也可"永享太平之福"。[4]又说，"民者，国之根本也。根本欲其安固，不可使之凋敝。是故圣王之于百姓也，恒保之如赤子，未食则先思其饥也，未衣则先思其寒也。民心欲生也，我则有以遂之；民情恶劳也，我则有以逸之……薄其税敛，而用之必有其节。如此，则教化行而风俗美，天下劝而民心归。行仁政而天下不治者，未之有也"。[5]

明末清初思想家黄宗羲说："天下之治乱，不在一姓之兴亡，而在万民之忧乐。是故桀纣之亡，乃所以为治也，秦政、蒙古之兴，乃所以为乱也……为臣者轻视斯民之水火，即能辅君而兴，从君而亡，其于臣道固未尝不背也。"[6]在他看来，重视民心向背不仅是为君之道，也是为臣之道。

三、宽以养民，利以富民

中国古代的政治家、思想家除在总体上论证了得民心者得天下的观念，还从具体的治国实践中形成了宽以养民、利以富民的政策思想。唐初，以"安人宁国"为治国方策的唐太宗说："凡事皆须务本。国以人为本，人以衣

---

〔1〕《二程集·河南程氏文集》卷五《上书·代吕公著应诏上神宗皇帝书》。

〔2〕《包拯集·请免江淮两浙折变》（一）。

〔3〕《明太祖实录》卷三二，洪武元年七月辛已。

〔4〕《明太宗实录》卷三〇，永乐二年夏四月辛未。

〔5〕《圣学心法》卷首御制序。

〔6〕《明夷待访录·原臣》。

食为本。凡营衣食，以不失时为本。夫不失时者，在人君简静乃可致耳。”〔1〕唐高祖还形象地比喻了国家不宽以养民之害：“君依于国，国依于民，刻民以奉君，犹割肉以充腹，腹饱而身毙，君富而国亡。”〔2〕

宋朝政绩突出的地方官危昭德说：“民者，邦之命脉，欲寿国脉，必厚民生。”〔3〕理学家程颐也说：“为民立君，所以养之也。养民之道，在爱其力。民力足则生养遂，生养遂则教化行而风俗美，故为政以民力为重也。”〔4〕

除宽以养民外，思想家们也着重论证了利以富民对于国家的作用。

管仲说：“凡治国之道，必先富民。民富则易治也，民贫则难治也，奚以知其然也？民富则安乡重家，安乡重家则敬上畏罪，敬上畏罪则易治也。民贫则危乡轻家，危乡轻家则敢凌上犯禁，凌上犯禁则难治也。故治国常富，而乱国常贫。是以善为国者，必先富民，然后治之。”〔5〕他还说：“民不足，令乃辱；民苦殃，令不行。”〔6〕

孔子说：“百姓足，君孰与不足；百姓不足，君孰与足”，〔7〕强调只有百姓富裕才能使国家富强。

孟子也以富民作为养民之要，他说，“是故明君制民之产，必使仰足以事父母，俯足以畜妻子，乐岁终身饱，凶年免于死亡”。〔8〕他还说：“民事不可缓也……民之为道也，有恒产者有恒心，无恒产者无恒心；苟无恒心，放辟邪侈，无不为己。及陷乎罪，然后从而刑之，是罔民也。焉有仁人在位，罔民而可为也！是故贤君必恭俭礼下，取于民有制。”〔9〕孟子还描写了他理想中富民的田园风光，“五亩之宅，树之以桑，五十者可以衣帛矣。鸡豚狗彘之

---

〔1〕《贞观政要》卷八《务农》。

〔2〕《资治通鉴》卷一九二《唐纪八·高祖神尧大圣光孝皇帝下之下》，武德九年十月丙午条。

〔3〕《宋史·危昭德传》。

〔4〕《二程集·河南程氏经说》卷四《春秋传》。

〔5〕《管子·治国》。

〔6〕《管子·版法》。

〔7〕《论语·颜渊》。

〔8〕《孟子·梁惠王上》。

〔9〕《孟子·滕文公上》。

畜，无失其时，七十者可以食肉矣。百亩之田，勿夺其时，数口之家可以无饥矣。”“不违农时，谷不可胜食也。数罟不入洿池，鱼鳖不可胜食也。斧斤以时入山林，材木不可胜用也。谷与鱼鳖不可胜食，材木不可胜用，是使民养生丧死无憾也”。“养生丧死无憾”，正是“王道之始”。[1]

荀子不仅综合论证了养民、富民的重要性，还具体提出了实现养民、富民的措施，他说：“轻田野之税，平关市之征，省商贾之数，罕兴力役，无夺农时。”[2]“足国之道，节用裕民而善臧其余。节用以礼，裕民以政。彼裕民，故多余。裕民则民富，民富则田肥以易，田肥以易则出实百倍。上以法取焉，而下以礼节用之”。[3]

汉时，刘安认为：“治国有常，而利民为本。”[4]

三国时期，吴国著名军事家陆逊还从另一面论证说：“民殷国弱，民瘠国强者，未之有也。”[5]

元代名吏陈天祥说：“国家之与百姓，上下如同一身，民乃国之血气，国乃民之肤体。血气充实则肤体康强，血气损伤则肤体羸病。未有耗其血气，能使肤体丰荣者。是故民富则国富，民贫则国贫，民安则国安，民困则国困，其理然也。”[6]

明太祖朱元璋的出身经历使他对于宽以养民的重要性有着深刻的体会，他说，“善政在于养民，养民在于宽赋”[7]，又说，“朕本农夫，深知民间疾苦”[8]，“天下一家，民犹一体。有不获其所者，当思所以安养之”[9]。与此同时，他认为“不施实惠而概言宽仁，亦无益耳”。因而他提出施行仁政，重

[1] 《孟子·梁惠王上》。
[2] 《荀子·富国》。
[3] 《荀子·富国》。
[4] 《淮南子·氾论训》。
[5] 《三国志·吴书·陆逊传》。
[6] 《元史·陈天祥传》。
[7] 《明太祖宝训》卷五《宽赋》。
[8] 《朱元璋系年要录》，洪武四年五月。
[9] 《明太祖宝训》卷四《仁政》。

在使百姓得到实惠。“以朕观之，宽仁必当阜民之财而息民之力，不节用则民财竭，不省役则民力困，不明教化则民不知礼义，不禁贪暴则民无以遂其生。如是而曰宽仁，是徒有其名而民不被其泽也。故养民者必务其本，种树者必培其根。”〔1〕

明成祖朱棣也说：“朕惟事天以诚敬为本，爱民以实惠为先。《书》曰：‘惟天惠民’，又曰：‘安民则惠’。”〔2〕

上述对宽以养民、利以富民的论述，指导了历代国家相关制度的构建和政策的推行。譬如，宽以养民的政策思想，推动了轻徭薄赋政策措施的制定与实施。

捐税是存在于国家的一种经济形态，夏商周立国之后，“有税有赋。税以足食，赋以足兵”〔3〕。庶民作为农业生产的主要承担者，需要从土地收益中向官府缴纳田赋，殷人七十而助，周人百亩而彻，“大率民得其九，公取其一”〔4〕，据《孟子·滕文公上》记载：“夏后氏五十而贡，殷人七十而助，周人百亩而彻，其实皆什一也。”西周推行什一实物租赋制度，东汉赵岐在注《孟子》书中说“耕百亩者，彻取十亩以为赋”。公元前594年，鲁国实行“初税亩”，田赋的标准是：“公田之法，十取其一；今又履其余亩，复十收其一。”〔5〕

秦时，农民租种土地，须交“太半之赋”〔6〕，而徭役竟然“三十倍于古”，“竭天下之资财以奉其政”，以致“男子力耕不足粮饷，女子纺绩不足衣服”，〔7〕终于招致农民大起义，二世而亡。这说明赋税的轻重关系到国家的兴亡。历史的教训使开明的统治者注意轻徭薄赋以疏民困、利民生，维持社

〔1〕《明太祖实录》卷二九，洪武元年正月乙酉；另见《明太祖宝训》卷四《仁政》。
〔2〕《明太宗实录》卷二七，永乐二年正月甲辰。
〔3〕《汉书·刑法志》。
〔4〕（宋）朱熹：《论语集注·颜渊》。
〔5〕（清）阮元校刻：《十三经注疏·春秋左传正义·宣公十五年》“初税亩”条下疏，中华书局1980年版，第1887页。
〔6〕《史记·淮南衡山列传》。
〔7〕《汉书·食货志》。

会的稳定和国家的发展。

汉高帝时实行“什五税一”的“轻田租”政策。文帝时厉行节俭，“思安百姓”，改为三十税一，强调“农，天下之大本也，民所恃以生也”，为劝民重农曾多次下令减免“田租之半”[1]；景帝以后三十税一遂成定制，并严惩官吏乱役民夫致违农时的失职行为，“吏发民若取庸采黄金珠玉者，坐臧为盗。二千石听者，与同罪”[2]，造就了文景之治的盛世，影响两汉三百五十余年。

唐朝在均田制的基础上实行租庸调的税法，凡受田者，每丁每年向国家纳粟二石或稻三斛，为“租”，亦即田赋。每年每丁劳役二十天，闰年加两天，或布三尺七寸五分，为“庸”，亦即百姓对国家应负的劳役。每年纳绢或绫二丈，加绵三两，不产绢之地交纳布二丈五尺和麻三斤，为“调”，亦即国家对家庭手工业产品的征课，实为户口税。由此可见，每丁每年向国家缴纳的赋税是和均田法相适应的，起到了疏民困、利民生的效果。随着均田制被破坏，租庸调法也难以实行，此后根据社会生产的实际状况以及国家的需要，赋税制度不断进行改革，如唐后期实行的两税法，宋神宗时实行的青苗法、方田均税法，明神宗时实行的“一条鞭法”。

唐时，著名诗人白居易从日常的种树栽花等小事中悟出了养民固本的道理，他在种树诗《东坡种花二首》中说：“养树既如此，养民亦何殊。将欲茂枝叶，必先救根株。云何救根株，劝农均赋租。云何茂枝叶，省事宽刑书。移此为郡政，庶几甿俗苏。”[3]这可以说是对唐代以养民为本的赋税制度的生动描写。

明太祖不仅多次下令减轻赋税，而且还“命中书省令天下郡县访穷民无告者，月给以衣食；无依者，给以屋舍”，[4] 也就是为衣食无着的贫民提供食物、衣服和房舍。

---

〔1〕《汉书·文帝纪》。

〔2〕《汉书·景帝纪》。

〔3〕《全唐诗》卷四三四。

〔4〕《明太祖实录》卷九六，洪武八年正月癸酉。

明代名吏张居正提出，民是国家的根基，民生的安危关系到国祚的长短，只有安民生方能固国本，才是“长治久安之术”[1]。为此，他多次上书奏请皇帝蠲除积年逋赋，安定民心。他针对时弊，推行“一条鞭法”，将各种赋税“悉并为一条，皆计亩征银，折办于官”[2]。“一条鞭法”使赋税征收程序化繁为简，民众的赋税负担改重趋轻，既实现了国用充足，也使民力大为宽解。

清康熙帝即位后，为巩固国家统治，自康熙元年至四十四年（1662～1705年）蠲免钱粮九千余万两。特别是康熙五十一年（1712年）宣布全国的赋税额以康熙五十年为准，以后额外添丁，不再多征，即所谓“盛世滋生人丁，永不加赋”[3]。这既表现了康熙朝经济的发达与财富的大量积累，同时也是一项最切实的利民之举，由此刺激了人口的增长和农业的丰稔。雍正朝，在“盛世滋生人丁，永不加赋”的基础上，实行“摊丁入地”，废除了行之已久的人丁税，进一步增加了农民的实际收入，轻徭薄赋成为康雍乾盛世的标志之一。

以上可见，赋税立法是中国古代法律体系中的重要组成部分，它是因时而变的，一般的规律是新王朝建立伊始，为了稳定统治基础，实行与民休息的政策，轻徭薄赋便是此项政策的核心内容。及至王朝后期，多因政治腐败、官吏贪污，加重了百姓的赋税负担，使得民不堪命。明末之所以爆发全国性的农民大起义，原因之一就在于对百姓除了极为繁重的苛捐杂税之外，更三饷加派，终于激起民变。历史的经验证明，宽以养民，可以疏解民困，有利民生，使社会安定，国家富强；横征暴敛，使民不堪，往往是一个王朝衰亡的渊薮。

历代除推行宽以养民的政策外，还积极实行利民、富民的政策措施，使民富而国强。由于中国古代以农立国的国情，因此利民、富民的首要措施，在于使民获得最基本的生产资料——土地。战国时期，法家学说之所以成为显学，法家人物之所以得到民众的拥护，就在于法家推行重农主义的土地政

---

〔1〕《张文忠公全集·请择有司蠲逋赋以安民生疏》。

〔2〕《明史·食货志》。

〔3〕《清史稿·食货志·赋役》。

策。从魏国李悝实行“尽地力之教”，到商鞅变法时“废井田”“开阡陌”，使民获得土地。民既足食，遂成为国家富强之本。

“贞观之治”不仅使国富兵强，还使唐朝雄踞于世界强国之林，如同王维在《和贾舍人早朝大明宫之作》诗中所描绘的“九天阊阖开宫殿，万国衣冠拜冕旒”[1]，其原因之一就在于田土均之。根据唐《均田令》，社会各色人等都取得了土地的所有权。武德七年（624年）颁布均田令如下：“诸丁男、中男给田一顷，笃疾、废疾给四十亩，寡妻妾三十亩，若为户者加二十亩。所授之田，十分之二为世业，八为口分。世业之田，身死则承户者便授之，口分则收入官，更以给人。狭乡授田，减宽乡之半，其地有薄厚，岁一易者，倍授之。宽乡三易者，不倍授。”[2]

至开元二十五年（737年），根据推行均田的经验，进一步修订颁行《均田令》：“诸丁男给永业田二十亩，口分田八十亩，其中男年十八以上亦依丁男给。老男、笃疾、废疾、各给口分田四十亩，寡妻妾各给口分田三十亩。先有永业者，通充口分之数。黄、小、中、丁男女及老男、笃疾、废疾、寡妻妾当户者，各给永业田二十亩，口分田二十亩。应给宽乡，并依所定数。若狭乡新受者，减宽乡口分之半。其给口分田者，易田则倍给（宽乡三易以上者，仍依乡法易给）。”[3]永业田可以传子孙，“不在收授之限，即子孙犯除名者，所承之地亦不追”。口分田，本人死后还官。州县内“受田悉足者为宽乡，不足者为狭乡”。[4]

此外，“诸以工商为业者，永业、口分田各减半给之。在狭乡者并不给”[5]；

---

〔1〕《全唐诗》卷一二八。

〔2〕［日］仁井田陞：《唐令拾遗·田令》武德七年，栗劲、霍存福等编译，长春出版社1989年版，第540页。

〔3〕［日］仁井田陞：《唐令拾遗·田令》开元二十五年，栗劲、霍存福等编译，长春出版社1989年版，第542页。

〔4〕［日］仁井田陞：《唐令拾遗·田令》开元二十五年，栗劲、霍存福等编译，长春出版社1989年版，第550页。

〔5〕［日］仁井田陞：《唐令拾遗·田令》开元二十五年，栗劲、霍存福等编译，长春出版社1989年版，第562页。

“道士给田三十亩，女官二十亩，僧尼受具戒准此”[1]；“杂户者，依令，老免进丁受田，依百姓例。官户受田，减百姓口分之半”[2]。

收授田地有固定日期，“每年起十月一日里正预校勘造簿，历十一月，县令总集应退、应受之人，对共给授，十二月内毕”。[3]

“良口”除依法分得永业、口分田外，还可以分得园宅地，“三口以下给一亩，每三口加一亩。贱口五口给一亩，每五口加一亩，并不入永业、口分之限”。[4]

贵族高官可依勋爵和官品获得永业田，“凡官人及勋爵，授永业田”，其具体数额是：“亲王百顷，职事官正一品六十顷，郡王及职事官从一品各五十顷，国公若职事官正二品各四十顷，郡公若职事官从二品各三十五顷，县公若职事官正三品各二十五顷，职事官从三品二十顷，侯若职事官正四品各十四顷，伯若职事官从四品十一顷，子若职事官正五品各八顷，男若职事官从五品各五顷。上柱国（武官最高勋级）三十顷，柱国二十五顷，上护军二十顷，护军十五顷，上轻车都尉十顷，轻车都尉七顷，上骑都尉六顷，骑都卫四顷，晓骑尉、飞骑尉各八十亩，云骑尉、武骑尉各六十亩。”[5]此外，还有临时赏赐的赐田。

不仅如此，京都文武职事官还可以依品级分得京城百里内不同数量的职分田，“一品十二顷，二品十顷，三品九顷……九品二顷”[6]。在外诸州及都

---

〔1〕［日］仁井田陞：《唐令拾遗·田令》开元二十五年，栗劲、霍存福等编译，长春出版社1989年版，第568页。

〔2〕［日］仁井田陞：《唐令拾遗·田令》开元二十五年，栗劲、霍存福等编译，长春出版社1989年版，第569页。

〔3〕［日］仁井田陞：《唐令拾遗·田令》开元二十五年，栗劲、霍存福等编译，长春出版社1989年版，第566页。

〔4〕［日］仁井田陞：《唐令拾遗·田令》开元二十五年，栗劲、霍存福等编译，长春出版社1989年版，第558页。

〔5〕［日］仁井田陞：《唐令拾遗·田令》开元二十五年，栗劲、霍存福等编译，长春出版社1989年版，第548页。

〔6〕［日］仁井田陞：《唐令拾遗·田令》开元二十五年，栗劲、霍存福等编译，长春出版社1989年版，第575页。

护府、亲王府官人的职分田，“二品十二顷，三品十一顷，四品八顷……九品二顷五十亩”[1]。

至于充作各级官府办公费用的公廨田，在京诸司可依品级分得二十六顷至二顷，在外诸司可依品级分得四十顷至一顷。[2]

均田法是唐朝一项伟大的创造，它的价值和积极作用就是：

第一，作为农业立国的国家，土地是最重要的生产资料，根据《均田令》，国家将土地分配给农民，使广大农民及其他诸色人等获得了稳定的、相对持久的谋生手段，从根本上解决了民生问题。

第二，《均田令》所达到的积极效果是均富，农民不仅获得口分田，而且还获得了永业田，从而刺激了他们精心经营土地的积极性，使丰产得到保障，在此基础上达到富足。由于无论官民和各色人等，都依法获得土地，在一定程度上实现了均富。但是由于中国古代社会是以等级秩序为特征的，所以官民之间所分得土地的亩数是有等差的，奴婢依良丁授田，使官僚贵族之家获得了较多的土地。在贯彻《均田令》的过程中，也存在着强占农民土地的现象，唐令明确规定，“诸亲王出藩者，给地一顷。作园，若城内无可开拓者，于近城便给。如无官田，取百姓地充，其地给好地替”[3]。

均田法的实施确实达到了富民的效果，史书载，“商旅野次，无复盗贼，囹圄常空，马牛布野，外户不闭。又频致丰稔，米斗三四钱，行旅自京师至于岭表，自山东至于沧海，皆不赍粮，取给于路。入山东村落，行客经过者，必厚加供待，或发时有赠遗……”[4]史书的记载难免有溢美之词，但从中可以看到百姓富足，社会和谐安定，“天下帖然”“人人自安”[5]的盛世情景。

---

[1] [日] 仁井田陞：《唐令拾遗·田令》开元二十五年，栗劲、霍存福等编译，长春出版社1989年版，第577页。

[2] [日] 仁井田陞：《唐令拾遗·田令》开元二十五年，栗劲、霍存福等编译，长春出版社1989年版，第572页、第573页。

[3] [日] 仁井田陞：《唐令拾遗·田令》开元二十五年，栗劲、霍存福等编译，长春出版社1989年版，第584页。

[4] 《贞观政要》卷一《政体》。

[5] 《贞观政要》卷六《奢纵》。

由于民富，唐朝的府库充盈、边疆巩固、国力强盛，无论典章制度、文化艺术都达到了成熟形态，其影响远播海外，成为世界上最著名的强盛国家之一。历史雄辩地证明了只有民富才能国强，只有藏富于民才是国家固本之策。清初，唐甄特别论证了藏富于民的重要性，他说："夫富在编户，不在府库。若编户空虚，虽府库之财积如丘山，实为贫国，不可为国矣。"〔1〕

以上可见，田土均之的法令取得了民富国强的效果，"贞观之治""开元之治"都源于均田法的实施。"安史之乱"以后，藩镇割据、战乱频仍，均田制遭到严重破坏，民生凋敝，唐朝随之走上了下坡路。这从反面论证了养民利民，民安国强的重要性。战国时慎子说得好，"善为国者，移谋身之心而谋国，移富国之术而富民，移保子孙之志而保治，移求爵禄之意而求义，则不劳而化理成矣"。〔2〕

还需指出，唐代统治者不仅立法保护农民得到的土地，而且还力图为农业生产营造良好的自然环境，这对后世很有启迪意义。中华民族的先人是何等的睿智和具有远见卓识。

四、富则教之，明刑弼教

历代开明的统治者、思想家不仅从历史的镜鉴中总结了重民、富民对于国家强盛的重要性，也重视教民，特别是在民衣食充足之后，强调富而教之。孔子在回答冉有"既富矣，又何加焉"的提问时，明确回答说："教之"〔3〕；另在回答子张"何谓四恶"的问题时，将"不教而杀"视为暴虐行径，列入恶政之首〔4〕；并提出"道之以政，齐之以刑，民免而无耻；道之以德，齐之以礼，有耻且格"〔5〕的教育宗旨。在孔子看来，民众在解决衣食温饱之后，

〔1〕《潜书·存言》。
〔2〕《慎子·逸文》。
〔3〕《论语·子路》。
〔4〕《论语·尧曰》。
〔5〕《论语·为政》。

迫切需要进行教化，使之明礼义、重德化、知廉耻、远罪恶、敦乡里、识大体、爱国家，能够自觉地进行内省，约束自己的行为，以符合礼义廉耻的圣训和法律规范的要求，进而有利于奠定国家富强的社会基础。反之，富而不教，以致为富不仁、巧取豪夺、讹诈取利，则会败坏风俗、紊乱社会秩序，虽富但无助于国家富强，反而成为社会与国家发展的消极因素。管子所说："仓廪实而知礼节，衣食足而知荣辱。"[1]但知礼节、知荣辱不是在富裕生活中自然生成的，还需要"教化"。因此，富民与教民是"民惟邦本"链条上的两个重要环节。

历代对于富而教之的论述可谓多矣。《尚书·舜典》很早便提出对民"敬敷五教"[2]之说，据孔颖达疏，五教即为"父义、母慈、兄友、弟恭、子孝"。《尚书·武成》在歌颂周武王的功绩时，也有"重民五教，惟食丧祭"[3]之语。

主张"善政"的孟子强调民富之后必须施行教化，否则与禽兽相差无几，"人之有道也，饱食暖衣，逸居而无教，则近于禽兽。圣人有忧之，使契为司徒，教以人伦：父子有亲，君臣有义，夫妇有别，长幼有叙，朋友有信"。[4]并认为"善政"与"善教"不可分，"善教"有助于得民心，可以成为营造"善政"的重要手段，"仁言不如仁声之入人深也，善政不如善教之得民也。善政，民畏之；善教，民爱之。善政得民财，善教得民心"[5]。他同时主张："教之不改而后诛之。"[6]

荀子也说："不教而诛，则刑繁而邪不胜。"[7]

西汉贾谊提出，"礼者禁于将然之前，而法者禁于已然之后"，"以礼义治之者，积礼义；以刑罚治之者，积刑罚。刑罚积而民怨背，礼义积而民和

〔1〕《管子·牧民》。
〔2〕（清）阮元校刻：《十三经注疏·尚书正义·舜典》，中华书局1980年版，第130页。
〔3〕（清）阮元校刻：《十三经注疏·尚书正义·武成》，中华书局1980年版，第185页。
〔4〕《孟子·滕文公上》。
〔5〕《孟子·尽心上》。
〔6〕《孟子·万章下》。
〔7〕《荀子·富国》。

亲”。[1]董仲舒传承了以礼乐主宰刑罚的传统，形成了德主刑辅的指导原则，他借助阴阳五行之说，大肆鼓吹“大德小刑”，以德化民、教民，使民不敢为非、不触法禁。东汉王符认为：“人君之治，莫大于道，莫盛于德，莫美于教，莫神于化。”[2]他还说：“明王之养民也，忧之劳之，教之诲之，慎微防萌，以断其邪。”[3]结论就是：“是故上圣不务治民事而务治民心。”[4]

唐太宗李世民更指出“富则教之”，是百姓获取富贵之道。他说：“朕常欲赐天下之人，皆使富贵，今省徭赋，不夺其时，使比屋之人恣其耕稼，此则富矣。敦行礼让，使乡闾之间，少敬长，妻敬夫，此则贵矣。”[5]可知善于耕种以安其居则富，知晓礼仪以明教化，使民不仅富而且贵。

中国古代的法典蕴含着重德礼、慎刑罚，遵伦常、讲忠孝，重诚信、远诈伪，敦和谐、求和睦的民族精神。由此，思想家提出“明刑”可以“弼教”，也就是通过彰显法律规范的内容，使民了解它所蕴涵的民族精神，表明法律非以刑人为目的，而以使民远恶迁善为目的，实现以刑弼教、以刑辅教。这就是周初伟大的政治家、思想家周公强调以礼乐主宰刑罚、使刑罚得中的重要原因。

法家同样主张“以法为教”“以吏为师”[6]，所以才提出“法莫如显”[7]，既可以使民远离犯罪，又可以借法保护其自身的权益。商鞅说：“天下之吏民无不知法者。吏明知民知法令也，故吏不敢以非法遇民，民不敢犯法以干法官也。”[8]韩非说：“一民之轨，莫如法。厉官威民，退淫殆，止诈伪，莫如刑。”[9]正是由于法具有止恶劝善的功能，并非一味以刑人为目的，因此守法

〔1〕《汉书·贾谊传》。
〔2〕《潜夫论·德化》。
〔3〕《潜夫论·浮侈》。
〔4〕《潜夫论·德化》。
〔5〕《贞观政要·务农》。
〔6〕《韩非子·五蠹》。
〔7〕《韩非子·难三》。
〔8〕《商君书·定分》。
〔9〕《韩非子·有度》。

者如沐春风，违法者如履薄冰。

至唐代，唐高祖李渊在制定《武德律》时指出法律的作用就在于“禁暴惩奸，弘风阐化，安民立政，莫此为先”。[1]特别是唐代最具代表性的法典《唐律疏议》开宗明义便宣布“德礼为政教之本，刑罚为政教之用，犹昏晓阳秋相须而成者也”[2]，阐明了教化为先，刑焉其后，明刑弼教的真谛。著名的文学大家韩愈也表达了类似的观点，他说：“德礼为先而辅以政刑。”[3]宋理学家朱熹对此作了进一步的阐发，他说：“政刑能使民远罪而已。德礼之效，则有以使民日迁善而不自知。”[4]他还说：“‘为政以德’，不是欲以德去为政，亦不是块然全无所作为，但德修于己而人自感化。”[5]清人评价唐律“一准乎礼，以为出入，得古今之平”[6]，表达了后人对于传统法律所具有的教化功能的理解。

明初，太祖朱元璋认为，要达到天下大治，应效仿圣王，在以德化天下、推行德化的同时，“亦以五刑辅弼之”[7]。为矫元末法纪败坏、人不畏法、肆意为恶的积弊，提出以严刑治国。他手订的《大诰》收集了严刑惩治犯罪的案例，意在教民“趋吉避凶”之道。至洪武三十年（1380年）《大明律》成，他昭告天下：“明礼以导民，定律以绳顽。”[8]“明礼以导民”旨在使民遵守礼的规范，按礼行事，提高内省的自觉，融入“弘风阐化”的纲常名教的主流。“定律以绳顽”旨在运用法律打击奸顽，惩治犯罪，以维护社会的安定与国家的纲纪。明太祖还有意识地为某些案件屈法伸情，借以表达明刑弼教之意。例一，“民父以诬逮，其子诉于刑部，法司坐以越诉，太祖曰：‘子诉父枉，

[1]《旧唐书·刑法志》。

[2]《唐律疏议·名例》。

[3]《韩愈集·外集·潮州请置乡校碟》。

[4]（宋）朱熹：《四书章句集注·论语集注·为政》。

[5]《朱子语类》卷二三《论语五·为政篇上》。

[6]《四库全书总目提要·唐律议解》。

[7]《明太祖集·心经序》。

[8]《大明律·御制大明律序》。

出于至情，不可罪'"〔1〕。例二，"有子犯法，父贿求免者，御史欲并论父。太祖曰：'子论死，父救之，情也，但论其子，赦其父'"。〔2〕例三，"山阳民，父得罪当杖，子请代。上曰：'朕为孝子屈法。'"〔3〕免杖。

清代在承袭明代立法思想的同时，对于政刑与德礼的功用作了进一步阐述，《清史稿·刑法志》开宗明义便说："中国自书契以来，以礼教治天下。劳之来之而政出焉，匡之直之而刑生焉。政也，刑也，凡皆以维持礼教于勿替。故尚书曰：'明于五刑，以弼五教。'又曰：'士制百姓于刑之中，以教祗德。'古先哲王，其制刑之精义如此。"〔4〕

晚清主张改良政体的思想家在新的历史背景下，主张教民以开民智为先，借以夯实改良政治的群众性基础，使明刑弼教之说得到进一步的转化。康有为说："民智愈开者，则其国势愈强。"〔5〕严复说："贫民无富国，弱民无强国，乱民无治国。"〔6〕梁启超更认为"新民为今日中国第一要务"，他说："欲其国之安富尊荣，则新民之道不可不讲。"〔7〕

五、矜恤弱者，重视人命

中国古代的政治家、思想家，从爱民的基本点出发，矜恤弱者，尤其重视人命，慎待死刑犯的处决。

史载周文王问政于太公曰："'原闻为国之大务，欲使主尊人安，为之奈何？'太公曰：'爱民而已。'文王曰：'爱民奈何？'太公曰：'利而勿害，成

〔1〕《明史·刑法志》。

〔2〕《明史·刑法志》。

〔3〕《明史纪事本末》卷一四《开国规模》。

〔4〕《清史稿·刑法志》。

〔5〕康有为：《日本变政考》卷七按语，故宫博物院藏本；又载姜义华、张荣华编校：《康有为全集》第四集，中国人民大学出版社2007年版，第203页；另载黄明同、吴熙钊主编：《康有为早期遗稿述评》，中山大学出版社1988年版，第155页。

〔6〕严复："原强"，载《直报》（天津）1895年3月。另载严复著，徐锡麟校：《严侯官文集·原强》，作新译书局光绪二十九年版，第51～52页。

〔7〕梁启超：《亲民说》，辽宁人民出版社1994年版，第2页。

而勿败，生而勿杀，与而勿夺，乐而勿苦，喜而勿怒。’”[1]

老子在论证“圣人无常心，以百姓心为心”[2]的同时，又警示统治者应该善待百姓，不能滥施苛政酷刑，求索无度，他说：“民不畏死，奈何以死惧之”[3]，“民之饥，以其上食税之多”，“民之难治，以其上之有为，是以难治。民之轻死，以其求生之厚，是以轻死”[4]，老子之言不仅寓恤民之意于其中，更彰显了恤民对国家治理的重要性。

孔子创立以“爱人”为核心的仁学体系以后，孟子将“仁”的精神引进政治思想领域，形成了系统的“仁政”理论，成为后世统治者施政的指导原则和理想目标。历代开明的统治者都以“王政本于仁恩，所以爱民厚俗”[5]相标榜。汉文帝之废除肉刑、北魏孝文帝之废除“门房之诛”，其出发点都是强调“民命尤重”[6]，借以昭示宽仁慎刑。

唐初名臣魏征提出：“仁义，理之本也；刑罚，理之末也”，因此“圣人甚尊德礼而卑刑罚”。[7]唐太宗也从历史经验中得出结论：“古来帝王以仁义为治者，国祚延长；任法御人者，虽救弊于一时，败亡亦促。”[8]在以仁义治天下的方略指导下，唐初统治者比较注意恤刑慎杀。《贞观律》与隋律相比，死罪减少九十二条，改流罪为徒罪七十一条，删去“兄弟连坐俱死”之法。贞观元年（627年），唐太宗还首创“九卿议刑”制，规定：“自今以后，大辟罪皆令中书、门下四品以上及尚书九卿议之。”[9]这种推勘、复核的严格程序，影响了唐以后的古代法制达千余年之久。

宋初，为了消除五代以来武人主狱讼、恣意用法的弊端，规定“法吏寖

---

[1]《六韬》卷一《国务》。

[2]《道德经》第49章。

[3]《道德经》第74章。

[4]《道德经》第75章。

[5]《新唐书·刑法志》。

[6]《魏书·高祖孝文帝纪》。

[7]《贞观政要·公平》。

[8]《贞观政要·仁义》。

[9]《贞观政要·刑法》。

用儒臣，务存仁恕”[1]；同时实行“折杖法”，使“流罪得免远徙，徒罪得免役年，笞杖得减决数”。[2]历史的发展表明，以宽仁治国理政的理念有助于缓和社会矛盾，稳固国家统治。

宽仁慎刑、爱惜民命的人道主义原则，表现在矜恤弱者上，如：从西周时期开始，统治者便以宽仁恤刑对待鳏寡孤独、老幼废残等社会弱势群体，按《孟子·梁惠王下》解释：“老而无妻曰鳏，老而无夫曰寡，老而无子曰独，幼而无父曰孤。”对于鳏寡孤独，唐律采取类似今之救助法，按《唐令》：“诸鳏寡孤独贫穷老疾，不能自存者，令近亲收养。若无近亲，付乡里安恤。在路有疾患，不能自胜致者，当界官司收付村坊安养，仍加医疗，并勘问所由，具注贯属，患损之日，移送前所。”[3]

对于老幼妇残、废疾、笃疾，唐律则明文规定，实行恤刑原则。“诸年七十以上、十五以下及废疾……收赎。”“八十以上、十岁以下及笃疾，犯反、逆、杀人应死者，上请；盗及伤人者，亦收赎。”“九十以上，七岁以下，虽有死罪，不加刑。”[4]“妇人犯流者，亦留住，流二千里决杖六十，一等加二十，俱役三年。”[5]“年七十以上，十五以下及废疾者被判流刑，只流遣到服役之处，而不居作。”[6]“诸妇人犯死罪，怀孕，当决者，听产后一百日乃行刑。”[7]

至于“残”，根据《唐令拾遗》，“残”分为三类：“诸一目盲、两耳聋、手无二指、足无三指、手足无大拇指、秃疮无发、久漏下重、大瘿瘇，如此之类，皆为残疾。痴痖、侏儒、腰脊折、一肢废，如此之类，皆为废疾。恶疾、癫狂、两肢废、两目盲，如此之类，皆为笃疾。”[8]凡废疾、笃疾犯罪或

---

〔1〕《宋史·刑法志》。

〔2〕《文献通考》卷一六八《刑考七·徒流》。

〔3〕［日］仁井田陞：《唐令拾遗·户令》开元二十五年，栗劲、霍存福等编译，长春出版社1989年版，第165～166页。

〔4〕《唐律疏议·名例》，“老小及疾有犯”。

〔5〕《唐律疏议·名例》，“工乐杂户及妇人犯流决杖”。

〔6〕《唐律疏议·名例》，“老小及疾有犯”。

〔7〕《唐律疏议·断狱》，“妇人怀孕犯死罪”。

〔8〕［日］仁井田陞：《唐令拾遗·户令》开元二十五年，栗劲、霍存福等编译，长春出版社1989年版，第136页。

听收赎，或奏闻取旨免刑。

《大清律例》仿唐律，进一步规定如下："凡年七十以上，十五以下，及废疾，犯流罪以下，收赎。八十以上，十岁以下，及笃疾，犯杀人应死者，议拟奏闻，取自上裁；盗及伤人者，亦收赎；余皆勿论。九十以上，七岁以下，虽有死罪，不加刑。""凡老幼及废疾犯罪，律该收赎者，若例该枷号一体放免，应得杖罪仍令收赎。""凡犯罪时虽未老疾，而事发时老疾者，依老疾论。"[1]

中国古代对鳏寡孤独、老幼妇残、废疾、笃疾等社会弱势群体所采取的救助原则与恤刑原则是一贯的、辗转传承的，是在爱民基础上形成和发展的，蕴含着鲜明的人文关怀，体现了国家的"仁政"和刑法中的人道主义精神。这些传统的、历史悠久的法律规定，为世界法制史上所少有，因而也可以说是中华法系所独具的一个特点。

宽仁慎刑、爱惜民命的人道主义原则，表现在重视人命上，如死刑犯执行前实行复审制度。

儒家认为，在自然界的万物之中，人是最尊贵的，"惟人万物之灵"[2]，"天地之性人为贵"[3]。尤其是孔子传承和发展了周初萌发的人本思潮，创立了"仁者，爱人"的学说，充分肯定了人的地位、价值和尊严，并以"仁"作为调整人际关系的基本准则。孔子的仁学不仅是具有特殊历史意义的人本哲学，也为理政、司法、治世提供了人道主义的基本原则。

孔子的仁学被孟子全面继承和发展。孟子在"性本善"的认识论基础上，将"爱人"具体化为"亲亲而仁民，仁民而爱物"[4]的现实主张，把人本思想演绎成系统的"仁政"学说。

仁政在司法实践中，便表现为重视生命，实行复审制度。早在魏晋南北

---

〔1〕《大清律例·名例律》，"老小废疾收赎""犯罪时未老疾"。

〔2〕《尚书·泰誓》。

〔3〕《孝经·圣治》。

〔4〕《孟子·尽心上》。

朝时期就规定死刑的处决权收归朝廷，地方无处决权。隋文帝时，更明确规定，“诸州囚有处死，不得驰驿行决”，“诸州死罪不得便决，悉移大理案覆，事尽然后上省奏裁”，“死罪者三奏而后决”，[1]从而将死刑的决定权置于皇帝之手。

唐太宗因误杀大理寺丞张蕴古，悔之，谓众臣曰：“死者不可复生。昔王世充杀郑颋而犹能悔，近有府史取赇不多，朕杀之，是思之不审也。决囚虽三覆奏，而顷刻之间，何暇思虑？自今宜二日五覆奏。决日，尚食勿进酒肉，教坊太常辍教习，诸州死罪三覆奏，其日亦蔬食，务合礼撤乐、减膳之意。”由此，三复审、五复审的死刑复核制度遂成定制。后《唐律疏议》具体规定如下：死刑“奏画已讫，应行刑者，皆三复奏讫，然始下决”，“不待复奏报下而决者，流二千里”。由于唐初采取了重民命、慎刑罚、援法制等一系列措施，唐朝成为了中国古代少有的重视法治秩序的时代。

唐以后，宋元明清各朝基本沿袭唐朝建立的死刑复核制度。尤其是清朝，死刑执行前实行秋审会审制，凡在押监候死刑待决案件，秋审时由九卿负责审核。经过秋审，凡应处死的案犯，上报皇帝，由皇帝御笔勾决。实行秋审复核制度除因为重视民命外，还由于人命事大，处置失当往往引起社会的不安。

总括上述，民惟邦本，只有本固才能邦宁。历代开明的统治者在以民为本的思想指导下所采取的一系列制度、政策、措施，都旨在固本。明时邱濬说得好，“君之事即民之事，民之事即天之事”，朝廷之政，重在“为民”[2]，“天下盛衰在庶民”，虽然民众卑微，君主尊贵强大，但“君居民之上而反依附于民”，“‘民惟邦本，本固邦宁’之言，万世人君所当书于座隅，以铭心刻骨者也”，君主对民应该“养之、安之”，不能“虐之、苦之”，[3]秦汉以来因君主行“厉民养己”之暴政而亡天下的政权，史不绝书。

---

〔1〕《隋书·刑法志》。

〔2〕《大学衍义补·定官职之品》。

〔3〕《大学衍义补·总论固本之道》。

民本思想是中华法文化的精髓，是历代民富国强兴盛之源，凝聚了古圣先贤杰出的政治智慧与法律智慧。以民本思想为原则所采取的制度和政策，不仅在当时取得了治国的实效，也是当前全面依法治国的重要历史借鉴。

第二章 治国皆有法，立法须适应社会生活与国情需要

习近平总书记在2014年10月23日党的十八届四中全会上的讲话中强调，立法要适应国情的需要，“走什么样的法治道路、建设什么样的法治体系，是由一个国家的基本国情决定的……全面推进依法治国，必须从我国实际出发，同推进国家治理体系和治理能力现代化相适应，既不能罔顾国情、超越阶段，也不能因循守旧、墨守成规”。[1]习近平同志的讲话为当前的立法工作提供了重要的准则和明确的要求。

人类社会自进入阶级社会以后，法律便与国家相伴而生。由于法律是社会的政治上层建筑，它必定要维护经济基础的巩固和发展，否则法律也难以稳定。只有以法律经纬国家，才能做到严于纲纪，明于法度，外争“协和万邦”，内求民富国强。在疆域广阔、民族众多的中华国度内，只有以法治之，才能齐一多民族的行为规则，共同缔造中华法制文明。除此之外，法可以保护民众生生不息的生产与生活所必需的生态环境。正因为如此，历代思想家、政治家不厌其烦地论证治国不可一日无法。

先秦思想家慎到说，“治国无法则乱”。[2]商鞅变法时强调，“国皆有法”[3]，

---

〔1〕 习近平：“加快建设社会主义法治国家”（2014年10月23日），载《求是》2015年第1期。

〔2〕《慎子·逸文》。

〔3〕《商君书·画策》。

"言不中法者不听也，行不中法者不高也，事不中法者不为也"[1]。韩非还描述了他理想中的"法治国"的图景："无书简之文，以法为教；无先王之语，以吏为师；无私剑之捍，以斩首为勇。是境内之民，其言谈者必轨于法，动作者归之于功，为勇者尽之于军。是故无事则国富，有事则兵强……"[2]他还以简明的语言阐明了执法的状况对于国家兴衰的重要影响："国无常强，无常弱，奉法者强则国强，奉法者弱则国弱。"[3]

作为墨家代表的墨子也说："虽至士之为将相者，皆有法，虽至百工从事者，亦皆有法。"[4]

作为儒家亚圣的孟子提出了"徒善不足以为政，徒法不能以自行"[5]的千古名言，前者意在德法并重，以弥补道德的局限性；后者意在法吏互补，以弥补法律的局限性。孟子此语表达了儒家关于治国理政与法制建设的真谛。

至于荀子，其学虽以儒家为宗，但是战国以来社会形势的变迁和百家异说的文化环境，使他形成了由儒兼法、介于儒法之间的新的儒学思想，成为继孔孟之后特色鲜明、影响深远的儒家学派的代表人物。荀子最重要的贡献是提出了"隆礼重法"的主张，为礼法结合开辟了新的途径。他说："明礼义以化之，起法正以治之，重刑罚以禁之"[6]，"治之经，礼与刑"，"故非礼，是无法也"[7]，"礼者，法之大分，类之纲纪也"[8]，"法者，治之端也"[9]，故"隆礼尊贤而王，重法爱民而霸"[10]。结论就是，"隆礼至法则国有常"[11]。

总之，无论是先秦诸子还是秦以后历朝历代的思想家和统治者，都基本上

---

[1] 《商君书·君臣》。
[2] 《韩非子·五蠹》。
[3] 《韩非子·有度》。
[4] 《墨子·法仪》。
[5] 《孟子·离娄上》。
[6] 《荀子·性恶》。
[7] 《荀子·成相》。
[8] 《荀子·劝学》。
[9] 《荀子·君道》。
[10] 《荀子·大略》。
[11] 《荀子·君道》。

从理论与实践的结合上论证了法的重要性，即使是偏安一隅的少数民族政权，在建国伊始，也急于制定法律。由此雄辩地证明，“法律是治国之重器”〔1〕。

正因为如此，历代统治者和思想家都非常重视立法工作，而且从治国理政的实践经验中认识到立法须立足于社会生活的实际，尤其需要顺乎国情，悖乎国情的立法不仅不能发挥调整的功能，相反，必定为社会的发展所抛弃。新莽王朝的仿古立法就是一个史例。历代以法治之的传统为中国悠久的立法史积累了丰富的经验，形成了鲜明的特色。

一、立足现实，重理性精神的世俗立法

中国古代夏商两朝，由于生产力水平极端低下，人们认识自然的能力也受到极大的限制，以致认为自然界有一种极大权威的力量在主宰着农业生产的丰歉，以及对外战争的胜负和一些重大案件的审理，这种权威便以“天”来概括，所谓“天讨有罪，五刑五用”〔2〕，即假借天的名义进行现实中的罚罪。至商朝，形成了以占卜的形式来乞求神灵对国家重大活动的保佑的传统，现有的甲骨文即证明了这一点。但至商末，天道观发生了重大的变化。所谓“天”，并不是不可知的，主宰天的帝是商王的祖宗神，商王死后便回到天上为帝，帝也有帝廷，就是把地上的王朝投影到天上，形成了另一个统治系统。这样，地上的王与天上的帝连成一气，使得地上王朝的统治得到祖宗神的保佑。这种天道观已经带有明显的政治色彩，与夏商前期对于天的茫然、充满畏惧有所不同。甚至末代商纣王亲自掌握占卜，所谓“王贞”，这样，王又从主管占卜的史官手中获得了执掌占卜神职的地位。然而，这一切在周人灭商以后，都发生了动摇。为什么商王的祖宗神无力保佑其子孙的统治？为什么小邦周竟然使得雄踞不可一世的商朝转瞬覆亡？就在人们的惶恐不安中，商朝的天道观由动摇趋于瓦解，结束了商朝的神权统治。周之灭商，不仅是一

---

〔1〕《中国共产党第十八届中央委员会第四次全体会议公报》。

〔2〕《尚书·皋陶谟》。

个王朝取代另一个王朝，而且推动了以人文为主宰的意识形态，取代了以天帝为主宰的宗教神权观。

以周公为代表的西周统治者，从商亡的历史剧变中深切认识到，商之亡，并非亡于天帝不佑其子孙，而是亡于商纣任意用刑，残害百姓，以致失掉了民心，是亡于民而不是亡于神。周公在这个历史转变关头，进行了一次伟大的创造，就是把治国理政的立足点由神转移至人，以人心的向背取代了向神的祈福，所谓“人无于水监，当于民监”[1]，这可以说是中国早期理性精神的精华。周之代商不是神佑而是周人有德，后世重视人文道德的“德”的价值，即由此发端。

在总结商亡历史教训的基础上，周公制礼作乐，以礼乐政刑综合为治作为治理国家的新的范式，这在公元前1000余年是一个伟大的创造，体现了古圣先贤的高度智慧。这种治理范式对后世有着深远影响。不仅如此，周公提出的“明德慎罚”将德与法连接起来，开创了最早的德法共治。遇有重大的国事和刑狱，他还要向长者征求意见，取得他们的认同。《周礼·秋官·小司寇》说：“以三刺断庶民狱讼之中，一曰讯群臣，二曰讯群吏，三曰讯万民。”尽管周公也曾经认为以周之代商体现了天意，所谓“天畏棐忱”[2]，但周人观念中的天，不再指神秘莫测的神的统治，而更多的是对自然界的一种代称。从现有的西周的文献中可以看到，夏商时期宗教性质的条款已被世俗的立法所取代。无论是生产的丰歉还是国家的盛衰，都取决于人事，也就是治理国家是否以民心为上。

至春秋末，孔子的“敬鬼神而远之”[3]，“未知生，焉知死”，“未能事人，焉能事鬼”[4]的入世态度，不仅影响人文科学的发展，而且深受后世统治者的欢迎，以致周以后的主要法律都以世俗法典的形式颁布。通常被认为

---

〔1〕《尚书·酒诰》。

〔2〕《尚书·康诰》。

〔3〕《论语·雍也》。

〔4〕《论语·先进》。

是中国第一部成文法的《法经》，开篇即宣称："王者之政，莫急于盗贼。"[1]在六篇"盗""贼""囚""捕""杂""具"中，没有一篇是关于宗教或神祇之事。此后，无论是秦律、汉律、隋律、唐律，还是《大清律例》，每一个条款都关注现实人生，立足社会生活，而无任何关于彼岸世界的内容。如果说，唐律中还有惩治"盗毁天尊佛像"的条款，至明清，仅有的条款也不存在了。这一点，是与其他东西方传统法典完全不同的。

《易经·系辞》称："天地之大德曰生。"既是指赋予人生命，也是指为人民生存和生活提供保障。历代法典惩治犯罪、关注民生的目的都在于此。重视人命，矜恤刑罚，都围绕"生"字做文章，尤其注重"养民"。明太祖朱元璋总结古代为治之道时提到"善政在于养民"，[2]而中国古代法律传统中，也以"养民"为法律的核心准则，注意对百姓基本生活手段——土地的保障。除此之外，属于"细民琐事"的"盗野田谷麦""弃毁器物稼穑""擅食田园瓜果""盗四项牲畜"等等，都堂而皇之地规定于一代法典中。而关于神祇祭祀方面的内容，不过是神道设教而已，在法典规定中不仅数量极小，而且多见于针对少数民族地区的立法，譬如司法案件证据不足则要求当事人向天盟誓作为了结。总体而言，中国古代几千年的立法体现了传统法文化人文理性的发达。

在漫长的法制文明发展过程中，充满理性的世俗立法是中华法系的主要表征，也是中华法系与古东方和西方法律发展的主要区别。欧洲大陆在进入近代以后还存在教会法和宗教法庭，但是在中国古代的法制中，是不存在的。所以，对中国法制的历史，冠以文明史，就在于它立足现实，是充满理性的世俗立法。这一点，如果不是大智大勇，是很难做到的。

构建当前的社会主义法治理论体系时，同样要秉持这一优秀的法律传统，关注现实人生，重视生民福祉。这一点应该成为构建中国特色社会主义法律体系的基石之一。

---

[1]《晋书·刑法志》。

[2]《明太祖实录》卷二九，洪武元年正月甲申。

二、纵向传承，代有兴革

古代中国是法制文明发达较早的国家之一，汉唐时期，中华法系已经傲然屹立于世界，所谓万国来朝，就包括学习中国的法文化，尤其是陆上丝绸之路和海上丝绸之路的开辟，为中华法文化的输出提供了有利的条件。但是至明清两朝，在新的历史背景下，严格实行海禁政策，完全阻隔了法文化的交流。

如前所述，中国古代法律的发展缺乏与外国法文化之间的交流与沟通，几千年来一直沿着纵向传承、代有兴革的路径发展。所谓纵向传承，首先表现为商鞅变法，改法为律，此后，中国古代代表性的法典基本以“律”为名，秦有秦律，汉为《九章律》，曹魏为《新律》，晋为《泰始律》，南北朝也各有诸律，隋为《开皇律》，唐为《贞观律》《永徽律》，明为《大明律》，清为《大清律例》。其次，纵向传承主要表现在法律传统上的相互因袭。

（一）于礼以为出入的立法传统

周初创设礼乐之治以后，礼与法的互相渗透贯穿于整个古代社会，成为中国古代法文化特殊性的表现，也是中华法系最主要的表征。

礼是古代中国特有的一种社会文化现象，它不仅起源早，而且贯穿于整个中国古代社会。礼原是氏族社会敬神祈福的一种宗教仪式，许慎在《说文解字》中说：“礼，履也，所以事神致福也。”进入阶级社会以后，作为氏族社会祀神祈福仪式的礼，顺应社会发展的需要，成为一种统治手段，有关礼的观念与学说构成了国家的一种精神。

礼的主要作用是确认尊卑贵贱的等级秩序，调整以亲亲、尊尊为指导原则的社会关系。礼的规范涉及家、国、社会各个领域，是“经国家，定社稷，序民人，利后嗣”[1]的大经大法，正如《礼记·曲礼》中所说：“夫礼者，所

〔1〕《左传·隐公十一年》。

以定亲疏、决嫌疑、别同异、明是非也……道德仁义，非礼不成，教训正俗，非礼不备；分争辩讼，非礼不决……班朝治军，莅官行法，非礼威严不行；祷祠祭祀，供给鬼神，非礼不诚不庄。”[1]由于礼是等级的标准、伦理的支柱、法律的准则、修身的规范，因而具有治国、理家、律己的特殊功能，是独特的社会整合理论。了解中国古代法律文化的内涵及特点，比较中外法律文化的差异，首先要从礼与法的相互关系入手。

礼以“别”为本，以差等著称；法以“齐”为本，以公平闻世。礼的差等式的规范与法的公平性的衡量是矛盾的，但两者又具有统一性。因为礼与法不仅同源，而且都以维护等级特权秩序为目的。正由于法合于礼，也才有可能经过汉儒说经解律引礼入法，最终导致礼法结合。

汉初确认儒家思想为统治思想以后，不仅在法律的制定上引礼入法，而且在司法实践中也创造了“春秋”决狱，说经解律之风盛行一时。魏晋时期法律迅速儒家化的过程，也就是进一步引礼入法的过程。唐代以礼为修律的原则，礼的基本规范取得了法律的形式，构成了法律的基本内容，并且影响着法律的实施和司法的判决，所谓“于礼以为出入”。在著名的《唐律疏议》中，礼与法的内在联系和密切关系，被说成是如同“昏晓阳秋”的自然现象一样协调发展、永恒不变。可以说，礼与法的结合至此已经臻于成熟和定型，一整套体现宗法等级思想和制度的礼，基本上被法律化了。

自宋迄清，礼与法的作用虽有消长，但统治者从来没有只重法而轻礼。相反，作为礼的最高体现的纲常礼教被推崇为天理，并逐渐化为整个社会都接受和认同的意识形态。由于礼被赋予一种神秘色彩，违礼即违天，使得礼具有比法更强的感召力量，这是历代统治者将以礼之名行法之实的策略上升为治国方略的重要原因。翻开明清时期的律典，首先映入眼帘的不是具体的刑名规定，而是确认亲疏尊卑关系、宣扬德礼教化的八礼图、五服图。此类规定不见于任何外国法典之中，反映出中华法文化的特质和中国固有的民族

[1] 《礼记·曲礼上》。

文化传统。

总之，礼的等差性与法的公平性是一致的，礼法互补，以礼为主导，以法为准绳；以礼为内涵，以法为外貌；以礼移民心于隐蔽，以法彰善恶于明显；以礼夸张恤民的仁政，以法渲染治世的公平；以礼行法减少推行法律的阻力，以法明礼使礼具有凛人的权威；以礼入法，使法律道德化，法由止恶而兼劝善；以法附礼，使道德法律化，出礼而入于刑。礼法的结合互补可以推动国家机器有效地运转，从而构成中国古代法律文化的核心内容。

中国古代的礼法文化，虽不可避免地带有封建性的糟粕，但其中蕴含的调整尊卑伦常秩序的规矩，人之于家、于国应尽的法律义务，以及社会成员之间的相互交往之礼，都有其可供借鉴之处。总之，礼被称为最主要的中华法制传统，外国学者从礼入手探讨中华法制文明，都不是偶然的，值得我们深入研究。

（二）重伦常关系的伦理法传统

中国在迈向阶级社会的过程中，原始的氏族血缘纽带并未被打断，反而为新兴的统治阶级所利用，成为构建国家的基本组织原则。因此，由家而国是中国国家形成的重要途径，宗法血缘关系对于社会的许多方面都有着强烈的影响，尤其是宗法与政治的高度结合，造成了家国一体、亲贵合一的特有体制。家是国的缩微，国是家的放大。国家的组成、政治结构与国家活动，都以血缘与政治的二重原则为依据。国家之主就是最大的家族之长；国家的结构就是王族的骈枝；国家的大事除去以武力征服异邦和保护本国之外，就是祭神、祭祖的“祀”，所谓“国之大事，在祀与戎”[1]。这种宗法一长制与世袭制加给法律文化的烙印，就是先秦时期伦常关系法制化的重要表现。

汉代，儒家学说被封为统治思想，儒家所强调的“君君，臣臣，父父，子子”进一步被法律化，使之各自享有不同的权利和应尽的义务。经过儒家

〔1〕《左传·成公十三年》。

的论证，伦常关系成为最重要的社会关系。调整尊卑伦常的一系列法律，便组成中国特有的伦理法。以致“不孝”“不忠”“不悌”“不信”成为重要的犯罪。由于伦常关系受到社会广泛的认同，以致贵为天子也需借助父权加强君权，所谓天子，就是天之远子。地方的州县官，也借助父权扩张其行政权，州县官被称为父母官。在法律上，以卑犯尊者加重处刑，而以尊犯卑则予以减轻。在明清律典中列丧服图，是国家以法律确认亲等之间权利义务关系的表现。

宋以后，伦理法发展的另一个重要特征，就是家法族规的广泛出现和国家对它的认定。理学家朱熹亲自撰写“家训”“家规”，号召百官君子都来修一家之政，并称“家政不修，其可语国与天下事乎?”〔1〕至明清，家族法已经形成独立的、得到国家确认的体系，以致有人认为中国古代法律具有“二元”性。在实践中家法族规是适用于家族内部用以剖析是非、判断曲直、调处纠纷、处治忤逆的重要根据。它是对国法的重要补充，凡属违反国法的行为必定为家法所严禁，而违反家法的行为也必定为国法所不容，表现了家族系统所承担的巩固国家统治的特殊作用。正因为如此，家族法规才在中国古代法律体系中占有重要的地位。

为了执行家法，还形成了“室老”“宗官”一类的家族内组织。清人刘献庭在《广阳杂记》中记载，镇江赵氏宗族共有二百余丁，“其族有总嗣一人，族长八人佐之，举族人之聪明正直若四人为评事，复有职勾摄行杖之役者八人。祠有祠长，房有房长”。这套宗族统治组织与国家的行政组织何等相似!

中国古代以宗法家族主义为本位的伦理法，形成早、经历久、影响宽、作用大，它所调整的血亲伦理关系具有高度的稳定性，几乎和古代专制制度相始终。中国长期以来占统治地位的自然经济结构是家族本位伦理法形成的基本经济条件。由于自然经济的闭塞性和保守性，使得封建家长制家庭得以

---

〔1〕《朱文公文集·家政》。

长存，并逐渐发展成为稳固的社会共同体。而调整家族关系，维护家长和族长特权的法律，也就成为古代法律体系的主要组成部分。但是家族法并不具有国家制定法那样大的强制性，有些家族法规定也与国家制定法存在着矛盾，在这种情况下，家法服从于国法，以示国重于家。

值得注意的是，在流行的家法族规中，最核心的内容是教育子弟孝亲、忠君、恭敬长上、和睦邻里、减少纠纷等，可见家法族规更多的是道德规范。中国古代的伦理法传统，剔除其封建性的规定，对今天实施乡村振兴战略，健全自治、法治、德治相结合的乡村治理体系，发挥乡规民约的积极作用，仍有值得借鉴之处。

（三）民刑有分的民事立法传统

19世纪80年代，英国法学家梅因在《古代法》一书中断言“中国古代只有刑法，没有民法”。梅因的观点对中国近代法学的发展，特别是对于中国古代民法史的研究，产生了较大的消极影响。例如，作为国学大师的梁启超在《论中国成文法编制之沿革得失》一文中，也以肯定的语气阐明了中国古代没有私法，他说，“我国法律界最不幸者，私法部分全付阙如之一事也”；“我国法律之发达垂三千年，法典之文，万牛可汗，而关于私法之规定，殆绝无之”；“此所以法令虽如牛毛，而民法竟如麟角”。[1]有的学者还以中国古代“诸法合体，民刑不分”来解释中国古代没有民法的原因。持此论者的中外学者，一者是限于条件未能对中国法制史进行全面的研究，再者从中国古代代表性法典的编纂体例“民刑不分”，误以为中国古代没有民法。需要指出，法典的“民刑不分”是编纂体例问题，取决于编者的认识水平和编纂的技术。但中国古代法律体系也是由对象不同的部门法所组成的。可以说，中国古代的法律体系经过几千年的发展，是“诸法并存，民刑有分”的。其中，以公法为主，如刑法、行政法，但也包含民法、经济法、诉讼法在内。将一部法

〔1〕梁启超：《论中国成文法编制之沿革得失》，载《饮冰室合集·文集之十六》，中华书局2015年版，第1416～1417页。

典的编纂体例误认为是中国古代的法律体系，从而得出“中国古代没有民法”的结论。历史的真相是，在周朝的法文献中，已有明确的民事法律的记载。春秋战国时期的铜器铭文，就已镌刻了民事所有权转移的记录。至宋朝，随着商品经济的发展，纯粹的民事法律条款大为增加，有关产权、债权的规定中的有些原则与当下的民法也有相同之处。此处仅就两宋民事法律概述如下。

宋初实行不抑兼并、不抑工商的政策，刺激了私有土地的流通与土地转让的加快，中小地主和自耕农的数量明显增加，农业经济取得了显著的成就，由此带动了手工业的发展，促进了商业的繁荣与对外贸易的扩大，商业城市不断涌现。商贸的发展带动了民事法律关系与法律规范的新发展。宋代的基本法典是《宋刑统》。从对《宋刑统》与唐律的比较中可以发现，《宋刑统》中的民事立法较之唐律大为扩充，涉及所有权、债、财产继承、婚姻嫁娶、检校析财等十几个方面，内容广泛，条文细密，其中户绝资产、死商钱物、典卖指当、论竞物业、婚田入务等等，均为唐律所未见。

作为《宋刑统》补充的编例、编敕中也有关于民事法律方面的规定。《名公书判清明集》中，所引“按法”“准法”“在法”的民事法律条款不下七十余条。例如：

诸典卖田宅，已印契而诉亩步不同者，止以契内四至为定；其理年限者，以印契之日为始，或交业在印契日后者，以交业日为始。

应交易田宅，过三年而论有利债负准折，官司并不得受理。

应交易田宅，并要离业，虽割零典买，亦不得自佃赁。

诸祖父母、父母已亡，而典卖众分田宅私辄费用者，准分法追还，令原典卖人还价。即典卖满十年者免追，止偿其价，过十年典卖人死，或已二十年，各不在论理之限。

诸理诉田宅，而契要不明，过二十年，钱主或业主死者，官司不得受理。

诸典田宅者，皆为合同契，钱、业主各收其一。

分财产满三年而诉不平，又遗嘱满十年而诉者，不得受理。

诸僧道犯罪还俗，而本家已分者，止据祖父财产众分见在者均分。

妇人财产，并同夫为主。

交易诸盗及重叠之类，钱主知情者，钱没官，自首及不知情者，理还。犯人偿不足，知情牙保均备。

又诸典卖田宅投印收税者，即当官推割，开收税租。

诸无子孙，听养同宗昭穆相当者，法也。

立嗣合从祖父母、父母之命，若一家尽绝，则从亲族尊长之意。

诸已绝之家而立继绝子孙，谓近亲尊长命继者，于绝家财产，若无在室、归宗、出嫁诸女，以全户三分给一分，余将没官。

异姓三岁以下，并听收养，即从其姓，听养子之家申官附籍，依亲子孙法。

男年十五，女年十三以上，并听婚嫁。

与前朝相比，两宋民事法律具有如下特点。

1. 民事权利主体扩大

“编户齐民”扩大了民事权利主体的身份范围。宋朝根据“税产物力”将全国户口分为主户和客户，佃户虽无产也编入客户，成为国家的编户齐民，不再是地主的私属，使其身份地位和法律地位发生重大变化。主户和客户都具有民事权利主体资格，即使是雇工、人力、女使等在唐代系属没有独立人格的贱民，也由于成为国家的编户齐民，而在法律上作为民事权利主体参与民事法律活动。客户、佃客拥有民事权利主体必备的自由意志和权利，人身安全有了保障。

至于行为能力，按《宋刑统·户婚律》规定：“诸男女三岁以下为黄，十五以下为小，二十以下为中；其男年二十一为丁，六十为老……”[1]可见，宋朝成丁的年龄为二十一岁，即享有完全的行为能力。“八十以上，十岁以下

〔1〕《宋刑统》卷一二《户婚律》，“脱漏增减户口”门。

及笃疾者”为限制行为能力人，如，“犯反逆、杀人应死者，上请；盗及伤人者，亦收赎，余皆勿论”。“九十以上，七岁以下”属无行为能力人，“虽死罪不加刑”。[1]

官僚地主虽然在民事权利主体中居于支配地位，但完全不具备门阀士族时代的经济特权和政治特权。

商人的社会地位也发生了明显的变化，被视为是“能为国致财者也”[2]。编入坊郭户，成为国家的编户平民，不再列入“市籍”，其合法权益受到保护。

宋朝虽在法律上沿袭士庶之分和良贱之别的传统规定，但在实际中执行的却是“取士不问家世，婚姻不问阀阅”[3]，“所交不限士庶”[4]的开放政策，特别是对佃农的经济剥削有所削弱，佃客在租佃契约期满后可以自由起移。天圣五年（1027 年）仁宗下诏：江淮、两浙、荆湖、福建、广南州军取消对客户起移的限制，“自今后客户起移，更不取主人凭由，须每田收田毕日，商量去住，各取稳便，即不得非时衷私起移”[5]，如果主人“非理拦占，许经县论详”。[6]显然这是佃农人身自由权扩大的重要表现。不仅如此，佃客根据契约获得承佃与退佃的自由权，如强制“勒令耕佃”，佃客可以告官申理。但佃客欠租负债，或违契不偿，法律允许地主“经官陈论”，听凭“官为理索”。苏轼曾说：“客户乃主户之本，若客户阙食流散，主户亦须荒废田土矣。”[7]

宋时，作为商品交换基础的手工业，无论矿冶、造船、纺织、制瓷、造纸都取得了前所未有的发展。在官、私手工业中广泛采取雇募制。雇工的人身是自由的，与雇主之间摆脱了主仆的称呼，形成了较为平等的雇佣关系。

---

〔1〕《宋刑统》卷四《名例律》，“老幼疾及妇人犯罪”门。
〔2〕《续资治通鉴长编》卷二六二，熙宁八年四月。
〔3〕《通志》卷二五《氏族略》。
〔4〕（宋）吕大钧：《吕氏乡约·过失相规》。
〔5〕《宋会要辑稿》食货一之二四。
〔6〕《宋会要辑稿》食货一之二四。
〔7〕（宋）苏轼：《苏文忠公全集》奏议集卷一四《乞将损弱米贷与人户令赈济佃客状》。

手工业雇工也取得了民事权利主体的资格，可广泛参加民事法律活动。

最足以反映社会关系变化的是婢仆由“律比畜产”的所有权客体地位，朝着民事权利主体地位转化。两宋时期，很少有世袭奴婢和因犯罪而没为官奴婢的现象。法律禁止强雇人或强质人为奴婢。如有不法之徒拐卖良人为奴婢，依法严惩，同时释放被拐卖者。

家内服役的“人力”和“女使”与主人的关系完全雇佣化。婢仆成为契约一方当事人而非主人的私有财产，其人身权利受到法律保护，享有独立的人格权和去留的决定权。

然而在商品经济发展的基础上所形成的新的社会关系，没有也不可能突破封建等级制度的界限。例如，《宋刑统》中规定主人为“奴娶良人女为妻者，徒一年半，女家减一等，离之。其奴自娶者亦如之。主知情者，杖一百，因而上籍为婢者，流三千里。即妄以奴婢为良人，而与良人为夫妻者，徒二年（奴婢自妄者亦同），各还正之”。[1]

2. 不立田制推动了产业权的发展

宋初，由于不立田制不抑兼并，推动了产业权的发展，从而形成了完整的产业权体系。

所有权是产业权最主要的内容，宋时所有权已经区分为不动产所有权（业主权）和动产所有权（物主权）。在不动产的所有权中，土地是核心。经政府没官的无主田、荒闲田、逃户田和户绝田等，属于国家所有的官田。随着“不抑兼并”政策的推行，在商品货币关系的作用下，国家的土地所有制形态日渐衰落，私人土地所有制形态迅速发展，以致两宋官田趋于私田化，官租趋于私租化，私人土地所有权渐居主导地位，成为所有权关系变动中的一大特点。在此基础上，地主土地私有制和租佃制得到广泛发展。私人不动产所有权的取得，主要通过垦田、买卖、继承和受赐等方式。

北宋初期，为了进一步从法律上承认土地的私有权，还出现了作为官府

〔1〕《宋刑统》卷一四《户婚律》，“主与奴娶良人”门。

正式承认土地所有权的凭证——红契。不动产所有权的转移不仅需要立有文契，而且要取得官府承认，所谓“皆得本司文牒，然后听之”[1]，并以税契作为重要条件。

为了保护不动产所有权，规定除合法的买卖、租佃、典、押外，禁止盗买卖与盗典卖。“盗典卖田业者，杖一百，赃重者准盗论，牙保知情与同罪。”[2]知情而买者，钱没官。如“以己田宅重叠典卖者，杖一百，牙保知情与同罪”。[3]卑幼如果“蒙昧尊长，专擅典、卖、质举、倚当，或伪署尊长姓名，其卑幼及牙保引致人等，并当重断，钱业各还两主”。[4]

至于动产所有权的取得，除通过买卖、继承、赠与外，宿藏物的发现，阑遗物的取得，漂流物的应获，无主物的先占，以及生产蕃息的归属等，均为重要的途径，大体仿唐律。对于动产所有权的侵害，也要依法予以赔偿。至宋朝，典买卖不仅成为普遍的现象，并且被法律化、制度化。典卖与一般卖出不同，一般卖出是绝卖，不能收赎。典卖是活卖，在一定期限内可以收赎。因此，典价比卖价低许多。由于典卖土地者绝大部分是自耕农民，因此通过典卖制度，地主们不仅廉价取得土地的收益，而且当农民无力收赎时，便依法取得了土地的所有权。法律在这方面是偏袒典权人的，《宋刑统》规定，典契“证验显然者”方许收赎，“并无文契，及虽执文契难辨真虚者，不在论理收赎之限”。[5]这便为典权人取得所典买田宅的所有权提供了方便。《名公书判清明集》中有以下记载：豪民为“图谋小民田业”，当小民要回赎典产时，“则迁延月日，百端推托，或谓寻择契书未得，或谓家长外出未归，及至民户有词，则又计嘱案司，申展文引，逐限推托，更不出官，展转数月，已入务限矣，遂使典田之家终无赎回之日”[6]。

---

〔1〕《宋刑统》卷二六《杂律》，“受寄财务辄费用”门引《杂令》。

〔2〕《名公书判清明集》卷五《户婚门·争业下·从兄盗卖已死弟田业》。

〔3〕《名公书判清明集》卷九《户婚门·违法交易·重叠》。

〔4〕《宋刑统》卷一三《户婚律》，“典卖指当论竞物业”门。

〔5〕《宋刑统》卷一三《户婚律》，“典卖指当论竞物业”门。

〔6〕《名公书判清明集》卷九《户婚门·违法交易·典主迁延入务》。

为了使典权的设立合法化，要履行法定的程序：

其一，须订立典契。“在法，典田宅者，皆为合同契，钱、业主各取其一。此天下所通行，常人所共晓。”[1]“人户出典田宅，依条有正契，有合同契，钱、业主各执其一，照证收赎。”[2]典契订立以后，还须投印、税契和当官过割，以使典权最终合法化。

其二，“亲邻”“四邻”依法享有优先承典权。

其三，典契内须注明田宅的顷亩间架以及担保人。“若契内不开顷亩、间架，四邻所至，税租役钱，立契业主、邻人、牙保、写契人书字，并依违法典卖田宅断罪。”[3]同时，还须约定时效，一般定为三十年，“经三十年后……不在论理收赎之限”。[4]

其四，保护家长对财产的处分权。凡典买卖产业，必须由家长和买主“当面署押契帖”，如果家长在化外或阻于战争一时难返，须要呈报州县，“给予凭由，方许商量交易”。[5]卑幼如专擅典卖，或伪署尊长姓名，依法重断。

其五，典权人在典契有效期内，享有对典物一定的处分权，可以出租、出押、出典，但无权出卖。如出典人欲出卖典产，典权人有先买权，并须签订绝卖文契，补付“贴买钱”作为典价与实际价格之间的差额补偿。如典权人不愿找绝，出典人有别卖他人的权利。

其六，为了保护典权人的利益，严禁“一物两典”，如有重复典卖者，业主、牙人、邻人并契上署名人，“各计所欺入已钱数，并准盗论”[6]，并须将钱退还典主。业主无力退还，勒令典契上署名的中人、邻人共同赔偿，典当物仍归第一个典权人所有。至于典权的时效期间也有变化，凡典卖田宅经二十年，契约不明，钱、业主死者，不得受理，这反映了南宋时期典卖田宅的

---

〔1〕《名公书判清明集》卷五《户婚门·争业下·典卖园屋既无契据难以取赎》。
〔2〕《宋会要辑稿》食货六一之六四。
〔3〕《宋会要辑稿》食货六一之六六。
〔4〕《宋刑统》卷一三《户婚律》，“典卖指当论竞物业”门。
〔5〕《宋刑统》卷一三《户婚律》，“典卖指当论竞物业”门。
〔6〕《宋刑统》卷一三《户婚律》，“典卖指当论竞物业”门。

流转速度较北宋加快。

宋时，典与质尚无明确划分。所谓质权，是指借贷者以物品作抵押，向他人借贷而产生的权利。凡典质之物不得擅自变卖，《宋刑统》明确规定："收质者，非对物主不得辄卖"[1]，但业主或物主过期不赎者，典主可以在告诉市司以后，加以出卖，以抵偿所欠债务，有所剩余则归还业主或物主。

3. 商品经济的发展与债法发展取得历史新成就

两宋商品经济的发展与债法内容的丰富，制度的完备，达到了当时世界债法的先进水平。两宋以订立契约、侵权行为、不当得利、无因管理等法律事实所生之债最为普遍。

两宋私人之间、官民之间财产关系的复杂化，要求以契约的形式来设定债权人、债务人之间的民事权利义务关系，从而促进了因契约所生之债的发展，而契约的广泛应用，也推动了契约种类的增多，常见的如买卖契约、典当契约、借贷契约、雇佣契约、租赁契约等。由于官府印卖契纸，而使契约形式趋于统一和规范，有利于防止伪契，一定程度上减少了纠纷。与此同时，契税、契押也都趋于制度化。

此外，有关契约标的、价格及其计算、期限等内容，均有相当完备的法律规定。

在订立契约时，强调双方当事人"合意"与"不得抑勒"，对于"取与不合"和"固取者"，都要"重置典宪"。同时，必须有牙保、写契人亲书押字，并经官司投税过割方为合法。

因侵权行为所生之债，是指因过失或故意而侵害他人财产权和人身权的不法行为，由此而在行为人与受害人之间产生的一种损害赔偿的债权债务关系。由于侵权行为的性质和危害的程度不同，或处以不同程度的"备偿"，或于"备偿"之外科以刑罚。为了保护不动产的私有权，如田土所有权被非法侵犯，所有权人可以不受"务限"的约束，随时向官府投诉，并可越诉。

---

[1]《宋刑统》卷二六《杂律》，"受寄财务辄费用"门。

对动产的侵害，一般要求原物赔偿，或折价赔偿，不能赔偿者，追究刑事责任。

对人身的侵害，多追究刑事责任，并实行保辜制度。但在商品经济的影响下，也要求行为人对受害人（包括命案在内）给付经济赔偿，如私和而受财多者，准盗论。

上述侵害如因不可抗力，或非行为人的原因而造成损害，或已超出时效规定，则免除赔偿责任。

不当得利之债，是指没有合法依据而使他人受损、自己获利所形成的债权债务关系。如“诸官物误支失收者”，请纳人（受益人）为不当得利，应返还原物或赔偿相应的价值。[1]

无因管理之债，是指虽无法定的或约定的义务，但为避免他人利益受到损失而自愿管理或提供劳务的事实行为，由此在管理人与他人之间产生的债权债务关系。两宋时期，战争频仍，业主逃亡者多，以致土地多由他人耕种，原业主返回后须支付耕种管理人投入的工本费。此类无因管理之债，在宋代既广泛而又具有典型意义。

有关债的担保制度，分为信誉担保和财产担保两大类。前者表现为“三人相保”“保人代偿”“连保同借”等。如《庆元条法事类·财用门·理欠》引《关市令》：“诸负债违契不偿，官为理索，欠者逃亡，保人代偿。”后者表现为物保和钱保。两宋时期的抵押权，就是以不动产为担保的，但不改变不动产的占有状态。质权则是以动产作担保的，并转移动产的占有权于债权人。因此，在债务履行期限届满前，债权人不得占有抵押物，但可占有质押物。期满不能履行债务，债权人虽有权处理抵押物，但要公平评估抵押物的价值，除抵偿债务外，多余部分仍归债务人。《庆元条法事类》有以下规定：“诸税钱未纳，听以物克（充）当，别注历，收经一年不赎者，没官。其物准钱不足，干系人备偿。”[2]显而易见，这已具有现代民法中抵押权、留置权的

---

〔1〕《庆元条法事类》卷三二《财用门三》，“理欠”条引《理欠令》。

〔2〕《庆元条法事类》卷三六《库务门一》，“商税”条引《场务令》。

内涵。所谓钱保，主要是以定金担保。

在动产买卖中，两宋沿袭唐律中有关瑕疵担保的规定。但由于动产和人口的买卖，经常发生第三人追夺的纠纷，因此，在买卖契约中较为普遍地规定了第三人追夺时的担保责任，以保证买主的所有权。

两宋对于债的履行或不履行，及债的消灭均有详细规定。《宋刑统》对债的履行人及履行标的数量、质量和期限规定如下："收质者，非对物主不得辄卖"〔1〕，凡"以产为抵，官预给钱，约期限、口数、斤重以输"〔2〕，"物有头数，输有期限"〔3〕，"其行滥之物没官，短狭之物还主"〔4〕；"诸称'日'者……从朝至暮……称'年'者，以三百六十日"，"闰月亦计为日，称'载'不论闰，须经正月以后，始是一载"〔5〕。

对于逾期不履行债务，按标的数额及迟误日期分别处刑，并责令赔偿，"诸负债违契不偿，一匹以上，违二十日笞二十，二十日加一等，罪止杖六十；三十匹，加二等；百匹，又加三等。各令备偿"，"诸负债不告官司，而强牵财物过本契者，坐赃论"，"谓公私债负，违契不偿，应牵掣者，皆告官司听断。若不告官司，而强牵掣财物，若奴婢、畜产，过本契者，坐赃论"。〔6〕《宋刑统》还特别选附唐后期《杂令》中的以下规定："诸公私以财物出举者，任依私契，官不为理……家资尽者，役身折酬。役通取户内男口，又不得回利为本。"〔7〕

但从宋朝的社会实际来看，对不能履行债务者主要是进行经济制裁，所谓保人代偿也是承担经济赔偿的责任，而不是人身强制。相反质当人口、役身折酬则要负刑事责任。例如，太宗至道二年（996年）下诏："江、浙、福

〔1〕《宋刑统》卷二六《杂律》，"受寄财务辄费用"门。
〔2〕《宋史·食货志下一》。
〔3〕《宋刑统》卷一三《户婚律》，"差科赋役不均平及擅赋敛加益"门。
〔4〕《宋刑统》卷二六《杂律》，"校斗秤不平"门。
〔5〕《宋刑统》卷六《名例律》，"杂条"门。
〔6〕《宋刑统》卷二六《杂律》，"受寄财务辄费用"门。
〔7〕《宋刑统》卷二六《杂律》，"受寄财务辄费用"门。

建民负人钱没入男女者还其家。敢匿者有罪。"[1]此后，遂成为定法。

为了取得违契不偿的经济赔偿，主要是告官听断，由官府强制执行。即所谓"监还""监纳""监理"。或者暂时中止履行，俟债务人有能力履行时再令其履行。凡此都表现了官府对于所谓"细事"干预的加强，这是宋朝统治下突出的时代特点。

至于债的消灭，除债务人清偿外，还有以下原因：

(1) 债务人及担保人确实无力偿还或死亡者，经一定期限后，予以免除。

(2) 超过时效，又无契书为凭者，债的关系自然消灭。

(3) 因恩赦或官府命令而除放债务。两宋时期，皇帝经常以诏敕除放债务。如，淳熙十六年（1189 年）二月，光宗在《登基赦》中宣布："凡民间所欠债负，不以久近多少，一切除放。"[2]

在各种契约中值得提出的如"赊卖"。赊卖是凭信用赊贷，约定期限后再付现钱。据《宋会要》记载，真宗乾兴元年（1022 年）六月诏中宣示赊卖立法："如有大段行货须至赊卖与人者，即买主量行货多少，召有家活物力人户三五人以上，递相委保，写立期限文字交还，如违限……若是内有连保人别无家活，虚作有物力，与店户、牙人等通同蒙昧客旅，诳赚保买物色，不还价钱，并乞严行决配。"[3]南宋孝宗淳熙十一年（1184 年）七月诏中进一步强调："今后应赊买客人茶，其人见有父母兄长，并要同共书押文契。"[4]可见宋时赊卖货物不仅要订立契约，以财产作抵押，而且须有物力之人乃至父母兄长共同书押担保。如无人保，只由赊卖人写立欠钱文契，发生"诳赚"纠纷，官府不为受理，以示对赊卖人权利的维护。

随着租佃制的发展，在农业生产中也出现了合伙契约的形式。太宗太平兴国七年（983 年）诏中说："……及其家见有种子，某户见有阙丁，某人见

[1] 《宋史·太宗纪（二）》。
[2] （宋）洪迈：《容斋三笔》卷九《赦放债负》。
[3] 《宋会要辑稿》食货三七之九。
[4] 《宋会要辑稿》食货三一之二六。

有剩牛，然后分给旷土，召集余夫，明立要契，举借粮种，及时种莳，俟收成，依契约分，无致争讼。"[1]

但合伙契约主要流行于商业领域，藉以解决资金不足，所谓"共财出贩"，"连财合本"，同时也分摊风险，这是两宋商品经济规模不断扩大的重要原因之一。

合伙关系也表现为合伙贩运、合伙承包、合伙经营海外贸易等。在合伙契约中，各方当事人均负连带责任，既"分获筹钱"，也共担亏损。

除以上主要契约形式外，宋代的居间契约、委托契约、承揽契约也比较发达。

4. 重视妇女权利的婚姻与继承法律

宋朝商品经济发达的历史背景，必然在婚姻关系上有所反映。譬如，随着奴婢身份地位的提高，官府并不禁止奴婢与官人通婚，说明良贱不婚的传统法律已经发生了某种变化。

至于离婚，一个显著的特点是扩大了妇女离婚的主动权。"在法，已成婚而移乡编管，其妻愿离者，听"；[2]妻子"被夫同居亲强奸，虽未成，而妻愿离者，亦听"。[3]从文献资料中可以看出在宋代的社会生活中，妇女主动提出离婚的原因是多种多样的，它反映了"从一而终"的传统观念受到了冲击，也是妇女地位有所提高的表现。

与此相联系的夫死（或离）再嫁，妇女得到了社会的同情与法律的保护。真宗大中祥符七年（1014 年）诏中说：夫亡，"妻不能自给者，自今即许改适"。[4]另据哲宗元祐五年（1090 年）条贯："女居父母及夫丧而贫乏不能自存，并听百日外嫁娶之法。"[5]但"不能更占前夫屋业"[6]，所谓"朝嫁则暮

〔1〕《宋会要辑稿》食货六三之一六二。

〔2〕《名公书判清明集》卷九《户婚门·离婚·已成婚而夫离乡编管者听离》。

〔3〕《庆元条法事类》卷八〇《杂门》，"诸色犯奸"条引《户令》。

〔4〕《续资治通鉴长编》卷八二，大中祥符七年正月壬辰。

〔5〕（宋）苏轼：《苏文忠公全集》东坡奏议卷一三《乞改居丧婚娶条状》。

〔6〕《名公书判清明集》卷九《户婚门·接脚夫·已嫁妻欲据前夫屋业》。

义绝”[1]。

此外，订婚后，男方无故三年不成婚者，听离，但女方须“经官自陈改嫁，并各还聘财”。[2]丈夫外出三年不归，六年不通问，也准予妇女改嫁或离婚。如寡妇再婚姑舅无依，或因子幼需要抚养，或因夫家财产原因，可以在夫家招后夫，俗称“接脚夫”，这种创自宋代的寡妇再适的婚姻形式，也都反映了对于传统礼教的冲击，具有“解放”妇女的意义。

对于寡妇再嫁，宋代士大夫的观念发生了极大的变化。著名政治家、文学家王安石便力主儿媳庞氏再适。理学大师程颐也令其甥女、侄媳改嫁。真宗、仁宗皇帝的二位皇后也是改适之妇。不过两宋程朱理学的教条仍对婚姻家庭立法有所影响。例如，夫亡，妻不“守志”者，“其见在部曲、奴婢、田宅不得费用”。[3]《名公书判清明集》中，多处出现“一女不事二夫”“相守以死”的判词，以此为“知经识礼”。

宋代商品经济的发展与私有财产的法律保护的加强，使继承法发生了显著变化，尤以女子继承权的规定更为细密。凡未嫁者称为在室女，已嫁者称之为出嫁女，出嫁之后因故（如夫亡、被出、和离等原因）又返回父母家者，为归宗女。由于宗法制度下以男子为中心的宗祧继承是继承法的核心，也是财产继承的先决条件，无论在室女、出嫁女、归宗女均无宗祧继承权。但户绝之家在室女可以继承全部家产。《宋刑统》卷一二《户婚律户绝资产》规定如下：

诸身丧户绝者，所有部曲、客女、奴婢、店宅、资财，并命近亲（亲，依本服，不以出降）转易货卖，将营葬事及量营功德之外，余财并与女（户虽同，资财先别者，亦准此）。

〔1〕《名公书判清明集》卷八《户婚门·检校·检校嫠幼财产》。

〔2〕《名公书判清明集》卷九《户婚门·婚嫁·诸定婚无故三年不成婚者听离》。

〔3〕《宋刑统》卷一二《户婚律》，“卑幼私用财”门。

养女的财产继承权与亲女同，见以下判例：

今解汝霖只有幼女、孙女，并系在室，照户绝法均分，各不在三千贯以上……七姑虽本姓郑，汝霖生前自行收养，与亲女同。[1]

归宗女“还归父母家后户绝者，并同在室女例”。[2]哲宗元符元年（1098年）重申归宗女与在室女均分户绝财产，但作出新的调整：户绝财产达到一千贯以上者，内以一分给出嫁诸女。若只有归宗女者，则只能继承户绝资产的三分之二，表明归宗女的财产继承权已有所削弱。后归宗女的户绝财产继承权进一步下降，只能继承在室女对户绝财产继承份额的一半：“户绝财产尽给在室诸女，而归宗女减半。”[3]

户绝之家经近亲尊长命继之后，命继子也可继承绝户部分财产，但份额少于在室女与归宗女。“准法：诸已绝之家而立继绝子孙，谓近亲尊长命继者，于绝家财产，若只有在室诸女，即以全户四分之一给之，若又有归宗诸女，给五分之一，其在室并归宗女即以所得四分，依户绝法给之。止有归宗诸女，依户绝法给外，即以其余减半给之，余没官”。[4]

根据以上规定，户绝之家只有在室女和命继子时，在室女可得遗产的四分之三。只有归宗女和命继子时，归宗女可得遗产的一半，命继子继承余下一半的一半，其余部分没官。同时有在室女、归宗女及命继子时，在室女和归宗女共得遗产五分之四。在共得的五分之四中，在室女可获三分之二，归宗女获三分之一。根据这一规定，户绝财产在一千贯以上者，即使有在室女、归宗女承分，出嫁女也能继承部分遗产。户绝财产在三千贯以上，出嫁女只能继承三分之一，并得至二千贯止；若达贰万贯以上，则需临时具数奏裁增给（在室女及归宗女并不受这一限制）。如果户绝财产不满一百贯者，出嫁女可以全部继承，不再受三分之一的限制。说明富户与一般贫户出嫁女的财产

〔1〕《名公书判清明集》卷八《户婚门·女承分·处分孤遗田产》。

〔2〕《宋刑统》卷一二《户婚律·户绝资产》。

〔3〕《名公书判清明集》卷九《户婚门·取赎·孤女赎父田》。

〔4〕《名公书判清明集》卷八《户婚门·女承分·处分孤遗田产》。

继承权是有区别的。

户绝之家立有命继子，且无在室女与归宗女时，出嫁女与命继子可以各继承户绝财产的三分之一。

宋仁宗天圣四年（1026 年）《户绝条贯》规定，户绝之家无在室女及归宗女时，“即给与出嫁亲姑姊妹侄一分”。[1]

出嫁女只有在父家户绝，被继承人未立遗嘱，且无在室女继承时，才有一定的财产继承权。《户绝资产》规定：“自今后，如百姓及诸色人死绝无男，空［室］有女已出嫁者，令文合得资产”，但“其间如有心怀觊望，孝道不全，与夫合谋有所侵夺者，委所在长吏严加礼察，如有此色，不在给与之限”。

后又补充规定，出嫁女只能继承户绝资产中的“店宅、畜产、资财”中的三分之一，而且“均与近亲承佃”，无权继承田产。至元符元年（1098 年）八月，又颁新规：“户绝财产均给在室及归宗女，千贯以上者，内以一分给出嫁诸女；止有归宗诸女者，三分中给二分外，余一分中以一半给出嫁诸女，不满二百贯给一百贯，不满一百贯全给；止有出嫁诸女者，不满三百贯给一百贯，不满一百贯亦全给，三百贯以上三分中给一分，已上给出嫁诸女并至二千贯止，若及二万贯以上，临时具数奏裁增给。”[2]

对于寡妇的继承权，《宋刑统》卷一二《户婚律 · 卑幼私用财》规定：“寡妻妾无男者，承夫分；若夫兄弟皆亡，同一子之分。”寡妻妾守志虽可承夫分产，但必须为夫家立继，以继承夫家的宗祧和财产，立继子孙才是真正的财产继承人。寡妻如果改嫁，不得将夫家财产带走，而由子孙继承。

寡妻若有幼子并承分得夫家田产后，如携子改嫁，此承分田产的主人是其子。若子死，寡妻及后夫均无所有权，此田产即作户绝没官。

寡妻即使在夫家“守志”，也无权典卖夫家田产，寡妻若原有子或有养子，若子已成年，与子共同享有对家产的处分权：“交易田宅，自有正条。母

---

〔1〕《宋会要辑稿》食货六一之五八。

〔2〕《续资治通鉴长编》卷五〇一，哲宗元符元年八月。

在，则合令其母为契首，兄弟未分析，则合令兄弟同共成契。”[1]

母子共同成契之法，一者是防范寡母私自典卖田产，二者是防范子孙擅自典卖田产，表明寡妇对家庭财产有一定的处置权。

寡妇无子孙而招后夫者，前夫田产须经官登记，可暂据有不超过五千贯的前夫田产，有用益权，无处分权。寡妇身死或改归后夫家，前夫家产按户绝处置，如前夫有幼子而招后夫者，财产继承人仍是前夫之子。

按唐律，寡妇一经改嫁，便完全丧失对前夫家产的一切权利，而宋律允许寡妇召进后夫仍可终身享有对其前夫家产的用益权。

宋代遗嘱继承制度也有所发展，“若亡人遗嘱证验分明，并依遗嘱施行”[2]。遗嘱继承被看作是“皆贤明之人为身后之虑”[3]的举措，并且是司法审判中的重要依据。因此立遗嘱人有年龄限制，《名公书判清明集》中有“七岁，且遗嘱非真，似难争立”[4]的记载。宋时遗嘱有口头与书面两种形式，但口头遗嘱证明力较差。书面遗嘱需“亲书遗嘱，经官给据”[5]，“经官印押”[6]，凡未经官印押的遗嘱，视为“私家之故纸”[7]，官府不予承认。因为遗嘱已分财产发生争执，限于三年之内告诉。《名公书判清明集》中有满五年、十年而诉遗嘱不公者，概不受理。

综上所述，两宋商品经济的发展，极大地推动民事立法的发展，无论产权、债、婚姻与继承等都达到了相当完备的程度，不仅是中国民法史上重要的篇章，也为明清两朝的民事立法提供了重要的基础。

（四）调解息讼的习惯法传统

以调解和息争讼，在中国可谓由来已久。早在公元前1000余年，著名的

---

[1]《名公书判清明集》卷九《户婚门·违法交易·母在与兄弟有分》。

[2]《宋会要辑稿》食货六一之五八。

[3]（宋）袁采：《袁氏世范》卷一《遗嘱公平维后患》。

[4]《名公书判清明集》卷八《户婚门·立继类·先立一子俟将来本宗有昭穆相当人双立》。

[5]《名公书判清明集》卷七《户婚门·立继·先立已定不当以孽子易之》。

[6]《名公书判清明集》卷八《户婚门·立继类·父子俱亡立孙为后》。

[7]《名公书判清明集》卷五《户婚门·争业下·僧归俗承分》。

政治家召公便巡行乡邑，就地调解争讼，而为史书所称道。《史记·燕召公世家》对此叙述如下："召公之治西方，甚得兆民和。召公巡行乡邑，有棠树，决狱政事其下，自侯伯至庶人各得其所，无失职者。召公卒，而民人思召公之政，怀棠树不敢伐，哥咏之，作《甘棠》之诗。"诗《甘棠》充满了对召公的崇敬与思念："蔽芾甘棠，勿翦勿伐，召伯所茇。蔽芾甘棠，勿翦勿败，召公所憩。蔽芾甘棠，勿翦勿拜，召伯所说。"〔1〕诗的大意是，不要砍伐甘棠树，召公曾在树下草屋里审理案件和休息。汉以后，在孔子"和为贵""必也使无讼乎"的议论影响下，官以调解息讼为政绩的象征，民以调解息讼减少不必要的讼累，因而调解开始流行。

据《后汉书》载，刘炬为县令时，"民有争讼，矩常引之于前，提耳训告，以为忿恚可忍，县官不可入，使归更寻思。讼者感之，辄各罢去"。〔2〕据《汉书》载，韩延寿为左冯翊守时，"民有昆弟相与讼田自言"，韩延寿自责未宣明教化，遂闭门思过。两昆弟深刻自悔，表示终死不再相争。韩延寿以此"恩信周遍二十四县，莫复以辞讼自言者"〔3〕。

至唐朝，礼法结合进入新阶段，司法官多以伦理为据调解争讼。例如开元中韦景骏任贵乡令，"县人有母子相讼者，景骏谓之曰：'吾少孤，每见人养亲，自恨终天无分，汝幸在温凊之地，何得如此？锡类不行，令之罪也。'因垂泣呜咽，仍取《孝经》付令习读之，于是母子感悟，各请改悔，遂称孝慈"。〔4〕有些著名的良吏致仕以后，乡人也请其裁决纷争。唐高宗时，元让以太子右内率府长史任满还乡，"乡人有争讼，不诣州县，皆就（元）让决焉"。〔5〕说明唐时调解息讼渐成风气。

至清朝，调解息讼案件的形式已经多样化和规范化。清朝调解分为州县官调解与民间调解两类。州县官调解是在州县官主持下对民事案件和轻微刑

---

〔1〕《诗经·召南·甘棠》。
〔2〕《后汉书·循吏传》。
〔3〕《汉书·韩延寿传》。
〔4〕《旧唐书》卷一八五上《良吏上·韦机传附孙景骏传》。
〔5〕《旧唐书》卷一八八《孝友传·元让传》。

事案件的调解，是诉讼内调解，带有一定的强制性。根据档案材料，在当事人“吁请”息讼的甘结中，双方都申明“依奉结得”，即遵命和息。州县官还通过“不准”状的办法，促成双方和解，所谓“善批者可以解释诬妄于讼起之初”〔1〕。

由于调解息讼是州县官的治绩和“大计”（考察地方官）的重要指标，因此州县官对于自理案件，首先着眼于调解，调解不成时，才予以审结。康熙时陆陇其任河北灵寿县知县，每审民事案件，则传唤原告、被告到庭，劝导双方说，“尔原被非亲即故，非故即邻，平日皆情之至密者，今不过为户婚、田土、钱债细事，一时拂意，不能忍耐，致启讼端。殊不知一讼之兴，未见曲直，而吏有纸张之费，役有饭食之需，证佐之友必须酬劳，往往所费多于所争，且守候公门，费时失业。一经官断，须有输赢，从此乡党变为讼仇，薄产化为乌有，切齿数世，悔之晚矣”〔2〕。

民间调解是诉讼外调解，其主要形式有宗族调解、乡邻调解和基层保甲长调解等，而以宗族调解最为普遍。族内调解一般先由族长剖决是非，不得轻易告官涉讼。安徽桐城《祝氏宗谱》规定，“族众有争竞者，必先鸣户尊、房长处理，不合遽兴讼端，倘有倚分逼挟恃符欺弱及遇事挑唆者，除户长禀首外，家规惩治”。江西南昌《魏氏宗谱》也规定，“族中有口角小愤及田土差役账目等项，必须先经投族众剖决是非，不得径往府县诳告滋蔓”。由此可见，民间发生的大量民事纠纷，在告官兴讼之前，往往在家族内部经由族长调处化解。但由于宗族内部成员在身份上有严格的尊卑之分，又有远近亲疏的支派之别，特别是门房的人丁财势有强弱，嫡庶之间法定的权利有高下，因此族内成员在接受调处时，往往因其在族内的地位而处于不平等的状态，说明宗族调处也带有某种强迫性。

至于乡邻调解，在中国也有着深刻的社会原因。中国古代封闭式的经济、政治环境，形成了安土重迁的观念，由此而产生了强固的地缘关系。乡邻之

---

〔1〕（清）白如珍：《论批呈词》，见《牧令书》卷一八《刑名中》。
〔2〕（清）吴炽昌：《续客商前话》卷三《陆清献公遗事》。

间几代人比邻而居，有无相通，患难相扶，一旦发生争讼，乡邻调解也可以起到一定的作用。

调解息讼之所以成为司法的一个传统，除儒家思想的影响和州县官追求政绩外，也与最高统治者——皇帝的指向密切攸关。例如，康熙《圣谕十六条》明确要求，“敦孝悌以重人伦，笃宗族以昭雍睦”，“和乡党以息争讼，息诬告以全良善”。[1]

调解息讼的法律传统，反映了中华民族重和谐和睦的民族精神。中华民族在发展的过程中受到伦理道德的影响，以宗族内部的和睦相处为重要的价值取向；又在生产生活的斗争中体验到人与人之间只有和睦相处，互相帮助，才能取得生存与发展的机会。正是这种朴素的规律性的认识，使得中华民族形成了以和为贵、以争为耻的理念。在固有国情影响下形成的稳定的血缘关系和地缘关系，也为重和谐和睦的民族精神的形成提供了客观条件。如同宋人胡石壁所说，“大凡乡曲邻里，务要和睦。才自和睦，则有无可以相通，缓急可以相助，疾病可以相扶持，彼此皆受其利”。[2]这种民族精神不仅缔造了调解息讼的法律传统，也是多元一体的民族关系赖以形成的重要因素，是中华民族凝聚力之所在。

减少讼累也是百姓乐于接受调解的一个不可忽视的原因。调解或以法，或以理，或以情，具有灵活性，视司法官主观选择而定，这种法理情相结合的方式，避免了司法机械主义的弊病，今天仍然有其价值。

需要指出，调解息讼并不见于历代法律明文规定，但官府都认定调解的效力，因而，调解是不见于法律规定的合法行为，是解决民间所谓“细事”的一种习惯，是符合国情的习惯法范畴的一大创造。

三、观俗立法，顺乎国情

商鞅在总结立法的经验时，提出：“圣人之为国也，观俗立法则治，察国

〔1〕《清圣祖实录》卷三四，康熙九年十月癸巳。

〔2〕《名公书判清明集》卷一〇《人伦门·乡里·乡里之争劝以和睦》。

事本则宜。不观时俗，不察国本，则其法立而民乱，事剧而功寡。”[1]所谓“观俗”“察国事本”就是针对国情而言。只有顺乎国情实际而进行的立法，才是立法所要达到的“治”与“宜”的目的。早在两千多年以前，商鞅提出的根据国情立法，表现了他杰出的法律智慧和善于总结法制建设经验的政治家的本色。中国悠久的立法史，都雄辩地证明了立法一定要顺乎国情、反映国情。不顺乎国情、不反映国情的立法，就脱离了最根本的实际，必将遭致民众的反对而难以推行。中国古代的国情，是以农立国、疆域辽阔、统一多民族，因此古圣先贤在立法上牢牢地把握着从国情实际出发。以下根据中国古代的国情，分别加以分析，略述其得失，作为史鉴。

（一）农业立法是立法体系中的重要部分

由于中国地处内陆，使得原始农业很早便取得了发展，而且经历数千年之久一直保持稳定的经济形态，从而决定了与农业相关的土地、畜牧、水利、仓库、农时等方面的立法，成为古代法律体系中的重要组成部分。

1. 土地法的发展概况

中国古代土地私有权确立之后，国家及时立法予以调整。鲁宣公十五年（前594年）实行“初税亩”，李悝发布“尽地力之教”，商鞅颁行“开阡陌封疆”令，一脉相承地确认土地的私有权，使民得买卖。由此，迅速提高了农业生产力，自耕农和地主的数量也显著增加，奠定了秦并六国的物质基础。

1975年出土的睡虎地秦墓竹简中《田律》《厩苑律》《仓律》都是以土地法为基础的农业立法，内容更为丰富，涉及农田、水利以及作物的管理，农业赋税的征收，有关种子的保管与播种，以及自然灾害的预防等等。其中，关于“盗徙封，赎耐”的记载，表明法律对于土地私有权的维护，擅自侵犯他人田界要处以刑罚。

根据出土的汉代简牍、卖地券和买山刻石等实物，说明土地买卖、赠与、

[1]《商君书·算地》。

出租、继承等法律行为都要订立文契，作为所有权和使用权转移的法律凭证。汉朝针对日益严重的土地兼并现象，多次颁发限田和抑兼并的诏令，董仲舒还首倡“限民名田，以澹不足”[1]。

中国古代最具代表性的土地立法，是均田法。均田法起源于北魏，定型于隋唐。由于隋末的农民大起义，国家掌握了大量的无主土地，因而才能在全国范围内推行均田法。均田法的实施使农民获得了稳定的谋生手段——土地，能够从事简单的或扩大的再生产，从而促进了社会经济的繁荣，使得家济人足，由此带来了“贞观之治”和“开元之治”的盛世。

宋初实行不立田制、不抑兼并的政策使土地广泛进入流通领域，自耕农民和中小地主迅速增加。在北宋初期，为了从法律上保护土地的私有权，已经出现了作为官府正式承认土地所有权的凭证——红契（即盖有官府印信的税契）。不动产所有权的转移需要立有文契，取得官府承认，所谓“皆得本司文牒，然后听之”[2]。太祖开宝二年（969年）诏令中指出：“民典卖田宅，输钱印契，税契限两月。”[3]同时，由于印契是解决土地纠纷的重要根据，凡“交易有争，官司定夺，止凭契约”[4]，“交争田地，官凭契书”[5]，“凡人论诉田业，只凭契照为之定夺”[6]，“理诉田产，公私惟凭干照”[7]。为此，建立了较为完备的税契制度。《宋刑统》规定，“诸诈为官文书及增减者，杖一百”。[8]但如契书丢失，则可召集邻保为证，于两月内向官府申请补办手续。南宋时，因战乱逃亡而丢失契书者颇多，于是绍兴二年（1132年）闰四月三日下令：“曾被兵火亡失契书业人，许经所属陈状，本县行下本保邻人依实供证，即出户帖付之。邻人邀阻不为依实勘会及县吏不即给帖，并许业人越诉，

---

〔1〕《汉书·食货志上》。
〔2〕《宋刑统》卷二六《杂律》，“受寄财务辄费用”门引《杂令》。
〔3〕《文献通考》卷一九《征榷考六·杂征敛》。
〔4〕《名公书判清明集》卷五《户婚门·争业下·物业垂尽卖人故作交加》。
〔5〕《名公书判清明集》卷六《户婚门·争田业·王直之朱氏争地》。
〔6〕《名公书判清明集》卷九《户婚门·违法交易·伪作坟墓取赎》。
〔7〕《名公书判清明集》卷九《户婚门·取赎·过二十年业主死者不得受理》。
〔8〕《宋刑统》卷二五《诈伪律》，“伪造宝印符节”门。

其合干人重置典宪，庶几民间物业各有照据。”[1]

如果说实行均田制时期，法律严禁占田过限，宋以后直至清朝，随着土地的自由买卖，法律的重点在惩治欺隐田粮。如《大清律例·户律·田宅》中有“欺隐田粮”“检踏灾伤田粮”“盗卖田宅”等条款。

历代为了增加土地亩数，都鼓励无地的农民开垦荒田。以清朝为例，自顺治起，迄至康乾两朝，多次颁发垦荒令，规定新开垦之田归己，而且六年不收租税。垦荒令的实施以及政策的倾斜，使得四川、广西、云南、贵州四省，由“田亩抛荒，不堪见闻”，转向“人民渐增，开垦无遗”[2]。据《霍山县志》卷二《风土》记载，乾隆时“中人以下咸自食其力，薄田数十亩，往往子孙守之，佃田而耕者仅二三”。

2. 保护农业生产所必须的生态环境

为使连续不断的再生产成为可能，官府重视对农业生产所必须的生态环境的保护，务使生态平衡发展。《逸周书·大聚解》记载：“禹之禁，春三月，山林不登斧，以成草木之长；夏三月，川泽不入网罟，以成鱼鳖之长。”出土的云梦秦简更以确切的资料证明了秦法对于自然生态的保护。《秦律·田律》规定：“春二月，毋敢伐材木山林及雍（壅）隄水。不夏月，毋敢夜草为灰，取生荔、麛卵谷，毋□□□□□□毒鱼鳖，置穽罔（网），到七月而纵之。”[3]其意就是：春天二月，不准到山林伐木，不准堵塞水道。不到夏季，不准烧草为肥料，不准探取刚发芽的植物，或捉取野兽、鸟卵和幼鸟，不准毒杀鱼鳖，不准设置捕捉鸟兽的陷阱和网罟，至七月始解除禁令。

《唐律疏议》中，此类立法所在多有：“诸部内，有旱涝霜雹虫蝗为害之处，主司应言而不言及妄言者，杖七十”[4]；“诸部内田畴荒芜者，以十分论，一分笞三十，一分加一等，罪止徒一年。户主犯者，亦计所荒芜五分论，

---

〔1〕《宋会要辑稿》食货七〇之一三九。

〔2〕《清圣祖实录》卷二四九。

〔3〕睡虎地秦墓竹简整理小组编：《睡虎地秦墓竹简》，文物出版社1990年版，第20页。

〔4〕《唐律疏议·户婚》，“不言及妄言部内旱涝霜虫”。

一分笞三十，一分加一等"[1]；"诸不修隄防及修而失时者，主司杖七十；毁害人家、漂失财物者，坐赃论减五等……"[2]；"诸失火及非时烧田野者，笞五十……"[3]；"诸弃毁官私器物及毁伐树木、稼穑者，准盗论"[4]。

3. 制定与农业生产密切相关的历法

由于历法与农业生产的节气密切相关，因而受到历代统治者的重视，成为饶有特色的立法形式。早在夏朝就已经制定了我国最早的适合农业生产需要的历法——"夏正"。古书中说"行夏之时"，表明夏朝历法对后世的影响。商朝制定了比夏历更先进的阴阳历，有了明确的春夏秋冬之分，并设专官掌管历法。周时，周天子根据农时和节令发布有关农耕的命令和法律，在《礼记·月令》中多有记载。秦统一后，第一次颁行了通行全国的历法《颛顼历》。汉朝在历法上的杰出成就之一是制定了《太初历》。其后，南北朝著名的科学家祖冲之制定了《大明历》；唐朝有《戊寅元历》和《大衍历》；元朝有《授时历》；明朝有《大统历》；清朝康熙年间聘请西方传教士制定《康熙永年历》，并由著名历算家梅文鼎著成《古今历法通考》。

可见，我国古代历法不仅发源早，更具有相当的科学性，在世界天文立法史上居于先进的行列。这和农业起源早，并以农为立国之本的国情是分不开的。正因为如此，私造时宪历者处以死刑。

4. 确定"务限法"的司法原则

为保障农业不违农时，也体现在司法方面的"务限法"上。所谓"务限法"就是指在农忙季节，为了不误农时，保护农业生产，司法机关对于一般的民事告诉一律不予受理的法律规定，此项规定带有深刻的国情烙印。

"务限法"始于唐朝，据唐《杂令》规定："谓诉田宅、婚姻、债负，起十月一日，至三月三十日检校，以外不合。若先有文案，交相侵夺者，不在

[1]《唐律疏议·户婚》，"部内田畴荒芜"。
[2]《唐律疏议·杂律》，"失时不修隄防"。
[3]《唐律疏议·杂律》，"非时烧田野"。
[4]《唐律疏议·杂律》，"弃毁器物稼穑"。

此例。"[1]

据此，每年从十月一日起受理有关土地、房宅、婚姻、债权债务的案件，称为"务开"，至次年三月三十日结束。从三月三十日至十月一日称为"入务"，不再受理一般民事案件。

"务限法"一直延续到清朝。《大清律例》"告状不受理"条附例规定："每年自四月初一日至七月三十日，时正农忙……其一应户婚、田土等细事，一概不准受理；自八月初一日以后方许听断。若农忙期内受理细事者，该督抚指名题参。"[2]"州县审理词讼，遇有两造俱属农民，关系丈量踏勘有妨耕作者，如在农忙期内，准其详明上司，照例展限至八月再行审断。"[3]在农忙停诉期间，"其余一切呈诉无妨农业之事，照常办理，不准停止……如州县将应行审结之事，借称停讼稽延者，照例据实参处。经管道府如不实力查报，该督抚一并严参例处"。[4]另外，春节前后一个月，州县官照例须"封印"，停止处理一切公务。[5]如果遇有灾荒等较严重的自然灾害，州县官亦有可能暂不受理民事案件。[6]

乾隆二年（1737年）臬司阎熙尧条奏："州县自理词讼，务须分别事情轻重缓急，随时酌准，不得藉称农忙，概置民瘼于罔闻。"[7]乾隆十年（1745年）蒋前院条奏："地方于农忙停讼内，凡遇坟山土地等项，务须随时勘断。至自理案件，倘事关紧要，或证佐人等现非务农，即不得以时值停讼，藉词

---

〔1〕《宋刑统》卷一三《户婚律》，"婚田入务"门引《杂令》。

〔2〕这仅是一项原则性的规定，实践中多分别情况予以处理。可参见《大清律例》卷三〇《刑律·诉讼》，"告状不受理"条附例；亦可参见《钦定大清会典事例》卷八一七。

〔3〕《大清律例》卷三〇《刑律·诉讼》，"告状不受理"条附例。

〔4〕《大清律例》卷三〇《刑律·诉讼》，"告状不受理"条附例。

〔5〕乾隆时期曾要求州县官除农忙停讼外，不得再沿隆冬岁暮停讼之陋习。参见《钦定大清会典事例》卷八一七。薛允升指出："命盗等案限期，均应扣除封印一月，应参看。"参见薛允升著，黄静嘉编校：《读例存疑》卷三九《刑律·诉讼》，"告状不受理"条附例六之按语，成文出版社1970年重刊本。

〔6〕（清）潘月山：《未信编》卷三《刑名上》，"放告"，清康熙二十三年刊本，载官箴书集成编纂委员会编：《官箴书集成》（第三册），黄山书社1997年版，第71页。（下引版本相同，注释从简）

〔7〕（清）陈宏谋：《牧令书》卷一八《申明农忙分别停讼檄》，载《官箴书集成》（第七册），第399页。

推诿，亦不得滥差羁候，致滋扰累各等因，俱奉旨通行，遵照在案。再户婚田土似在应停之内，然抢亲、赖婚、强娶、田地界址、买卖未明，若不及早审理，必致有争夺之事。”[1]上述条奏均奉旨遵行。《大清律例》新增条例规定：在非放告期内，“若查勘水利界址等事，现涉争讼，情理稍迟，必致有妨农务者，即令各州县亲赴该处，审断速结。总不得票拘至城，或致守候病农”。[2]

可见，清朝统治者虽然以户婚、田土、钱债等民事纠纷为“细故”，但这是相对于命盗重案而言的。实践经验证明，细故如不及时解决，也会影响生产，扰乱秩序，危害安定，因此强调视案情的轻重缓急，酌情而定，不可一律以农忙停讼。

《大清律例》“告状不受理”条还规定了州县官无故不受理民事词讼的法律责任，“凡告……婚姻、田宅等事不受理者，各减犯人罪二等，并罪止杖八十。受（被告之）财者，计赃以枉法（罪与不受理罪）从重论”。“若（本管衙门）追问词讼，及大小公事，（自行受理并上司批发）须要就本衙门归结，不得转行批委，（致有冤枉扰害）违者，随所告事理轻重，以坐其罪。”[3] 同时严禁州县于隆冬岁暮之际，“照农忙之例停讼展限……违者，照例揭参”。[4]

（二）以地方立法弥补中央立法的不足

古代中国一直是一个疆域辽阔，内地与边陲、沿海与中原的政治、经济、文化发展不平衡的大国，尤其是风俗与习惯各地显著不同。只凭朝廷的中央立法，不可能对所有地方进行有效的调整，但也需要以地方性的立法弥补朝廷立法的不足。尽管在专制主义中央集权的时代，地方并没有独立的立法权。随着岁月的流逝，地方性立法已经多不可考，只有清朝为我们留下了确切的地方性法规。尽管也并非全部，但已经足以说明问题了。乾隆五年（1740

---

〔1〕（清）陈宏谋：《牧令书》卷一八《申明农忙分别停讼檄》，载《官箴书集成》（第七册），第399页。

〔2〕《大清律例》卷三〇《刑律·诉讼》，“告状不受理”条附例。

〔3〕《大清律例》卷三〇《刑律·诉讼》，“告状不受理”条附例。

〔4〕《大清律例》卷三〇《刑律·诉讼》，“告状不受理”条附例。

年）《大清律例》成，为了从本地情况出发，制定地方性法规以弥补大清律之所未备，成为必要，出现了调整地方特有法律关系的立法——省例。

制定省例的根据，是地方行政、司法等事务的需要，并以省级为立法单位，省以下无立法权。即使通行一省的省例，也须详明两院或咨准部覆，方许颁行。如省例与中央立法原则相悖则无效。因此清一代省例之类的地方立法并未遍及全国。一百余年间只有江苏、广东、福建、湖南、河南、直隶、四川、山东、山西、安徽、浙江、江西等省制定了省例或其他形式的地方法规。省例以地方行政事务法规为主，凡涉及一省行政、经济、文教、司法、风俗等各方面内容的，为综合性省例，如《江苏省例》《江苏省例续编》《江苏省例三编》《江苏省例四编》《福建省例》《福建省例·续·再续》《治浙成规》《直隶通饬章程》《广东省例》《粤东省例》《粤东省例新纂》《湖南省例成案》《湖南省例》《河南省例》《西江政要》等；凡涉及工程、诉讼、科考、任职、交代等本省单一事项，为专业性省例，如《豫东稽核帮价章程》《直隶清讼章程》《豫省文闱供给章程》《江西州县委署章程》《山东交代章程》等。

省例中，有关行政管理事务方面的内容居多，所涉甚广，如公文、交代、官员任职、考核与俸禄等。《福建省例》有关公文使用的规定如下："嗣后地方雨水关系民隐及紧要事件并不便形之公牍者仍用禀帖，其余应用详文候批存案者一概用详。不关紧要，无论吏治之事，不得用禀搪塞。"[1]

《粤东省例》中有关于官吏任职与考核的规定，如"各项候补知县与进士即用知县统归候补班轮补，选缺时应以各员到省月日分别先后挨补，至进士即用知县轮补到班，仍按各员科分甲第序补（军营出力之员向系压班先补，历办有案）"。[2]"各衙门役满吏攒每年七月内由抚院考试，除例定一切事宜照例遵行外，藩司于奉行试期之前开送应考吏役姓名清册同供结送院查核，并委现任佐杂二员巡绰搜检（中军官委千把会同文员巡绰），仍于南番二县内派委一员点名，由司照开各吏役年貌册发交点名官查对。点进听候抚院扃门考

〔1〕《福建省例·公式例》，"用详用禀章程"。

〔2〕《粤东省例新纂》卷一《吏例·调补》，"候补与即用知县轮补次序"。

试（试卷由吏役自备，呈司用印汇缴）。应需桌凳檄行广州府办送。”[1]

各地省例中多有整顿风俗的内容，如《江苏省例》查禁《红楼梦》《水浒》等“淫词”小说[2]，禁止开设戏馆[3]，严禁妇女入馆饮茶[4]。其后，又禁止妇女入庙烧香[5]，禁止青浦金泽等镇迎神赛会[6]。《福建省例》规定：不准聚众迎神，不准迎神像赴家，不准道旁添搭矮屋供奉土神，不准沿街张贴某神行台、公所字样，不准各厅演唱夜戏，不准青年妇女入庙烧香。[7]

由于各省地方立法散漫无稽，援用不便，因此乾隆初年有编纂刻印省例之举。现存各省例及地方性法规有：

1. 综合性省例

江苏省

《江苏省例》，江苏书局同治八年刊本，12 册。

《江苏省例续编》，江苏书局光绪元年刊本。

《江苏省例三编》，江苏书局光绪九年刊本。

《江苏省例四编》，江苏书局光绪十七年刊本。

《苏藩政要》，清抄本，2 卷 2 册，苏州图书馆藏。

广东省

《广东省例》，清抄本，1 册，复旦大学图书馆藏本。

---

[1] 《粤东省例新纂》卷一《吏例 · 考吏》，“考役满吏役”。

[2] 《江苏省例》，“藩政 · 查禁淫词小说”“藩政 · 续查应禁淫书”。

[3] 《江苏省例》，“藩政 · 禁止开设戏馆”。

[4] 《江苏省例》，“臬政 · 严禁妇女入馆饮茶”。

[5] 《江苏省例三编》，“藩例 · 禁止妇女入庙烧香告示”。

[6] 《江苏省例三编》，“藩例 · 禁斋菩萨”“藩例 · 示禁震泽双阳会”“藩例 · 示禁青浦金泽等镇迎神赛会”。

[7] 《福建省例 · 杂例》，“禁示迎神赛会”。

《粤东省例》，清抄本，2 册，复旦大学图书馆藏本。

《粤东省例》，道光抄本，线装，60 册 7 函。

《粤东省例新纂》，黄恩彤修，宁立悌等纂，道光二十六年广东藩署刻本，8 卷 4 册 1 函，成文出版社 1968 年印行。

《粤东成案初编》，朱樗编，38 卷，补遗 1 卷，道光十二年刊本。

《粤东成案新编》。

福建省

《福建省例》，同治年间汇刻本，大通书局 1964 年版。

《福建省例·续·再续》，清光绪间刻本，省例 36 卷，续 12 卷，再续 4 卷，上图本。

湖南省

《湖南省例》，清刻本，雍正五年至嘉庆六年，吴达善纂修，不分卷 168 册。

《湖南省例成案》，日本东京大学东洋文化研究所藏本，84 卷 16 册。

《湖南部驳成案》，刻本，乾隆二年至嘉庆五年，不分卷 100 册。

河南省

《河南省例》。

《豫省成例》，清抄本，不分卷 1 册，复旦大学图书馆藏本。

《豫省拟定成规》，2 卷 2 册，道光十一年刻本。

《豫省续增成规》1 卷 1 册，清刻本，附《豫东碎石方价成规》，不分卷 1 册，道光十一年刻本。

《豫东事例》，清嘉庆十九年刻本，1函1册。

直隶省

《直隶现行通饬章程》，刻本，清提刑按察使司纂修，光绪十七年（1891年）保定臬署刻本，1函3卷3册。

《直隶五道成规》，清工部编，乾隆八年刻本，5卷5册。

山东省

《乾隆朝山东宪规》，清刻本，2卷6册，中国珍稀法律典籍集丛本。

《山东现行通饬章程》，1卷1册。

《东省通饬》，仁山氏抄本，4册。

四川省

《四川通饬章程》，钟庆熙辑，光绪二十七年，四川谳局本，2卷57篇。

山西省

《晋政辑要》，海宁等编，乾隆五十四年山西布政使司刊本，8卷8册1函。

《晋政辑要》，刚毅等重编，光绪十四年山西布政使司刊，40卷32册6函，国家图书馆藏本。

安徽省

《皖政辑要》，（清）冯煦主修，陈师礼总纂，宣统二年江格稿本，安徽省图书馆藏，100卷10科。

江西省

《西江政要》，乾隆西江布政使衙门刊，2册。

《西江政要》，乾隆十六年至道光十三年官撰刻本，18册。

《西江政要》，咸丰十年至光绪十八年官撰刻本，14册，不分卷（藩司本、臬司本）。

《西江政略》，（清）杨朝麟辑，刻本，3卷3册1函。

浙江省

《治浙成规》，浙江等处承宣布政使司、浙江按察使司编，乾隆按察使衙门刻本，2册1函，同心堂藏版。

《治浙成规》，清乾隆二十九年刻本，6册1函。

《治浙成规》，清道光十七年刻本，8卷8册1函。

《治浙成规》，清末刻本，4册1函。

《成规拾遗》，（清）万维翰辑，乾隆三十九年刻本，3册。

陕西省

《陕西省例》，抄本，线装，1册。

2. 各省专门性省例（部分）

《豫东稽核帮价章程》。

《钦定福建省外海战船则例》，乾隆三十三年（1768）刻本，23卷24册；

又见台北：大通书局1987年版，2册。

《直隶清讼章程》，曾国藩编，清刻本，2册。

《江西州县委署章程》，清抄本，线装，1册。

《山东交代章程》，（清）李元华撰，同治光绪间刻本，线装，6册1函。

《豫省文闱供给章程》，光绪甲午科，清末刻本，1册1函。

《豫东碎石成规》，（清）工部编，清抄本，1册。

《广州驻防事宜》，（清）庆保辑，清抄本，1册。

《山东运河成案》，（清）曾藩（编），清末抄本，1册。

《直隶清赋例章》，直隶清赋总局编辑，清光绪十五年刻本，线装，1册。

《宾兴事宜》，中国珍稀法律典籍集成丛书清康熙五年刻本，1册。

《崇文门商税衙门现行税则》，崇文门商税衙门编，光绪三十四年刻本，1册。

《甘肃陕西文武各官及防勇练兵及各署役夫等支款章程》，庆恕等纂，光绪二十一年刊印初版，4册。

《新疆文武各官及兵勇书役等支款章程》，清刊本，1卷1册。

《广西税则》（广西省统税则例），（清）李毅，抄本，1卷1册。

《淮南缉私章程》，光绪刊本1册。

3. 清末专门性省例（清末法制改革以后制定）（部分）

《通州兴办实业章程》，（清）张謇撰，光绪三十一年南通州翰林编译书局铅印本（再版），2册。

《山西裁减公费章程》，光绪八年，1册。

《湖南厘务汇纂》，光绪十五年刊本，18卷首1卷。

《广东通省抽厘例则》，同治五年，1册。

《福建通省百货行商厘金章程》，清福建古楼前陈文鸣刊印，1卷1册。

《崇文门商税衙门现行税则》，崇文门商税衙门编，光绪三十四年刻本，

1 册。

《安徽厘金税则》，安徽官纸局印，1 册（附统捐税法）。

《广西税则》，（清）李毅，抄本，1 卷 1 册。

《海参崴公董局城治章程》，（清）李家鏊译，光绪二十九年商务印书馆铅印本，1 册。

《扬州保甲巡警章程》，江苏按察使司制订，光绪末年官刊本，1 册无序。

《四川奏定警察章程》，袁世凯编，清末刻本，1 卷 2 册。

《吉林省城巡警总局章程》，（清）祖海峰、林世瀚等编，宣统元年刊本，2 册。

《余杭县改订巡警章程》，光绪三十四年，18 页。

《江北初级学堂章程》，光绪三十二年，1 册。

《拟定直隶法政学堂试办章程》。

《京师译学馆规章》，京师译学馆编，光绪三十一年铅印本，1 册。

《京师大学堂章程》，京师大学堂编，光绪年间铅印本，1 册。

《浙江大学章程》，光绪二十八年刻本，1 册。

《湖北师范学堂速成章程十八章》，湖北师范学堂编，清末活字排印本，1 册。

《江宁四川劝办赈捐请奖章程》。

《两粤赈捐章程》，光绪年间刻本，1 册。

《顺直赈捐章程》，（清）李鸿章奏，光绪十六年刻本，23 页。

《漳州府义仓章程》，道光年间刻本，1 卷 1 册。

《粤省捐输例章》，刻本，不分卷 1 册。

总括上述，清朝虽然是极端专制主义的中央集权国家，一切重要的立法活动均由中央制定，但由于疆域辽阔，民族繁多，因此各地存在着彼此不同的政治经济情况与法律关系，也急需从地方施政的实际需要出发，制定地方性法规加以调整。但清朝地方并没有独立的立法权，地方性的立法只限于省一级，并须详明两院或咨准部覆，方为有效，此程序类似中央授权立法。省以下府州县虽可临时发布具体事项的布告，但已不属于立法行为。此外，地方所立之法如与中央立法原则相悖，或与中央已颁行的法律有所矛盾，则无效。可见，清朝统治者对于地方立法十分重视，而且严格监督程序，从实际来看，省级地方立法确实收到了因地制宜之效。地方立法中可以上升为朝廷立法或者有补于《大清律例》的，经中央立法机关讨论，也可以为朝廷立法所采纳。在一定意义上来说，清朝统治者比较注意发挥中央与地方（省）两个立法主体的积极性。

（三）统一多民族国家的民族立法

1. 中华法系集各族的法律智慧于一体

古代中国早在公元前 2 世纪秦并六国时，便形成了统一的多民族国家，由此，中国的疆域、中国的物质文明和精神文明，便由中华各族共同开发、共同创造，其中也包括中华法制文明的创制。

自上古迄至先秦的历史阶段，是中国各民族融合与统一基业的发端。以华夏族为主干，融入了古史所称东夷、南蛮、西戎、北狄等部族，形成了一个颇具规模的民族共同体。正是由于民族融合的成功，才出现了秦汉时代统一强盛的封建帝国。在这个过程中也开始了各族法律智慧最初的交融。据史载，在华夏族创制法律之前，活动在长江流域的“三苗”，便已开始制定法律，所谓“苗民弗用灵，制以刑，惟作五虐之刑曰法，杀戮无辜，爰始淫为劓、刵、椓，黥，越兹利刑并制，罔差有辞”。[1]古文献的记载得到了地下遗存的证实。三苗活动的地域较之华夏族活动的黄河流域更适于原始的农业耕种，因此很早便出现了财产私有和贫富分化。正是为了压制被剥削者的反抗，才出现了最早的刑罚。其后黄帝联合炎帝战败三苗，灭其族而用其刑，使三苗的刑制发展成为整个夏商周三代通行的奴隶制五刑——墨、劓、刖、宫、

[1]《尚书·吕刑》。

大辟，并沿用至汉初。

自战国末期至秦汉，北方兴起的匈奴族建立了统一的游牧军事政权，并开始设范立制制定刑法。史书说："其法，拔刃尺者死，坐盗者没入其家；有罪小者轧，大者死。狱久者不过十日，一国之囚不过数人。"[1]这可以说是中华法制文明史上少数族谱写的最早的法制历史篇章。

西晋末年开始的"五胡内迁"，在中华民族的大家庭中，又融入了匈奴、鲜卑、氐、羌、羯等诸民族。至南北朝，一些少数民族相继在广大的中原地区建立了政权，为适应统治广大中原地区的需要，结合本民族的传统，制定了适用范围不同的法律。特别是鲜卑族统治的北魏时期，较为重视法制建设，迅速由习惯法过渡到成文法阶段，并在汉族思想家和律学家的帮助下，以"齐之以法，示之以礼"[2]为指导思想，终于在太和五年（481 年）颁布了著名的《太和律》。这部律典既融汇了汉、魏、晋以来儒家的法律思想与立法成就，同时也保留了某些元魏旧制，可以说是这个时期游牧民族与农耕民族大融合在法文化上的产物。例如"世祖定律，妇人当刑而孕，产后百日乃决"[3]便体现了儒家人本思想的影响，而这项法律规定对后世的相关立法也起了先验的作用。

北魏以后，经过长期探索，至北齐，立法进入了一个新的发展时期，无论是体例、篇目、罪名、刑制、法例都趋于定型。程树德先生评论说："南北朝诸律，北优于南，而北朝尤以齐律为最。"[4]《北齐律》创立的体例、刑制与主要罪名和隋唐律的传承关系十分明晰："盖唐律与齐律，篇目虽有分合，而沿其十二篇之旧；刑名虽有增损，而沿其五等之旧；十恶名称，虽有歧出，而沿其重罪十条之旧。"[5]程氏虽然阐述了北优于南的法律演变的事实，却未能揭示出这一演变的原因。

---

[1]　《史记·匈奴列传》。

[2]　《魏书·刑罚志》。

[3]　程树德：《九朝律考》卷五《后魏律考》（下），中华书局 2003 年版，第 383 页。

[4]　程树德：《九朝律考》卷六《北齐律序》，中华书局 2003 年版，第 391 页。

[5]　程树德：《九朝律考》卷六《北齐律序》，中华书局 2003 年版，第 391 页。

北优于南的原因之一是，“由它的先驱传给它而它便由此出发的特定的思想材料作为前提”。[1]北朝修律时重用崔浩、高允、熊安生等著名的汉律学家和名儒，经过他们之手传播了先进的汉族法文化，综合了魏晋以来的司法经验，造就了北朝律系统的辉煌成就。以《北齐律》为例，它是在崔昂主持下，封述、赵彦深、魏政、阳休之、马敬德等一大批律学家共同参与，历时十余年始完成的。它克服了南朝律的繁芜，也不似北周律的刻意仿古，注意了礼律并举，又在罪名与刑制上有所创新，做到了“法令明审，科条简要”[2]，因而为隋朝所取法。

北优于南的原因之二是，北朝统治者进入中原以后，为了适应统治广大汉族地区的需要，开始重视运用法律的手段，积极组织立法活动，并且令“仕门子弟，讲习法令”。如同恩格斯所说：“每一次由比较野蛮的民族所进行的征服，不言而喻地都阻碍了经济的发展，摧毁了大批的生产力。但是在长时期的征服中，比较野蛮的征服者，在绝大多数情况下，都不得不适应征服后存在的比较高的‘经济情况’；他们为被征服者所同化，而且大部分甚至还不得不采用被征服者的语言。”[3]历史的事实证明，北朝统治者只有采用被征服者汉族的较为先进的统治方式，接受被征服者的法律文化，才得以稳固其在中原地区的统治，克服游牧民族的积习，抑制私家势力的离心倾向，协调家国关系，巩固专制主义的集权政治。

北朝的法律系统从《北魏律》首开端绪，至《北齐律》已经蔚然可观，并创制了新的法律形式“格”与“式”。其中“八议”论赎范围的明定、十条重罪的法律化与五刑的制度化都为隋唐律及其以后的封建法律的发展奠定了基础。北朝法律系统可以称为我国古代社会中期法律发展之滥觞。

北优于南的原因之三是，与南朝在腐朽的士族统治下，以清谈互相标榜，热衷于玄学、佛学，轻视刑名法例之学，法制趋于保守，律学也因之大衰，

---

〔1〕《马克思恩格斯选集》第4卷《恩格斯致康·施米特》，人民出版社1972年版，第703页。

〔2〕《隋书·刑法志》。

〔3〕《马克思恩格斯全集》第20卷《反杜林论》，人民出版社1971年版，第199页。

与南朝相反，进入中原地区的北朝少数民族统治者却富于积极进取的精神，由游牧文化迅速向封建的农业文化转变，无论经济、政治、法律、思想、文化都保持改革的态势，在传承中原汉族法文化的同时，也从实际出发进行了创新。

正是由于各民族坚持不懈地进行法制的创造和法文化的交流，才有隋唐时期中华法系的成熟与定型。

隋唐时期中国的法律文化、典章制度远播海外，中华法系成为相邻国家和地区的母法。而建立在中国边陲的吐蕃、突厥、南诏等地方民族政权，各自都有其一套行之有效的法律体系。尽管这些法律带有浓厚的地域色彩，并杂有民族习俗和宗教规条，但是不可否认，它们都包容在中华大法苑中，都是中华法制文明的重要组成部分，都体现了当时这些少数民族对法制的重视、思考和创制。

唐朝统治者对少数民族的法律和习俗持认同态度。《唐律疏议》在处理化外人相犯时提出了这样的原则："诸化外人，同类相犯者，各依本俗法，异类相犯者，以法律论。"在此条律文的疏议中特别提到："'化外人'谓蕃夷之国，别立君长者，各有风俗，制法不同。其有同类自相犯者，须问本国之制，依其俗法断之。"[1]由此开创了在统一多民族国家中，不同的民族在特定条件下可以适用本民族法律的先河。这条规定也从一个侧面反映了各族法律的发展状况，以及在互相交流中不断得到演进的历史事实。

由于唐朝统治者开明的民族观念和民族政策，使得各民族关系更为和谐，唐太宗曾提到"夷狄亦人耳，其情与中夏不殊。人主患德泽不加，不必猜忌异类。盖德泽洽，四海可使如一家"。[2]以致有唐一代，在内附的民族区域建立的羁縻府州县多达856个，"羁縻，犹言维系也"[3]。在这些羁縻府县中，

---

〔1〕《唐律疏议》卷六《名例》，"化外人相犯"条。

〔2〕《资治通鉴》卷一九八，贞观二十一年五月。

〔3〕（清）吴乘权等辑：《纲鉴易知录·唐纪》，太宗文武皇帝贞观四年，中华书局1960年版，第1140页。

政权事务由当地少数民族首领经过册封世袭管理，原少数民族的习惯法得以保留，许多民族还制定了地方性的法规。

宋朝是面临民族问题最多的朝代，统治者非常重视运用法律的手段调整与西北番族之间的关系，制定了《番官法》《番兵法》《番丁法》《茶马法》等法规。在宋朝统治期间，契丹族、党项族、女真族先后崛起，建立了辽、西夏、金等国，分别制定了既吸收中原地区传统法律文化，又具有各民族特色的辽《重熙新定条例》、金《泰和律义》、西夏《天盛改旧新定律令》等。辽金律只保留了片段记载，全文已佚。西夏《天盛改旧新定律令》是中国历史上第一部用少数民族文字印行的法典，其详细程度为现存中古法律之最。内容包括刑法、诉讼法、民法、经济法、军事法，多方位地反映了西夏社会生活的各个方面。[1]

有宋一代既是民族对立纷争时期，也是民族不断融合时期。在此背景下民族立法呈现出前所未有的发展态势，成为中原汉族法律文化影响下法文化融合的新产物，构成了中华法制文明的特定组成部分，并成为继起的元朝法制建设的历史渊源。

至元朝，建立了以蒙古少数民族为主体、蒙古贵族领导的全国性统一政权。元朝的法制在传承唐宋律、金律并参以国制的基础上，形成了具有某种创新精神和民族特色的一代法制。

其一，在立法思想上充分体现汉蒙民族法律文化的交融。

元世祖即位后，根据“帝中国，当行中国事”[2]，“北方之有夏者，必行汉法乃可长久”[3]的认识，在即皇帝位的诏书中，明确宣布新王朝的立国原则是：“祖述变通”，“稽列圣（祖宗）之洪规，讲前代（中国）之定制”。[4]实际上就是构建既能确保蒙古贵族的利益，又大体上与中原封建社会相适应

〔1〕《天盛改旧新定律令》，史金波、聂鸿音、白滨译注，法律出版社2000年版，原文献藏于俄罗斯科学院东方研究所圣彼得堡分所写本部。

〔2〕《元史·徐世隆传》。

〔3〕《元史·许衡传》。

〔4〕《元史·世祖纪一·忽必烈》。

的政权机构与各种制度。出于运用法律手段统治全国的需要，元朝采纳了汉族官僚提出的“遵用汉法”[1]“附会汉法”[2]的建议，积极编纂以“国之成法”即蒙古习惯法为基础并“援唐宋之故典”参“辽金之遗制”的元朝法律。以“附会汉法”作为元世祖最具代表性的立法指导思想不是偶然的，在经济、文化、国家管理等各方面都落后于汉族的蒙古贵族，为了统治全中国，只能吸收、参用汉族先进的统治方式与法律制度。因此，“附会汉法”是唯一的选择，也是明智的选择。

有元一代具有代表性的法典《大元通制》，承袭唐宋律五刑、五服、十恶、八议等内容，如同《经世大典·宪典总序》所说：“名例者，古律旧文也，五刑五服十恶八议咸在焉。政有沿革，法有变更，是数者之目，弗可改也。”[3]有些则“暗用而明不用，名废而实不废”。[4]与此同时，又从元朝统治的实际出发增加了唐宋律所没有的新的条文，如“平反冤狱”。

元朝实行的“祖述”与“变通”相结合，既附会汉法，又参以旧制的立法思想，为清朝的“参汉酌金”立法思想的形成提供了历史的先验。无论“祖述”“变通”还是“参汉酌金”，都是法制落后的少数民族走向进步的历史必由之路。

其二，制定从中央到地方的专门监察法律。

元初为了监督汉族官僚忠于职守，并为克服蒙古贵族官僚的陋习，非常重视监察机关的作用。世祖曾说：“中书朕左手，枢密朕右手，御史台是朕医两手的，此其重台之旨，历世遵其道不变。”[5]

元朝的监察机关除中央御史台外，还于江南、陕西两地设行御史台，作为地方最高监察机关。行御史台的设立标志着监察体制的重大变化，特别是专门性的监察立法取得重大发展。

---

[1]《元史·高智耀传》。

[2]（元）郝经：《郝文忠公陵川文集》卷三二《奏议·立政议》。

[3]《元文类》卷四二。

[4]（元）吴澄：《草庐吴文正公全集》卷一九《大元（通制）条例纲目后序》。

[5]（明）叶子奇：《草木子》卷三下《杂制篇》，中华书局1959年版，第61～62页。

世祖至元五年（1268 年），在设置御史台的同时，由侍御史高鸣主持制定《设立宪台格例》，作为御史台行使监察权的基本法律依据。《设立宪台格例》既规定了御史台的职权范围和地位，又包括纠察、纠弹、体究、推纠、体察、纠劾、照刷及罚则等的规定。元世祖之后，《设立宪台格例》仍然遵行不悖，后经不断补充，汇编成《元典章·台纲》。

至元十四年（1277 年）七月设立行御史台后制定《行台体察等例》，规定了行御史台的职掌范围。行御史台有权弹劾行中书省、宣慰司及以下诸司官吏奸邪非违。鉴于地方官贪赃枉法、司法黑暗，因此在《行台体察等例》中，属于司法监察的条款竟有十条之多。为避免失察、漏察，其最后一条规定“其余该载不尽，应合纠弹事理，比附已降条画，斟酌彼中事宜就便施行”。

元朝于地方设立按察司作为基层监察机构，其职能的充分发挥关系到基层政权的稳定和整个国家的状况。因此，至元六年（1269 年）二月制定《察司体察等例》对提刑按察司的权责作出明确规定，使之奉行有准，考察有据。但由于《察司体察等例》赋予提刑按察司广泛的监察职权，以致该条例颁布后出现了提刑按察司官员滥用职权，甚而造成种种腐败的现象。为此，至元二十一年（1284 年）八月又制定《禁治察司等例》对其进行约束。

至元二十八年（1291 年），将提刑按察司改为肃政廉访司，制定《廉访司合行条例》，共五条，强调廉访司官委任既重，分临监治不得苛细生事，违者以不称职论处。每年年终检校所在监治去处，根据事迹分为称职和不称职，以定奖惩。

元朝监察法的实施，对于维持吏治起了一定的作用。其立法的形式与基本内容，成为明朝监察法《宪纲》的范例。

其三，民事诉讼制度取得新的发展。

元朝时期，随着社会经济的发展与各族人民经济往来的增加，引起了大量民事纠纷，“诸民讼之繁，婚田为甚”[1]。为了解决日益增多的民事纠纷，

---

〔1〕《元典章》卷五三《刑部十五·诉讼·听讼·至元新格》刑 527。

在传承宋代民事诉讼制度的基础上，元朝民事诉讼制度有了新的发展。如扩大了民事诉讼代理的范围，包括致仕官与一般百姓。据《元史·刑法志四》载："诸致仕得代官，不得已与齐民讼，许其亲属家人代诉，所司毋侵挠之。"年老笃疾残废等人许令其同居亲属代理诉讼。妇女"若或全家果无男子，事有私下不能杜绝，必须赴官陈告，许令宗族亲人代诉，所告是实，依理归结；如虚不实，止罪妇人，不及代诉……"[1]如果"寡居及虽有子男，为他故所妨，事须争讼者，不在禁例"。[2]近人徐朝阳说："一般人民许与代理诉讼者，盖自元代始。"[3]

元朝民事诉讼制度的发展也体现在广泛运用司法调解上。据《至元新格》载："诸论诉婚姻、家财、田宅、债负，若不系违法重事，并听社长以理谕解，免使妨废农务，烦挠官司。"[4]调解的方式有民间调解，即由社长负责对邻里间的民事纠纷"以理论解"，还有司法机关调解。调解的结果对当事人具有法律效力，诉讼双方一般不得再以同样的事实和理由重新提起诉讼。《元典章》对此有详细记载："凡告婚姻、地土、家财、债负外，不违法者，若已拦告，所在官司不许轻易再接词状归问。如违，从廉访司照刷究治"，"今后凡告婚姻、地土、家财、债负，如元告、被论人等自愿告拦休和者，准告之后，再兴讼端，照勘得别无违错事理，不许受状"，"今后凡告婚姻、田宅、家财、债负，若自愿告拦，详审别无违枉，准告已后，不许妄生词讼，违者治罪"[5]。元人张养浩说："亲族相讼，宜徐而不宜亟，宜宽而不宜猛。徐则或悟其非，猛则益滋其恶，第下其里中开谕之，斯得体矣。"[6]

以上可见，元朝总体虽不是尚法、遵法的朝代，但由于社会进步，在唐宋旧制的基础上仍有所创新，为中华法制文明添写了重要的一笔。

---

〔1〕《元典章》卷五三《刑部十五·诉讼·代诉·不许妇人诉》刑569。

〔2〕《元史·刑法志四》。

〔3〕徐朝阳：《中国诉讼法溯源》，商务印书馆1933年版，第60页。

〔4〕《大元通制条格》条十六，《田令》"理民"引《至元新格》。

〔5〕《元典章》卷五三《刑部十五·诉讼·告拦·田土告拦》刑589。

〔6〕（元）张养浩：《三事忠告·牧民》卷上《听讼·亲族之讼宜缓》，商务印书馆1936年版，第11页。

2. 民族立法的基本原则与成就

清朝是以满洲贵族为主体的政权，其民族立法称得上是集中国古代民族立法之大成。

清朝于关外肇基时期便注意吸收明朝先进的法制，建设后金（清）的法制，并在汉臣的帮助下形成了“参汉酌金”的立法路线。与此同时，皇太极通过盛京定制的方式推动外藩蒙古法律的发展，并通过联姻结成了政治、军事联盟。

1644 年清朝入关以后，统治疆域迅速扩大，民族关系亟待改善，民族立法亟待提高。清朝作为以少数民族为主体的政权，更注重对少数民族地区进行专门性立法。诸如《理藩院则例》《回疆则列》《西藏章程》《青海西宁番夷成例》以及苗疆立法等等，代表了民族立法的成就，对于稳定统一多民族国家起到了重要的作用。清朝不仅民族立法蔚为大观，它所实行的立法原则也是历代民族立法成功经验的总结，更具有现实的借鉴意义。

其一，既因族因俗而治又加强统一中央集权的立法原则。

中国各少数民族居住的地域环境不同，经济政治与文化的发展水平具有显著的差异，而且其生成与发展的历史亦有长短之别，因而形成了不同的习俗。这些习俗曾经是调整族内成员生活与行为的规则，是维系该民族生存与发展所必须遵守的共同意志的体现，它具有很强的权威性，违反者要受到惩治。国家立法如与该族的习俗相悖，势必遭致抵制难以推行，故而清朝采取因族因俗而治的立法原则，“修其教不易其俗，齐其政不易其宜，旷然更始而不惊，靡然向风而自化”。[1]既表现了对民族习俗的尊重，又可减少推行国家立法的阻力。

(1) 既因族因俗而治又加强统一中央集权的立法原则在《理藩院则例》关于蒙古立法中的体现。

---

〔1〕（清）李兆洛：《皇朝藩部要略》序，载祁韵士纂：《皇朝藩部要略》，道光二十六年刻本。

①行政体制上实行盟旗制度。盟旗制度是在原蒙古封建领主制经济结构和社会等级制度的基础上，按照满洲八旗制度的组织原则，并结合蒙古原有的鄂托克、爱玛克等社会组织建立起来的。旗作为基本行政单位，具有一定的自治权，旗长官扎萨克一般兼有贵族身份。旗上为盟，盟为监督机构。各级蒙古王公贵族依据身份享有不等的特权。盟旗制度得到蒙古贵族的拥护，有助于巩固满蒙之间的政治联盟。

②保护蒙古地区奉行的宗教——喇嘛教。《理藩院则例》中专设《喇嘛事例》，乾隆帝曾指出："兴黄教，即所以安众蒙古，所系非小，故不得不保护之。"〔1〕

③蒙古地区除死刑外，以罚代刑。根据犯罪情节，罚以不等牲畜，如一九、二九、三九、五九之数。在司法中证据不足者令入誓断决，"入誓后别经发觉，加等治罪"〔2〕等等。

《理藩院则例》作为清朝最重要的一部民族立法，除主要针对蒙古族及藏族外，对新疆维吾尔族、哈萨克族以及黑龙江打牲索伦族、鄂伦春族，四川土司、土舍、头人等，均分散规定于有关条款中。

（2）既因族因俗而治又加强统一中央集权的立法原则在回疆立法中的体现。

康熙朝建立以后，开始制定适用于哈密、吐鲁番一带维吾尔族的立法。"康熙三十七年（1698 年），遣使赴哈密，编旗队，设管旗章京、参领、佐领、骁骑校各员。"〔3〕

乾隆二十四年（1759 年）平定大小和卓叛乱，"各部归一"，回疆地区纳

---

〔1〕 松筠：《卫藏通志》，西藏人民出版社 1982 年版，第 149 页。

〔2〕《理藩院则例》卷四五《入誓》，"入誓后别经发觉，加等治罪"条。

〔3〕（清）祁韵士：《皇朝藩部要略》卷一五《回部要略一》，浙江书局校刊筠渌山房刊本。

入清朝的直接统辖，“自应遵我朝之律”。[1]但回疆地区民族、宗教、历史、文化同中原地区迥异，只可按因俗制宜原则进行立法调整。同年七月，参赞大臣舒赫德等奏称“阿克苏系回部大城，村庄甚多，旧系伯克密喇布等管理，今虽不必推以内地官制，而品级职掌宜为厘定，庶足以辨等威，而昭信守。”乾隆帝朱批：“所奏甚是。著照所请，以阿奇木伯克为三品，伊什罕伯克为四品，噶匝纳齐伯克为五品，将应升人员奏请补授。其小伯克密喇布为六、七品，俟缺出拣选补授。其余各城，俱一体办理……俟回部全定后举行。”[2]此谕正式认可新疆地区传统的伯克制度。

嘉庆十六年（1811 年）四月，理藩院纂修《蒙古则例》时，发现涉及回疆的谕旨臣工条奏积案甚多，因此奏请编纂《回疆则例》，奉旨“依议”[3]。嘉庆十九年（1814 年）完成。

《回疆则例》确认回疆地区仍实行固有的伯克制度，并详细规定职官设置、职掌、品秩、承袭、任用、休致等各个方面。清代前期，伊斯兰教法在南疆地区已广泛施行，清统一南疆后坚持政教分离原则，承认伊斯兰教法在一定范围内的适用，凡涉及婚姻、继承、家庭、债务等民事案件和轻微刑事案件，允许清真寺的阿訇审理，但不得染指刑事案件的司法权和维持治安的警察权。

（3）既因族因俗而治又加强统一中央集权的立法原则在苗疆立法中的体现。

乾隆元年（1736 年）七月上谕规定：“苗民风俗与内地百姓迥别。嗣后苗众一切自相争讼之事，俱照‘苗例’（指苗族习惯法——作者注）完结，不必绳以官法。至有与兵民及熟苗关涉之案件，隶文官者，仍听文员办理，

〔1〕阮明道主编并汉文笺注、刘景宪满文译注：《西域地理图说注》卷二《官职制度》，延边大学出版社 1992 年版，第 48 页。

〔2〕《清高宗实录》卷五九二，乾隆二十四年七月己未。

〔3〕中国社会科学院中国边疆史地研究中心编：《回疆则例·原修回疆则例原奏》，理藩院嘉庆二十年二月二十七日奏，全国图书馆文献缩印中心 1988 年版，原奏第十二叶。

隶武官者，仍听武弁办理，必秉公酌理，毋得生事扰累。”[1]

乾隆元年（1736年）七月和乾隆二年（1737年）闰九月两次谕古州等处苗人：“一切自相争讼之事，俱照苗例完结，不治以官法。”[2]

乾隆五年（1740年）《大清律例》修订后，条例中规定“其一切苗人与苗人自相争讼之事，俱照苗例归结，不必绳以官法，以滋扰累”。[3]

乾隆七年（1742年）《大清律例》废除此前禁止苗民出入带刀之例。《清高宗实录》对此记载如下：“查佩刀本苗人之夙好，而跳月亦自仍其土风，原无碍于政教。”[4]

以上所引民族立法具体反映了因族因俗制宜的立法原则的适用。但在因族因俗制宜的前提下，既承认某些习惯法的效力，同时又坚持分析的态度，并不一概袭取。如在承认民族的宗教信仰的同时，又控制宗教权的滥用。尤其强调加强国家的集中统一作用，立法权与重大案件的司法权均由中央政府掌握，使民族的特殊利益与国家的整体利益相一致，以巩固统一多民族的国家统治。

清朝在根据民族习俗进行立法考量的同时，并不阻止由于民族地区经济、政治、文化的发展而出现的法制“内地化”的趋向。相反，清朝政府还及时通过立法予以引导，以促进民族地区法制的发展。如办理蒙古案件，蒙古例所未备者，准照大清律办理。蒙古处分例无专条，准咨取吏、兵、刑等部则例比照引用，“体察蒙古情形定拟，毋庸会办”。又如在刑罚制度上，除继续实行罚九习惯法外，同时适用《大清律例》中笞、杖、徒、流、死、充军、凌迟、罚俸等刑罚规定，“凡蒙古戏杀过失杀伤人，俱查照刑例分别定拟”。

道光二十年（1840年）在《理藩院则例》中规定，“蒙古等在内地犯事，照依刑律定拟”，即蒙古人在汉人辖区犯罪，照大清律办理，扩大了对蒙古人

---

〔1〕中国第一历史档案馆：《乾隆朝上谕档》第一册，乾隆元年七月初九日上谕，档案出版社1991年版，第100页。

〔2〕《高宗纯皇帝实录》卷二二，乾隆元年七月辛丑；观同书卷五二，乾隆二年闰九月上丁卯。

〔3〕《大清律例》卷三七《刑律·断狱下》，“断罪不当”附例。

〔4〕《清高宗实录》卷七七三，乾隆三十一年十一月乙酉。

犯罪适用《大清律例》的空间。但“民人在蒙古地方犯事，照依蒙古律定似。”即汉人在蒙古地区犯罪，仍适用蒙古条例办理。[1]

此外，《大清律例》规定，发生在苗疆的苗人的重大犯罪，或苗人与军民交涉案件俱以《大清律例》定拟，不得适用苗例。

因族因俗制宜赋予民族聚居地区以一定的自治权，其目的在于减少推行中央法律法令的阻力，争取少数民族上层的支持，增强内附的向心力。这不仅有利于形成稳定的中央与民族聚居区的相互关系，而且对于少数民族聚居区法制秩序的建立与社会的发展也具有积极的意义。

但是清朝统治者更关注的是专制主义的中央集权。有关年班、朝贡、约会等各项制度的建立，其目的都是树立中央政府的权威，使少数民族上层集团牢固地树立起服膺中央的观念。清朝政府还通过控制民族聚居区的立法权、行政权、军事权、司法权和重大事项的决定权，以确保相互间法定的权力义务的贯彻实施。

其二，因势制宜及时立法的原则。

清朝统治期间，少数民族的上层集团出于维护传统权力的目的，在接受清政府统辖时，固然有心悦诚服者，但亦有消极抵制或公然抗拒甚至武装叛乱者，其间还杂有外部敌对势力对民族分裂分子的挑唆、煽惑。因此，建立稳定多民族国家的过程是充满斗争的过程，迫使清朝统治者根据形势采取对策。统观清朝的民族立法可以发现，清朝统治者善于根据形势的变化采取有针对性的立法，及时解决矛盾，恢复秩序，实现安定。以西藏立法为例：

乾隆十五年（1750年）西藏郡王珠尔墨特那木扎勒发动叛乱，清廷派兵平定后，乾隆帝鉴于“信息往来，惟藏王之言是听，而驻藏大臣毫无把握，如此即驻兵万人，何济于事?”因此命令策楞与岳钟琪“详议善后事宜”，务使“令自我出”[2]，“为一劳永逸计”[3]。遵旨，在拟定的《酌定西藏善后章

---

〔1〕《钦定大清会典事例》卷九九四《理藩院·刑法·名例》。

〔2〕《清高宗实录》卷三七七，乾隆十五年十一月丙辰。

〔3〕牙含章编：《达赖喇嘛传》，人民出版社1984年版，第50页。

程十三条》中废除郡王制，实行三俗一僧四噶伦制。地方的一般事务，由众噶伦秉公会商妥善办理，重要事务，“务须遵旨请示达赖喇嘛并驻藏大臣酌定办理”。[1]噶伦的任免，由驻藏大臣会同达赖喇嘛奏请补放。

《酌定西藏善后章程十三条》是清朝整顿西藏事务的第一个法律文件。其因势制宜的针对性十分清楚，同时也体现了“多立头人，分杀其势”[2]“众建而分其势”[3]的政策。

乾隆五十三年（1788年），廓尔喀（即巴勒布国，今尼泊尔）在与西藏贸易中，受到西藏地方官员种种盘剥，因而发兵犯藏，侵占聂拉木、济咙等地。清朝派兵收复失地后，乾隆帝下谕“此事虽易完结，而藏内诸事究无一定章程，倘日后复有匪徒侵扰，又需再为经理，藏众也不得长享安全。从前补放噶伦、代本、第巴等缺，俱由达赖喇嘛专主，驻藏大臣竟不与闻……以致噶伦、索诺木旺扎勒、第巴、桑干等肆意妄行，酿成边衅……嗣后藏内遇有噶伦等出缺……由驻藏大臣拣选请补，较为妥协”。[4]乾隆五十四年（1789年）八月十七日，驻藏大臣鄂辉等遵旨制定《设站定界事宜十九条》，其内容主要是：划分西藏行政辖区，扩大了驻藏大臣的职权。对地方官员的任免、考核扩展至头人及官弁，驻藏官兵和唐古特兵的驻扎与管辖，以及驻防守备、操练兵丁，由驻藏大臣统管。禁止地方官员擅征赋税，以免招致边衅，“倘有第巴、头人及官弁兵役，倚势勒买，苦累外番，即禀驻藏大臣拿究”[5]。

乾隆五十六年（1791年），廓尔喀因西藏地方政府不交付应赔偿的白银，再次派兵入侵西藏。次年平定后，乾隆帝谕示福康安等人，“将来撤兵后，必当妥立章程，以斯永远遵循”[6]，“趁此将藏中积习剪除，一切事权俱归驻藏

[1] 张其勤原稿，吴丰培增辑：《清代藏事辑要》，西藏人民出版社1983年版，第179页。

[2] 《清高宗实录》卷三七六，乾隆十五年十一月甲寅。另见张其勤原稿，吴丰培增辑：《清代藏事辑要》，西藏人民出版社1983年版，第167页。

[3] 张其勤原稿，吴丰培增辑：《清代藏事辑要》，西藏人民出版社1983年版，第169页。

[4] 《清高宗实录》卷一三二三，乾隆五十四年二月甲辰。

[5] 《清高宗实录》卷一三三三，乾隆五十四年六月辛巳。

[6] 牙含章编：《达赖喇嘛传》，人民出版社1984年版，第61页。

大臣管理，俾经久无弊，永靖边隅，方为妥善”[1]。遵旨，议定《藏内善后章程二十九条》，规定了驻藏大臣对大小官员的统管权及任免权，最高军事指挥权与最高司法权，外事独断权等。

为排除西藏原有活佛灵童转世制度可能发生的种种弊端，乾隆帝钦定灵童转世的“金奔巴瓶”制度。此项改革受到达赖喇嘛的拥护：“今蒙大皇帝振兴黄教，惟恐吹忠等降神作法，指认未真，致有流弊。特颁金奔巴瓶，卫护佛门，实已无微不至，我实感戴难名。嗣后惟有钦遵圣训，指认呼毕勒罕时，虔诵经于大众前秉公拈定，庶使化身真确，宣扬正法，远近信心，阖藏僧俗顶戴天恩，无不感激。”[2]

乾隆帝也颇为自诩：“盖举大事者，必有其时与其会，而更在乎公与明，时会至而无公与明以断之，不能也；有公明之断而非其时与会，亦望洋而不能成。兹之降廓尔喀，定呼毕勒罕，适逢时会，不动声色以成之。去转生一族之私，合内外蒙古之愿，当耄近归政之年，复成此事，安藏辑藩，定国家清平之基于永久，予幸在兹，予敬益在兹矣。”[3]

此外，乾隆帝还针对性地规定了统一的货币制度，禁止滥行征税，蠲免差役乌拉。

《藏内善后章程二十九条》是清政府中后期治理西藏地方政治的基本法规，颁行后，得到了全面地执行，产生了积极的效果和深远的影响，一直到晚清才有所变化。正如清光绪五年（1879年）闰三月七日四川总督丁宝桢上光绪皇帝《会筹藏中应办事宜折》中所言：“伏思西藏地方，从前祖宗定制，自察木多、乍丫至前后藏以及江孜、定日各隘口，均设有游击都守兵丁，以资驾驭，而临之以驻藏大臣居中统治。凡藏中事务，其小而易办者，则由各该番官办理。层次申送，取裁于该藏王。其大而难办者，则由藏王咨送驻藏

〔1〕《清高宗实录》卷一四一七，乾隆五十七年十一月壬子。

〔2〕《卫藏通志》卷五《喇嘛·御制喇嘛说》，载《西藏研究》编辑部编辑：《〈西藏志〉〈卫藏通志〉合刊》，西藏人民出版社1982年版，第265页。

〔3〕乾隆五十七年孟冬月御制《喇嘛说》碑，碑文拓片，载《北京图书馆藏中国历代石刻拓本汇编》第76册，中州古籍出版社1989年版，第37页。

大臣核办，即其番官之拣补升除，均须由驻藏大臣主持办理，体统极为尊严，事权不容紊越，所以控驭该藏者立法至为精详。是以二百年来番官颇受汉官约束，番人自不敢轻视。汉番一体办理，一切令行禁止，极为顺手。”[1]

再以晚清回疆立法为例。同治年间，在沙俄和英帝国的支持下，阿古柏受喀什噶尔封建主之请率兵侵入南疆地区，自立为汗，建立哲德沙尔汗国。至同治九年（1870 年），阿古柏又相继侵占了吐鲁番和乌鲁木齐，把侵略势力扩展到北疆的一部分地区。清政府于光绪二年（1876 年）派钦差大臣左宗棠率兵出征，迅速平息了阿古柏叛乱。

平定阿古柏叛乱后，清政府对回疆原有的立法作出重大修改。光绪九年（1883 年）废除伯克制度，建立行省，设立巡抚，废除参赞大臣、办事大臣、领队大臣等机构。将回疆各城区改为朝廷直接控制的厅、州、县，所谓“裁伯克之权，一统于州县”[2]。《大清律例》及其他相关法律在回疆统一适用。清政府明确规定：“嗣后新疆命盗等案应照定例拟罪名，专折奏明请旨，俟奉准部覆，将应行立决人犯再行处决。应入情实、缓急各犯，归入秋审办理，其遣、军、流各犯即于南北互相调发。”[3]

经过上述改革，清政府沉重打击了封建领主势力，使新疆牢固地成为中国领土不可分割的一部分。

以上可见，清政府根据民族地区所发生的重大事件，及时、有针对性地进行立法。既注意解决招致变乱的矛盾根源，又从总体上进行必要的改革，加强中央政府的控制权，同时也注意改善民生、缓和民族关系。在因势调整立法方面清政府十分重视效率，既有很强的针对性，又具有很高的时效性。这些立法多以“善后”为名，受到了各族的拥护，充分发挥了法律的功能，维护了民族团结，加强了中央集权，维护了国家的主权与统一。

---

[1] 吴丰培编辑：《清代藏事奏牍》，中国藏学出版社 1994 年版，第 495 页。

[2] （清）王树枏、袁大化等纂修：《新疆图志》卷四八《礼俗》，东方学会 1923 年铅印本，文海出版社 1965 年版，第 1728 页。

[3] 《光绪朝东华录》，光绪十二年四月丁丑。

其三，民族事务管理机关职掌民族立法的原则。

清朝统治者对于民族立法十分重视，在程序上多由主管民族事务的理藩院直接奏请，由皇帝亲自掌握。以《理藩院则例》纂修为例：

乾隆五十四年（1789 年）至嘉庆年间，由于统一准噶尔部以及土尔扈特部回归，整个厄鲁特蒙古编旗建制，原有的蒙古律例已近半过时。因此，理藩院于嘉庆十六年（1811 年）四月十八日奏称："查臣院旧有满洲、蒙古、汉字则例二百九条，自乾隆五十四年校订后，迄今二十余载，所有钦奉谕旨及大臣等陆续条奏事件，俱未经纂入颁行……请将自乾隆五十四年以来，应行纂入案件增修纂入，永远遵行……理合恭折奏明请旨"修纂。〔1〕奉旨："依议。"由此，正式开馆纂修《理藩院则例》。

嘉庆二十年（1815 年）十月初七日，理藩院奏称："将旧例二百九条逐一校阅。内有二十条系远年例案，近事不能援引，拟删。其余一百八十九条内，修改一百七十八条，修并二条外，并将阖院自顺治年以来，应遵照之稿案，译妥汉文，逐件复核，增纂五百二十六条。通共七百十三条。"并将翻译为满洲、蒙古文字。奉旨："依议。"〔2〕

嘉庆二十二年（1817 年）十月二十七日理藩院奏请："……翻写清书六十七卷，蒙古书六十七卷，刷印汉字样本六十七卷，共计二百零一卷，均已告成。"〔3〕俟满文、蒙古文刊刻后颁发蒙古、新疆等处。

道光朝对《理藩院则例》仍进行了多次纂修。道光二年（1823 年）十二月，理藩院奏请续纂《理藩院则例》。道光六年（1826 年）十一月初四日理藩院谨奏："于现行则例内前项不妥各处，共修改二十一条。仍照前次进呈式样，将原例先列于前，次列续加修改新例于后，以清眉目。并于原例下逐加

---

〔1〕《原修则例原奏》（嘉庆十六年四月十八日），载《钦定理藩院则例》，香港蝠池书院出版有限公司 2004 年版，第 1 页。

〔2〕《原修则例原奏》（嘉庆二十年十二月初七日），载《钦定理藩院则例》，香港蝠池书院出版有限公司 2004 年版，第 5 页。

〔3〕《原修则例原奏》（嘉庆二十二年十月二十七日），载《钦定理藩院则例》，香港蝠池书院出版有限公司 2004 年版，第 7 页。

按语，以识删改缘由。其续加修改条例之首，并删改字句处所，均粘贴黄签，以便圣览。”[1]

道光七年（1827 年）九月十一日理藩院谨奏：“有关蒙古、回部王公等升降、袭替、户婚、田土、仓粮、军政、议处、议叙、刑名、罪罚以及呼图克图喇嘛等事宜，分别纂辑修改，详酌确定，恭缮黄册，于道光五年六月进呈。并因定例各条均已明备……统计新旧共得例一千四百五十四条，共分六十五门，共装潢二十四函。”[2]

道光十三年（1833 年）三月初五日，理藩院谨奏“蒙古则例应行修辑”，“其蒙古则例中，如例文不备、例意两歧、例语含溷、例句虚冒等处，一体妥为修辑。其有案可辑者，钦遵原奉上谕及臣工条奏原案纂辑；其无案可遵应行增纂者，拟比照六部则例，仍体察蒙古情形量为变通，缕晰条分，详酌确定”。奉旨：“依议。”[3]

除理藩院奏请、奉旨立法外，针对某些立法皇帝还亲自拟定要点，指陈方略，供立法者遵照执行。例如在制定《藏内善后章程二十九条》之前，乾隆帝亲自开列六款立法要点，要求福康安等“将所指各款，熟筹妥办，务期经久无弊”。“六款”如下：

一、……查藏内达赖喇嘛、班禅额尔德尼等呼毕勒罕示寂后，令拉穆吹忠作法降神，俟神附伊体，指明呼毕勒罕所在。乃拉穆吹忠往往受嘱，任意妄指，以致达赖喇嘛、班禅额尔德尼等亲族姻娅递相传袭，总出一家，与蒙古世职无异……嗣后应令拉穆吹忠四人认真作法降神，指出实在根基呼毕勒罕若干，将生年月日各书签，贮金奔巴瓶内，令达赖喇嘛等会同驻藏大臣对

[1]《续修则例原奏》（道光六年十一月初四日），载《钦定理藩院则例》，香港蝠池书院出版有限公司 2004 年版，第 16 页。

[2]《续修则例原奏》（道光七年九月十一日），载《钦定理藩院则例》，香港蝠池书院出版有限公司 2004 年版，第 17 ~ 18 页。

[3]《续修则例原奏》（道光十三年三月初五日），载《钦定理藩院则例》，香港蝠池书院出版有限公司 2004 年版，第 20 ~ 21 页。

众拈定，作为呼毕勒罕。不得仍前妄指，私相传袭。

一、……嗣后商卓特巴、噶布伦等缺，应听驻藏大臣秉公拣选，其收支一切，亦令驻藏大臣综核。凡换班官兵及驻藏大臣公用，俱不得于商上侵挪。其商上出息，除养赡喇嘛番众，或有羡余，即为添补唐古忒兵丁养赡之用。

一、派往驻藏办事之员多系中材谨饬。伊等前往居住，只图班满回京，于藏中诸事并不与闻，听达赖喇嘛等率意径行，是驻藏大臣竟成虚设。嗣后藏中诸事，责成驻藏大臣管理。遇有噶布伦、商卓特巴、第巴、戴绷等缺，秉公拣选奏补，不得仍前任听达赖喇嘛等专擅，致滋弊端。倘原设章京、笔帖式等员数不敷，酌量添设，以资差委。

一、查系藏内边地，一一设立鄂博，毋许越界。驻藏大臣按季轮往稽查，并将各该处驻兵勤加操练。

一、廓尔喀抢掠扎什伦布物件，倘送出时即稍有短绌，不必过于查究。仍将物件给还该喇嘛，不必入官。

一、布达拉、扎什伦布两处商上改隶驻藏大臣综理，只须代为稽核，不可过于严切。其达赖喇嘛、班禅额尔德尼自用及公用各项，仍听其便，无庸管束太过，以示体恤。[1]

据此，福康安等会同达赖、班禅方面人员，共同议定“藏内善后章程二十九条”，经乾隆帝批准，称为《钦定藏内善后章程二十九条》，又称《钦定西藏章程》或《钦定章程》[2]。

在清朝统治期间，对于民族立法，主要由民族事务最高管理机关理藩院负责，一者由于其熟悉该法的纂修演变过程，了然应删应补之处，再者更能体现妥善管理民族事务的要求。而由皇帝直接掌握理藩院立法的进程，不仅

---

〔1〕 西藏研究编辑部编辑：《清实录藏族史料》第七集，乾隆五十七年八月癸巳，西藏人民出版社1982年版，第3465～3467页。

〔2〕《钦定章程》藏文原本存于拉萨大昭寺和扎什伦布寺内，译文见牙含章：《达喇喇嘛传》，人民出版社1984年版，第62～71页。

增强了立法的严肃性和权威性，且能更及时地反映了皇帝的意志与国家的政治倾向。除《理藩院则例》外，其他民族立法也多由皇帝指陈方略，亲自掌握，充分显示了清朝最高统治者对于民族立法的重视。

以上可见，有清一代从皇帝直到重臣，非常重视边疆民族立法，以致民族立法成为清朝法律体系中的重要组成部分。清朝的民族立法，稳定了民族关系，促进了少数民族地区经济、文化乃至法律意识的迅速发展，对于统一多民族国家的巩固起了重要的作用。清朝民族立法的经验，以及它所取得的效果，很有历史借鉴意义。

四、中国古代立法的特点

（一）以案例弥补成文法的不足

成文法作为国家的制定法，不可能概括罪与罚的全部规定，更不可能预见到形势的发展，事先立法以待之。同时，作为国家制定法的成文法应具有稳定性，不可数变。因此，判例起到了弥补立法之不足的作用。

孔颖达在《春秋左传注疏》中便指出了成文法的局限："法之设文有限，民之犯罪无穷，为法立文不能网罗诸罪，民之所犯不必正与法同，自然有危疑之理。"〔1〕春秋时期，晋国叔向抨击郑国子产"铸刑书"所说"昔先王议事以制"〔2〕，此处的"制"，其内涵可以理解为沿行已久的习俗、故事或成例。议事以制从某种意义来说，就是选择已有的成例比附断案。《左传·昭公六年》疏解所说："临其时事，议其重轻……不豫设定法，告示下民"，〔3〕反映了"制"的实际作用及其对制定法发展的影响。

从法制发展的真实过程来看，成文法的规定总是有限的，而人类社会的行为却是无尽的，以有限的律文无以调整无尽的行为，因此在司法实践中比

〔1〕（清）阮元校刻：《十三经注疏·春秋左传正义·昭公六年》，中华书局1980年版，第2044页。
〔2〕（清）阮元校刻：《十三经注疏·春秋左传正义·昭公六年》，中华书局1980年版，第2043页。
〔3〕（清）阮元校刻：《十三经注疏·春秋左传正义·昭公六年》，中华书局1980年版，第2043页。

附断案遂不可避免。或者比附条文，或者比附法理，或者比附原则，而更多是以成例作为根据。战国时荀子说："有法者以法行，无法者以类举，听之尽也。"[1]类举就是在无法律可循的情况下，依判例或法律原则断案。早在先秦时期便在审判中适用判例。除前述"议事以制"的记载外，《国语·周语》载："赋事行刑，必问于遗训"，[2]也说明了前代判例对于刑事审判的借鉴作用。而更具有雄辩证明力的是1975年湖北云梦出土秦简中的"廷行事"。

"廷行事"是秦司法审判中具有法律效力的案例。据《汉书·翟方进传》："时庆有章劾，自道：'行事以赎论……'"清人王念孙在《读书杂志四·汉书第十二·行事》中注引刘敞言："汉时人言'行事'、'成事'，皆谓已行、已成事也。"王念孙说："行事者，言已行之事，旧例成法也。……汉律中常称为'故事'。"秦简《法律答问》中多处提到司法官吏可直接引用"廷行事"作为法律依据，定罪量刑。例如，"盗封啬夫可（何）论？廷行事以伪写印"；"求盗追捕罪人，罪人挌（格）杀求盗，问杀人者为贼杀人，且斗杀？斗杀人，廷行事为贼"；"告人盗百一十，问盗百，告者可（何）论？当赀二甲。盗百，即端盗驾（加）十钱，问告者可（何）论？当赀一盾。赀一盾应律，虽然，廷行事以不审论，赀二甲"。[3]从秦简有关廷行事的明确规定中，可以看出它对秦律的补充以及在审判实践中的作用。由此可见，中国古人对判例的创制意识和对判例价值的认识。

汉承秦制，经过朝廷批准而整理的断案成例称为"决事比"。《礼记·王制》载："必察大小之比以成之。"对此，郑玄注曰："比，例也。已行故事曰比。"另据《汉书·刑法志》，汉高祖七年（前200年）下诏："廷尉所不能决，谨具为奏，付所当比律令以闻。"颜师古为《汉书·刑法志》有关"决事比"记载作注时，曰："以例相比况也。"《周礼·秋官·大司寇》贾公

---

〔1〕《荀子·王制》。

〔2〕《国语·周语上·穆仲论鲁侯孝》。

〔3〕睡虎地秦墓竹简整理小组编：《睡虎地秦墓竹简》，文物出版社1990年版，第102页、第106页、第109页。

彦疏中更加明白地对决事比作出如下解释："其无条，取比类以决之，故云决事比。"可见，在汉代的法律体系中，"比"已是重要的法律形式，所谓"律""令""科""比"，它与"律无正条者，比附以为罪"之"比"，含义是不同的。由于汉代"比"的应用范围较为广泛，于是根据"比"的适用性质，而有以下分类：一般的成例称为"决事比"，如贾公彦所说："若今律，其有断事，皆依旧事断之，其无条，取比类以决之，故云决事比"〔1〕；死罪的成例称为"死罪决事比"，汉武帝时"招进张汤、赵禹之属，条定法令……死罪决事比万三千四百七十二事"〔2〕。汉宣帝时，廷尉于定国也辑有死罪决事比三千四百七十二条。《晋书·刑法志》说："叔孙宣，郭令卿、马融、郑玄诸儒章句，十有余家，家数十万言。凡断罪所当由用者，合二万六千二百七十二条，七百七十三万二千二百余言。"至东汉，编辑成篇的判例选有《决事比》《辞讼比》《法比都目》《廷尉决事》《廷尉驳事》等。此外，还有董仲舒所撰《春秋决事比》十卷。近年在张家山发现的汉简《奏谳书》中，也载有很多有价值的判例。

以上可见"比"在汉代司法实践中的重要作用，以"比"作为正律的补充和断案的根据，其影响是深远的。可以说汉代是判例法的发展时期，数量既多，应用也广，据《晋书·刑法志》载："决事，集为《令甲》以下三百余篇，及司徒鲍公撰嫁娶辞讼决为《法比都目》，凡九百六卷。世有增损，率皆集类为篇，结事为章。"由于"比"的形成，缺乏应有的规则与程序，数量又日益增多，遂在制定法与判例之间发生了矛盾，以致"事类虽同，轻重乖异……错糅无常"〔3〕，最终导致引比破律的后果。

晋时，"贾充等撰律、令，兼删定当时制、诏之条，为《故事》三十卷，与律、令并行"。〔4〕从《晋书·刑法志》所载，晋时章帝"谳五十余事，定著

---

〔1〕《周礼·秋官·大司寇》贾公彦疏。

〔2〕《汉书·刑法志》。

〔3〕《晋书·刑法志》。

〔4〕《唐六典·尚书刑部》注。

于令”，说明这时的判例经过归纳、概括和总结，已具有制定法的表现形式，这是中国古代判例法的重要发展。

北魏时，“每有断决，多为故事”[1]，“故事”也是一种与律令并行的成例。自唐以后随着专制制度的强化，强调法制统一，“比”的法律形式开始衰落，“例”的法律形式却在悄然兴起。“例”不存在比附律文以为轻重的问题，而是直接以判例为准，进行断案。“例”的法律化使中国古代的判例法又前进了一步。以例为法律渊源，据例以断案，溯本追源应始自唐代。

唐朝典章文物已臻完备，是中国古代法制成熟与定型的时期，因此在司法实践中，虽允许法律无明文规定时比照成例断案，然而态度比较严肃。据《旧唐书·经籍志》，曾任中书侍郎，后迁户部尚书的崔知悌等撰《法例》二卷，作为断狱的根据。但不久，高宗下诏，“以为烦文不便”，并“谓侍臣曰：‘律令格式，天下通规……条章备举，轨躅昭然，临事遵行，自不能尽，何为更须作例，致使触绪多疑……速宜改辙，不得更然。’自是，《法例》遂废不用。”[2]唐玄宗开元十四年（726年）九月三日，又下敕：“如闻用例破敕及令式，深非道理，自今以后，不得更然。”[3]

不仅如此，唐代还注意以制定法规范判例，《唐律疏议·名例》“断罪无正条”明确规定以下原则：“诸断罪而无正条，其应出罪者，则举重以明轻；其应入罪者，则举轻以明重。”

以上可见，唐朝最高统治者不重例而重律，尤其反对用例破敕，以损害皇帝的权威。但在唐代，例无疑是法律形式之一，赵仁本所撰《法例》虽然废而不用，但并未因此杜绝司法实践中的援例断案。

宋朝，神宗变法以后，法制纷更，变动频仍，在此期间“例”的作用不断扩大，引例破法的现象日趋严重，以致徽宗崇宁元年（1102年），“臣僚言：‘有司所守者法，法所不载，然后用例。今引例破法，非理也。’乃令各

[1]《魏书·郭祚传》。
[2]《旧唐书·刑法志》。
[3]《唐会要·定格令》。

曹取前后所用例，以类编修，与法妨者去之。寻下诏追复元丰法制，凡元祐条例悉毁之。"[1]这种做法正是为了保持法与例、常法与变法之间的平衡关系，彰显了中国古代可变与不变的法学思想。

南宋司法实践中原为补法之不足的例，却超过了法，成为最重要的法律根据。《宋史·刑法志》说："当是时（乾道八年（1172年）——作者注），法令虽具，然吏一切以例从事，法当然而无例，则事皆泥而不行，甚至隐例以坏法，贿赂既行，乃为具例。"为了解决由于例的数量增多而发生的前后冲突，特别是协调例与律的冲突，宋代也进行编例工作。宋神宗熙宁七年（1074年），"差官以熙宁以来得旨改例为断，或自定夺，或因比附，办定结断公案，堪为典刑者编为例"，[2]结果编成《熙宁法寺断例》十二卷。编修断例自此成为宋代立法活动的一个重要内容。

明清时期，由于因案生例原则的确立和盛行，例的数量大增，适用范围也逐渐扩大。明洪武三十年（1397年）五月，《大明律》正式颁行，太祖宣布《大明律》"所以斟酌损益之者，至纤至悉，令子孙守之。群臣有稍议更改，即坐以变乱祖制之罪"。但是"律举大纲，不足以尽情伪之变，于是因律起例，因例生例，例愈纷而弊愈无穷"。[3]明代的例，主要是刑部针对具体案件作出的判决，并经皇帝以上谕的形式批准，使其具有一般的法律规范的性质。明代因案生例的创制程序，体现了皇帝对于立法权与司法权的垄断，同时也认可了司法官创制法律的一定的作用。

明朝以案例为基础，并最能反映判例法价值的，是有明一代的单行条例。以《问刑条例》为例，明孝宗时鉴于条例纷繁，司法实践中常常发生失轻失重现象而下令删定《问刑条例》。弘治十三年（1500年）议上《问刑条例》二百九十七条，作为与律并行的常法，颁行天下。此后，武宗正德年间新增四十四条；世宗嘉靖二十八年（1549年）重修《问刑条例》二百四十九条。

---

〔1〕《宋史·刑法志》。

〔2〕《续资治通鉴长编》卷二五四，熙宁七年六月乙未。

〔3〕《明史·刑法志一》。

神宗万历十三年（1585年）再次重修，完成《问刑条例》三百八十二条，之后仍有续修。万历十三年的《问刑条例》附于大明律后，形成《大明律附例》的体例。《问刑条例》的修订是明中后期最重要的立法活动，它将过去的“以例破律”改为“以例辅律”“以例补律”，从而将例提高到与律同等的地位，并对继起的清朝有着直接的影响。

清朝建立以后，沿袭明制，从顺治始，经康熙、雍正，至乾隆五年制定《大清律例》，经过近百年的时间，作为国家制定法的《大清律例》已经定型，成为祖宗成法不再修订，而以增例的形式来补充律文的不足。就例而言，除援用明朝旧例以外，也针对新关系、新问题，制定新例，以增强法律的调整与制裁作用。康熙十八年（1679年），为了解决立法与司法间存在的矛盾，命刑部将新旧条例重新酌定，避免律与例不统一，以至律不至死，而新例处死，或情罪原轻，而新例过严的现象。并在上谕中阐明：“定律之外，复严设条例”的目的，意在使百姓“畏而知警，免罹刑辟”。[1]此后，又令刑部将新增例编入《现行则例》，至康熙四十六年（1707年）完成《现行则例》，分门并入大清律内，但终康熙朝没有颁行。

雍正即位以后，鉴于“条例繁多……有司援引断狱，得以意为轻重，贻误非小”，因此下诏对于现存条例“校订画一，……务期斟酌尽善，以副朕慎重刑名之意”。[2]至雍正五年（1727年），颁行《大清律集解》附例八百一十五条，其中“原例”主要是明朝旧例，“增例”是康熙年间增入的现行例，“钦定例”是雍正朝特旨或内外大臣奏准之例。清律对明例，甚至对唐律某些条文的继受，说明了某些律例因其调整的社会的广泛性和道德规范的永久性，而超出了时空的界限。至乾隆五年（1740年）《大清律例》颁行，例已增至一千四百一十二条。由于例的形式灵活，不存在定律时繁复程序的约束，因而更能适应社会发展变动的需要。同时，还可以及时地把统治阶级的意志上升为法律。因此，清代“有例则不用律”，明确规定了律与例之间在适用上的先后顺序。

---

〔1〕《清圣祖实录》卷八九，康熙十八年四月癸酉。

〔2〕《大清律例通考》卷一，“世宗宪皇帝上谕”。

在中国悠久的法制历史中，国家制定法始终处于正统地位，是中华法系的主干，在各种法律渊源中起着支配的作用，而且辗转承袭，迄未中断，形成了继受关系十分明晰的系统。中国古代制定法对立法技术的讲求，规范的详密思考，体系的完整设计，是世界法制史上所少有的，它对周边国家与地区的影响，也是广泛的，长久的，直到今天，还可从日本刑法中找到唐律的遗痕，从韩国刑法中搜索到明律的烙印。

中国古代国情的特殊性，使得中华法系既不同于大陆法系，也不同于英美法系。但是从判例在司法中的作用与创制效力来看，有与英美法系相似之处；而从国家委托立法者制定固定的法典，判例只是成文法的解释与补充这一特性而言，又与大陆法系有某些共同点。如果说大陆法系通过固定的法典来维持法律的稳定性，英美法系通过固定性的判例来维持法律的稳定性，那么中国古代则是通过固定的法典与可变的判例共同维持法律和社会的稳定性，这是中华法系的特点也是其优点。成文法典即使形在神弛，但价值存而不废。判例虽然因事而发，但通过编例，提升为法律规范而不至于乱，两者各有其存在的价值和历史作用，完全适应了统一多民族中央集权国家的需要。中国古代在制定法与判例法相互关系的处理上，突出地反映了统治者高超的政治艺术与卓越的法律文化素养，其相互为用的传统与经验，是值得总结的。

（二）立法以司法经验为基础

古籍中说，虞舜时的皋陶为司法官，他在司法实践的过程中，注意总结经验，将具有代表性的案例加以整理，使之上升为法律，由此出现了“皋陶造律”之说。这说明中国成文法的起源来自于司法实践中的经验总结。《大清律例》所附条例的制定，鲜明地表现了因案生例，由个别调整到一般调整的立法发展规律。

乾隆五年（1740年）《大清律例》修订以后，律文作为国家成法不再修订，但为适应社会的发展及时调整新出现的关系，而以修例来补充律文的不足，因此，定制、条例五年一小修，十年一大修。此后，作为国家最重要的律典——《大清律例》的修改不在律而在例，律虽具有高于例的权威，但例在司法应用上却优先于律，有例则置其律，例有新者则置其旧者。新增条例以各地司法实践中的案例为基础，经过刑部甄修奏准之后成为条例，附于《大清律例》相关律文之后。新增条例大体是地方司法中的案例，因具有代表性，遂上报刑部，可否定为条例。刑部甄审后，如认为必要则制定为条例，然后奏报皇帝，经皇帝恩准之后附入《大清律例》，成为国家的制定法。因案生例，由个别调整到一般调整的立法规律，以下择引少数条例的制定过程作为例证。

例如，《大清律例·刑律·贼盗下》“略人略卖人”条所附条例：“贵州、云南、四川地方民人，诱拐本地子、女在本省售卖，审无勾通外省流棍情事，仍照诱拐妇人、子、女本例，分别定拟。如捆绑本地子女在本地售卖，为首，拟斩监候；为从，发近边充军。”据薛允升考证此条例，系乾隆六年（1741年）云贵总督张允随题者租等捆卖者业一案，附请是例，乾隆八年（1743年）改定。

又如，《大清律例·刑律·斗殴下》“奴婢殴家长”条所附条例：“白契所买奴婢，如有杀伤家长及杀伤家长缌麻以上亲者，无论年限及已未配有室家，均照奴婢杀伤家长一体治罪。其家长杀伤白契所买、恩养年久、配有室家者，以杀伤奴婢论。若甫经契买，未配室家者，以杀伤雇工人论。至典当家人隶身长随，若恩养在三年以上，或未及三年配有妻室者，如有杀伤各依奴婢本律论。倘甫经典买或典买隶身未及三年，并未配有妻室，及一切车夫、厨役、水火夫、轿夫、打杂受雇服役人等，平日起居不敢与共，饮食不敢与同，并不敢尔我相称，素有主、仆名分并无典卖字据者，如有杀伤，各依雇工人本律论。若农民佃户雇请耕种工作之人，并店铺小郎之类，平日共坐、共食，彼此平等相称，不为使唤服役，素无主、仆名分者，如有杀伤各依凡人科断。至典当雇工人等议有年限，如限内逃匿者，责三十板，仍交与本主服役。”据薛允升考证此条例，原系四条：（一）旗人故杀白契所卖，并典当之人，系康熙四十七年（1708 年）刑部议覆直隶巡抚赵宏燮审题旗人王四草，毒死当仆刘英，附请定例，乾隆四十二年（1777 年）、五十三年（1788 年）修改。（二）民人白契所卖家人，系乾隆七年（1742 年）刑部议准侍郎张照、周学健条奏定例。（三）白契所卖奴婢杀伤家长及家长缌麻以上亲。（四）雇请工作之人，此二条俱系乾隆二十四年（1759 年）刑部议覆山西按察使永泰条奏定例。乾隆二十六年（1761 年）、五十一年（1786 年）修改，嘉庆六年（1801 年）修并。

复如，《大清律例·名例律上》“流囚家属”条所附条例：“凡实犯大逆之子孙缘坐发遣为奴者，虽系职官及举贡生监，应与强盗免死减等发遣为奴人犯，俱不准出户。倘逢恩赦，亦不得与寻常为奴遣犯一体办理。”据薛允升考证此条例，系乾隆四十年（1775 年）盛京将军宗室弘晌等奏逆犯吕留良之孙吕懿兼等违例捐监一案，钦奉上谕，恭纂为例。

再如，《大清律例·户律·户役》“立嫡子违法”条所附条例：“凡乞养异姓义子有情愿归宗者，不许将分得财产携回本宗。其收养三岁以下遗弃之小儿，仍依律即从其姓，但不得以无子遂立为嗣，仍酌分给财产，俱不必勒令归宗。如有希图资财冒认归宗者，照律治罪。”据薛允升考证此条例，系乾隆二年（1737 年）刑部议覆湖南巡抚高其倬题唐四的殴死叔母何氏一案，附请定例。

以上可见，《大清律例》所附条例的制定程序，首先是地方执掌司法的官员认为所审理的案件具有一般的调整价值，遂上报至刑部，建议纂成条例。经过刑部审核认为确有纂成条例的价值，遂即起草条例，然后向皇帝条奏，经过皇帝批准之后，编入《大清律例》，成为新的条例。此新的条例，已然是国家的制定法。从这个程序可以看出，条例的基础是司法案例，立法是司法经验的抽象。

（三）注释律学对立法的影响

注释律学也就是中国古代法学的表现形式，其源自先秦始，止于清朝。1975 年发现的云梦秦墓竹简，其中的《法律答问》就是秦国官定的法律解释，其解释与法律具有同等效力。自汉代，私家注律兴起，而且一些著名大儒，如董仲舒、马融、郑玄等，运用儒家经义解释现行的法律，使律学附庸于经学。一时之间，子孙相传，聚徒讲授，开启了私家注律的兴盛局面。至魏晋，杜预、张斐等人摆脱律学附庸于经学的模式，专就法律的概念、律文的内涵进行解释。张斐、杜预的注律成果，得到了朝廷的认可，由此私家注律重又转向官方注律。《唐律疏议》中的《疏议》即是唐朝官方注律之大成，具有极高的理论价值和应用价值。至明清，由官方注律又转向私家注律。尤其是清朝，司法官吏和刑名幕友形成了庞大的注律群体，出现了沈之奇、王明德等一大批注律学者。他们的注律成果，有些被吸收到《大清律例》中，表现出其所具有的立法价值。私家注律对司法实践所起到的指导作用尤为突出。仅就律学家对《大清律例》的制定所做的贡献，概述如下。

私家注律对立法的影响直接地表现为国家所认定的律注。按《大清律例》的体例，律中有小注，每篇正文后有总注，以疏解律义。但在雍正五年（1727年）以前，小注、总注均采用明人注释，雍正五年颁布的《大清律集解》，在律后总注中开始辑入沈之奇《大清律辑注》和王明德《读律佩觿》的注律成果，从而将私家注律引入法典成为其组成部分，其立法解释效力被国家认可。

乾隆五年（1740年）修订《大清律例》时，将沈之奇《大清律集注》中的有关观点或吸收为律注，或作为律注的指定参考释文，共达八处之多。例如，律文“弟骂兄妻，比照殴律加凡人一等”，据《大清律例通考》考证，“弟妹殴兄之妻，加殴凡人一等，独无骂詈之文。查《辑注》，仍‘照殴律加凡人一等科之’，因增入”。[1]除沈之奇外，其他律学家的成果也有被确认为律注的，如，“嫁娶违律主婚媒人罪”律文下附小注：“主婚人虽系为首，罪不入于死，故并减一等。男女已科同罪，至死亦是满流，不得于主婚人流罪上再减。”《大清律例通考》：“其第一节律文内‘主婚人并减一等’句下小

〔1〕《大清律例通考》卷二九《刑律·骂詈》。

注，系乾隆五年律例馆查照《广汇全书》批注奏准增注。”[1]再如，《大清律例》纳赎诸图后，便附以王明德所注“赃论罪”“折半科罪”和“坐赃论”作为参考释文。《大清律例·凡例》明确规定其适用应查照《读律佩觿》的有关解释，“以免畸轻畸重之失”[2]。

此外，《大清律例朱注广汇全书》《读律管见》《笺释》等书的释律观点也被选择编入律注，附于律文中，成为法典组成部分。如“投匿名文书告人罪”律文后附小注：“……其或系泛常骂詈之语及虽有匿名文书尚无投官确据者，皆不坐此律。”《大清律例通考》曰：“乾隆五年馆修，以匿名告人之罪易于诬指，因查照《笺释》及《辑注》之语，又于原注‘皆依此律，绞’句下，增入‘其或系泛常骂詈之语，及虽有匿名文书，尚无投官确据者，不坐此律’等语，辑如前往。”

“谋杀祖父母父母”律文后附注：“谓与子孙谋杀祖父母、父母及期亲尊长、外祖父母、缌麻以上尊长同。若已转卖，依良贱相殴论。”[3]系查照《笺释》《读律管见》奏准增注。以上以释义为律注表现了清代注释律学的价值。

作为《大清律例》律母的八字——“以、准、皆、各、其、及、即、若”的释义，也以《读律佩觿》的注解为权威。例如对“以”的解释，说：“‘以’者，非真犯也。非真犯，而情与真犯同，一如真犯之罪之，故曰‘以’。”又如对于《大清律例》“併赃论罪”，《读律佩觿》释文注释曰：“併赃论罪者，将所盗之赃，合而为一。即赃之轻重，论罪之轻重，人各科以赃所应得之罪，故曰併赃论罪。併与并绝不同。併者，彼此相类，即其所犯之或异，同为利等，以一其罪也；若并者，则不计人之多寡，盗之前后，及人各入已之轻重，惟以一时所犯皆算作一处……此併赃论罪之大义也。然法虽如此，而论法则分两途。如其盗之赃，非系一时所行，将其节次所盗，凡系一时俱发者，不问时日远近，人数多寡、不分人各所分之轻重，其算计赃若

〔1〕《大清律例通考》卷一〇《户律·婚姻》。
〔2〕《大清律例·部颁凡例》。
〔3〕（清）吴坛：《大清律例通考》卷二六。

干，就所合算之赃数，人各论以赃数所应科之罪，此监守盗、常人盗併赃论罪之法也。”[1]

此外，在大清律文注中也多处采用沈之奇《大清律辑注》的观点。薛允升在《唐明律合编·例言》中曾表述如下：“王明德之《佩觿》、王肯堂之《笺释》[2]、沈之奇之《辑注》、夏敬一之《示掌》各有成书，均不为无见，且有采其说入于律注者……，亦犹唐律并列疏义之意。”沈之奇著《大清律辑注》的事例尤为地方官所重视。如斗殴、欺诈，官注解为：“相争为斗，相打为殴。”但“斗”与“殴”组成一个律名，其重心何在，律文并不明确。对此《大清律辑注》不仅界定“斗”与“殴”的主要区别，以及律意重心所在，“斗者口语争论，彼此扭结，未至捶击也，殴则以手足相打矣。此以斗殴名篇，实则所著皆是殴律”；还引申出以伤之轻重作为追究刑事责任的标准，便于执法者判决，“人之斗殴，大概因一时之气，事起仓促，非有成心，即有同谋共殴者，亦意止于殴耳。故篇中专论伤之轻重以定罪”。

《大清律辑注》对某些名词之解释，通过钩沉旧制，汇通古今，显示相关理论发展的脉络。如对“田”“宅”“窃盗”之解：“曰田，则山园，陂荡之类，亦在其内；曰宅，则碾磨、店肆、车船之类，亦在其内”；“言窃盗，则一切盗在其中。如掏摸与盗田野谷麦及坟茔、树木、马牛、畜产之类”。

可见，立法者从清代注释律学的成果当中获得了相当大的启迪，并以国家立法的形式作了必要的肯定，从而增强了官民对于律例原义的理解。

总括上述，具有五千年法制文明史的中国，在立法上也进行了卓有特色的创造，并积累了丰富的经验。古圣先贤将立法置于现实的社会生活基础之上，并从国情的实际出发，形成了完整的系统，体现了中华法系的特色，具有现实的借鉴意义。这对于当前正在进行的“科学立法、民主立法、依法立法”，具有可资借鉴的现实意义。

[1] 本段引文均参见（明）王明德：《读律佩觿》卷二。
[2] 指清人顾鼎重新编辑的《王肯堂笺释》。

第三章　以法治国，以德化民，德法共治

德法互补、互相促进、共同治国在中国由来已久，是中国古代治国理政的成功经验，也是中国传统法文化的精髓，充分显示了中华民族的政治智慧与法律智慧，认真总结中国古代德治与法治的功用、相互关系、共同治国的历史经验，对于建设中国特色依法治国的法治国家具有重要的史鉴价值。习近平总书记多次提倡研究中国传统文化（包括法文化），从中汲取建设社会主义伟大强国的历史资源、文化资源，特别是反复阐明坚持依法治国和以德治国交相治国的重要价值。习近平总书记在2013年2月中共中央政治局就全面推进依法治国进行第四次集体学习时指出："要坚持依法治国和以德治国相结合，把法治建设和道德建设紧密结合起来，把他律和自律紧密结合起来，做到法治和德治相辅相成、相互促进。"2014年10月，他在党的十八届四中全会上进一步指出："坚持依法治国和以德治国相结合。国家和社会治理需要法律和道德共同发挥作用。必须坚持一手抓法治、一手抓德治，大力弘扬社会主义核心价值观，弘扬中华传统美德，培育社会公德、职业道德、家庭美德、个人品德，既重视发挥法律的规范作用，又重视发挥道德的教化作用，以法治体现道德理念、强化法律对道德建设的促进作用，以道德滋养法治精神、强化道德对法治文化的支撑作用，实现法律和道德相辅相成、法治和德治相得益彰。"2016年12月，习近平总书记在中共中央政治局第三十七次集体学习的总结发言中进一步阐述了德治与法治的不同功用与共同治国的重要价值。

他说："法律是成文的道德，道德是内心的法律。法律和道德都具有规范社会行为、调节社会关系、维护社会秩序的作用，在国家治理中都有其地位和功能。法安天下，德润人心。法律有效实施有赖于道德支持，道德践行也离不开法律约束。法治和德治不可分离、不可偏废，国家治理需要法律和道德协同发力。法治和德治两手抓、两手都要硬。法治与德治就如车之两轮、鸟之双翼，不可偏废。"

本文从传统法文化与中国法制的历史实际出发，阐述德治与法治各自具有的特殊功用以及两者在共同治国中所经历的历史阶段和积累的经验，力图为当前深入推进中国特色的依法治国方略贡献绵薄之力。

一、古人论德体现了中华民族善良的心态

在中国古文献中，关于德的概念与解释可谓多矣。东汉许慎《说文解字·心部》从字义出发阐明："悳（通'德'），外得于人，内得于己也。从直，从心。"意为对人对己都要把心思放正，只有"直在心上"才能"外得于人，内得于己"。[1]明初，宋濂等人编写的《正韵》提出："凡言德者，善美，正大，光明，纯懿之称也。"《康熙字典》沿用《说文解字》旧说，并引《诗经·大雅》作出进一步解释："民之秉彝，好是懿德。"所谓"懿"，按《说文解字》，"专久而美也"，懿德，就是美德。

此外，也有从人的心性角度进行解释，如《尚书·皋陶谟》记载，皋陶曾建议大禹选择具有九德之人为官。所谓九德就是"宽而栗，柔而立，愿而恭，乱而敬，扰而毅，直而温，简而廉，刚而塞，强而义"，[2]可见九德是指人所具有的九种善良的心性。《尚书·洪范》中提出"三德"之说："一曰正直，二曰刚克，三曰柔克。"[3]三德就是指人所具有的正直、坚毅、和顺的心性。《左传·成公十六年》有以下记载："德，谓人之性行。"孔颖达疏曰：

[1] 《说文解字·心部》。

[2] 《尚书·皋陶谟》。

[3] 《尚书·洪范》。

“民生厚而德正。”[1]《史记·乐书》也有类似解释：“德者，性之端也。”[2]《淮南子》进而阐述说：“得其天性谓之德。”[3]

古人还把德的价值与国家施政联系起来，宣扬德教和德化的重要性。关于德教，《礼记·月令》说：“（孟春之月）命相布德和令，行庆施惠，下及兆民。”对此，郑玄注曰：“德谓善教。”[4]《周礼·地官·大司徒》提出“知、仁、圣、义、忠、和”为六德，以教万民。[5]

关于德化，《管子·心术》说：“化育万物谓之德。”古文献中多将德化与重民、爱民联系在一起，如《尚书·盘庚》说：“施实德于民。”《左传·襄公七年》说：“恤民为德。”[6]《管子·正》说：“爱民无私曰德。”[7]《玉篇》说：“德，惠也”，施惠于民曰德。

古人对于德之所以不吝笔墨从多方面、多角度进行解释，不是偶然的，是和中华民族的特质分不开的。中华民族在严酷的生存斗争、生产斗争中需要借助“群”的力量抵御外侮和抗拒自然灾害，以维持存在和发展，因而养成了以直相待、宽容为怀、团结互助的民族心态。古代思想家论德之说正是适应中华民族固有的善良心态和崇尚道德的精神风貌而发的，因而易为中华民族所接受。除此之外，经过漫长的生生不息的演进过程，德由善教逐渐趋向于善治，形成了中国古代所特有的道德政治文化，把国家的兴衰与道德的弘扬、人心的向善密切地联系在一起，使德治深深地扎根在中华民族的文化土壤之中，最终才有可能演化成为德法互补互用、共同治国的方略。

二、德治的价值取向在于化民

古文献中赞美唐尧是施行德政、以德化民的创始人，能够“克明俊德，

[1]《左传·成公十六年》。
[2]《史记·乐书》。
[3]《淮南子》。
[4]《礼记·月令》。
[5]《周礼·地官·大司徒》。
[6]《左传·襄公七年》。
[7]《管子·正》。

以亲九族。九族既睦，平章百姓。百姓昭明，协和万邦”[1]。同时也赞美虞舜让位给有德之人，所谓“舜让（君位）于德，弗嗣”[2]。德治的出发点和归宿都在于重民、惠民、教民、以民为本。孔子曾以“养民也惠”[3]称赞郑国子产治国有方，并认为“惠则足以使人”[4]。他特别把“博施于民而能济众”[5]看作不仅是“仁”，而且是“圣”。孟子进而论证说：“以德行仁者王……以德服人者，中心悦而诚服也。”[6]

可见，德的功用主要在于教化，首先是化个人的不良心性，使之纳于德的规范之中。也就是运用德的标准激发人们内在的、正直的、善良的天性，即内化于心，使之自觉地远恶迁善，趋吉避凶，不仅远离犯罪，而且经过内省，使心灵净化，于潜移默化之中达到一种高尚的精神境界，所谓“民日迁善而不知为之”[7]。

其次以德化不良之俗。由于古代中国是政治、经济、文化发展不平衡的统一多民族的大国，因此流行于各地区的风俗多不相同。其中既有良善的风俗，也有荒诞、落后、愚昧的风俗，所谓“百里不同风”。而各地的风俗不是一朝一夕形成的，因此历代圣君贤相在以德化民的同时，也注意以德化俗，使妄诞之俗归于理性、邪恶之俗归于良善，使不义不肖之徒明礼义、知廉耻，使四海同归于德化。如同宋人苏辙所说：“帝王之治，必先正风俗。风俗既正，中人以下皆自勉于为善；风俗一败，中人以上皆自弃而为恶。邪正盛衰之源，未必不始于此。”[8]

最后，也是最为重要的，是以德化民。以德化民反映了政治家的视野由个人扩展到全国的民众，表现出一种博大的政治气魄和抱负。以德化民除以

---

〔1〕《尚书·尧典》。
〔2〕《尚书·尧典》。
〔3〕《论语·公冶长》。
〔4〕《论语·阳货》。
〔5〕《论语·雍也》。
〔6〕《孟子·公孙丑上》。
〔7〕《孟子·尽心上》。
〔8〕《续资治通鉴·宋纪七十九》。

德的标准施教于民之外，更为重要的是通过善政辅助善教，把施政的立足点移至为政以德之上。

西汉孝文帝以勤俭持国，力戒奢靡之风，广施善教、善政。史书称赞他："专务以德化民，是以海内殷富，兴于礼义。"〔1〕

隋文帝在褒奖齐州参军王伽等人的诏书中指出，"以德化人"能使刑措而不用，他说："若临以至诚，明加劝导，则俗必从化，人皆迁善。往以海内乱离，德教废绝，官人无慈爱之心，兆庶怀奸诈之意，所以狱讼不息，浇薄难理。朕受命上天，安养万姓，思导圣法，以德化人，朝夕孜孜，意本如此……若使官尽王伽之俦，人皆李参之辈，刑措不用，其何远哉！"〔2〕

唐朝著名文学家韩愈根据《唐律疏议·名例律》所规定的"德礼为政教之本，刑罚为政教之用"的理论体系，进而阐释说"德礼为先，而辅以政刑"〔3〕。

宋代理学家朱熹对于以德化民的潜移默化之功作了进一步的阐释，他说："政刑能使民远罪而已。德礼之效，则有以使民日迁善而不自知。"〔4〕

元朝徽州路达鲁花赤合剌不花以孝悌施政，《新元史》称他是以德化民的循吏："合剌不花廉平自持，专务以德化民。"〔5〕

明嘉靖五年（1526 年）三月，世宗皇帝殿试天下贡士，曾在制诰中提到："英君谊辟，固有专务以德化民而致刑措之效力。"〔6〕

清代顺康两朝皇帝均迭颁诏书表达了以德化民之意。顺治十二年（1655 年）冬十月戊辰日，诏曰："帝王以德化民，以刑辅治。苟律例轻重失宜，官吏舞文出入，政平讼理，其道曷由。朕览谳狱本章，引用每多未惬。其以现行律例缮呈，朕将亲览更定之。"〔7〕

---

〔1〕《史记·孝文本纪》。

〔2〕《北史·循吏传·王伽传》。

〔3〕（唐）韩愈：《潮州请置乡校牒》。

〔4〕（宋）朱熹：《论语集注》。

〔5〕《新元史·循吏传》。

〔6〕《明实录·明世宗实录》。

〔7〕《清史稿·世祖本纪》。

康熙二十年（1681 年）正月戊寅日，谕三法司："帝王以德化民，以刑弼教，莫不敬慎庶狱，刑期无刑。故谳决之司，所关最重，必听断明允，拟议持平，乃能使民无冤抑，可几刑措之风。近览法司章奏，议决重犯甚多。愚民无知，身陷法网，或由教化未孚，或为饥寒所迫，以致习俗日偷，愍不畏法。每念及此，深为悯恻。"〔1〕

清代名吏陆陇其专务以德化民，"初名龙其，字稼书，浙江平湖人。康熙九年进士。十四年，授江南嘉定知县。嘉定大县，赋多俗侈。陇其守约持俭，务以德化民。或父讼子，泣而谕之，子掖父归而善事焉；弟讼兄，察导讼者杖之，兄弟皆感悔。恶少以其徒为暴，校于衢，视其悔而释之。豪家仆夺负薪者妻，发吏捕治之，豪折节为善人。讼不以吏胥逮民，有宗族争者以族长，有乡里争者以里老；又或使两造相要俱至，谓之自追。征粮立挂比法，书其名以俟比，及数者自归；立甘限法，令以今限所不足倍输于后。"〔2〕

总括以上，历代统治者对于以德化民都是十分重视的，其事迹多见于史书记载，借以表征德治与善政。由于民是国家的构成元素，民安则国宁，因此，通过以德化民，使民心性陶冶，远恶迁善，既巩固了国家统治的群众基础，也有助于社会的稳定。正是在这一点上，表现出了德的治国之用。尽管这个治国的路径不是直接的，而是曲折的、迂回的，是经过教民、化民实现的。所以，古文献中从来没有以德治国的单独提法，德只有得到法的配合才能实现它的功效，孟子所说"徒善不足以为政"，就是从实践中得出的只凭德不能治国的认识。德与法的功用是不同的，一者是直接的治国手段，如法是也；一者是间接的化民为治，如德是也。只有二者结合，互补互济，共同为治，才能成为治国之二柄。古代思想家、政治家创设的德法共治的治国方略，不仅是理论上的重要创造，也是治国理政的宝贵经验，历代相袭不断充实，成为数千年来中国特色鲜明的法律传统。

〔1〕《清实录·圣祖实录》，康熙二十年正月戊寅。

〔2〕《清史稿·陆陇其传》。

三、德法互补、共治是历史发展的必然选择

（一）明德慎罚、德法共治的发端

由于德之功在于潜移默化的“化”上，并不具备国家的强制力，而国家是一个复杂的机器，为了推动国家机器的运转，需要具有强制力的各种机构，如政府、军队、官吏、法庭、监狱等等，还需要各种制度的共同推进，才能够保证国家对外对内实施职能和治国理政的效果。因此只凭德化不足以胜残去杀，打击犯罪，维持国家的统治。从历史上看，德治论者可谓多矣，但在实践中却没有一个朝代只凭德治能够维持其统治。德治只有与法治相结合，德法共治，才能使国家富强，历史雄辩地证明了这一点。

早在公元前11世纪，拥有“邦畿千里”和“如火如荼”般强大军队的商朝，却被“小邦周”瞬间推翻，这个历史的巨变使周朝的执政者周公深切地意识到，商之亡亡于“重刑辟”“武伤百姓”，失掉了民众的支持，导致亡国亡身。因此，他在立国之始，一改商末以天为威、以刑制民的做法，把国家的基点建立在重民的基础上。他告诫说，“民情大可畏，人无于水监，当于民监”〔1〕，强调“民之所欲，天必从之”〔2〕，以此警醒周族统治者重民、保民。

正是在重民的思想基础上，周公提出礼乐政刑、综合为治的重大决策，史书说：“周公摄政，一年救乱，二年克殷，三年践奄，四年建侯卫，五年营成周，六年制礼作乐，七年致政成王。”〔3〕周公在制礼作乐的同时，还进行了立政和“作九刑”，使“礼乐政刑”成为综合为治的一个整体。如同《史记·乐书》所说：“礼以导其志，乐以和其声，政以一其行，刑以防其奸。礼乐刑政，其极一也，所以同民心而出治道也。”

周公提出的“克明德慎罚”的方略，是“礼乐政刑”治国大计的重要一

〔1〕《尚书·康诰》。
〔2〕《尚书·泰誓上》。
〔3〕《尚书大传》。

环。“明德慎罚”把德与法首次结合在一起，是对商朝亡国之失的总结，也是德法互补、共治的伟大创新。它开辟了中国古代德法共治的先路。所谓明德，就是以德为施政的主宰，提倡尚德、敬德、成德，彰明德治，以德主宰国家的施政和用刑之道；并把明德与天意相连接，所谓“以德配天”，借以增强德的威慑力量。至于慎罚，就是刑罚得中，不“乱伐无罪、杀无辜”，以免“怨有同，是丛于厥身”〔1〕。只有明德才能做到慎罚，才能保民，由此，民的地位上升了，“民之所欲”受到了重视，而传统的神意进一步遭到了贬低。

在“明德慎罚”治国方略的影响下，周公不仅纠正了商末刑罚的乱用，也使得周朝的法制发生了一系列的变革。

首先，以流、赎、鞭、扑四种刑罚续于墨、劓、剕、宫、大辟五刑之后，避免动辄用肉刑伤残人的肢体或剥夺其生命。

其次，根据情节区别用刑。周公在《康诰》中说，“人有小罪、非眚，乃惟终……乃不可不杀”；“乃有大罪，非终，乃惟眚灾……时乃不可杀。”〔2〕意为过失、偶犯，从轻；故意、一贯，从重。这种区别用刑的原则也渗入了对于犯罪动机的考量，这在三千多年以前的周朝，是难能可贵的。与此同时，周朝还提出了罪疑从罚、罚疑从赦的原则，这个原则是后世无罪推定原则的最早形态，反映了中国古代法制的先进性。

再次，周公告诫康叔，在司法中要用中罚，并以司寇苏公为例：“司寇苏公式敬尔由狱，以长我王国。兹式有慎，以列用中罚。”〔3〕所谓中罚，就是刑罚宽严适度，使受刑者无怨，有助于社会的稳定。

最后，为了准确地司法断罪，实行“三刺”之法，以倾听各方面的意见。“以三刺断庶民狱讼之中：一曰讯群臣，二曰讯群吏，三曰讯万民，听民之所刺宥，以施上服下服之刑。”〔4〕

〔1〕《尚书·无逸》。
〔2〕《尚书·康诰》。
〔3〕《尚书·立政》。
〔4〕《周礼·秋官·小司寇》。

周公通过实行德法互补、共治，不仅稳定了周朝的统治，而且还造就了“成康之治”的盛世，“民和睦，颂声兴”。“天下安宁，刑错四十余年不用。”[1]

（二）法家的兴起和以法治国方略的形成

进入春秋时代，铁制生产工具的应用，使得“辟草莱”成为可能，推动了土地私有权的确立。地方经济的发展，使诸侯国坐大，王权衰微，礼乐之治已失去了控制社会和国家的作用。“明德”在诸侯国不断失德的冲击下，也失去了过去的风采。在这个时代大变动的背景下，如何治国，是政治家、思想家不断思考的问题。奉周礼为圭臬的儒家学派逐渐让位给新兴起的法家学派，法家奉行的法治逐渐取代了礼乐之治。早期的法家代表人物是公元前七世纪齐国的管仲，他提出的“以法治国”的法治学说成为时代的最强音。

《管子·明法解》说：“明主者，一度量，立表仪，而坚守之，故令下而民从。法者，天下之程式也，万事之仪表也。吏者，民之所悬命也。故明主之治也，当于法者赏之，违于法者诛之。故以法诛罪，则民就死而不怨；以法量功，则民受赏而无德也。此以法举错之功也。故《明法》曰：‘以法治国，则举错而已。’”[2]

管仲认为，法是治国之具，运用得好，无论是统一政令，还是依法施政，不过举措之间就可收到效果。他说，“威不两错，政不二门。以法治国，则举错而已”。[3]可见他对法治充满信心。管仲在齐国执政以后，以富国强兵为目标，以尊王攘夷为号召，九合诸侯以匡天下，使齐国一跃而成为五霸之首。孔子称赞管仲：“桓公九合诸侯，不以兵车，管仲之力也。如其仁，如其仁”，“管仲相桓公，霸诸侯，一匡天下，民到于今受其赐。微管仲，吾其被发左衽矣。”[4]

---

〔1〕《史记·周本纪四》。

〔2〕《管子·明法解》。

〔3〕《管子·明法》。

〔4〕《论语·宪问》。

管仲论法的作用，经常将其与工具——特别是度量衡器相比拟，如：“尺寸也，绳墨也，规矩也，衡石也，斗斛也，角量也，谓之‘法’”，“法律政令者，吏民规矩绳墨也。”[1]

管仲虽然提出并且奉行法治，但他并未完全否定周初的礼法之治，同时也以周天子为天下共主而相号召，表明了早期法家的一种状态。管仲所说的“礼义廉耻，国之四维”，表现了他的道德理念，并将其视作国家兴亡的重要因素，所谓“四维不张，国乃灭亡”。[2]他特别强调民富之后，必须继之以教化，做到“仓廪实则知礼节，衣食足则知荣辱”。[3]

（三）儒家推出为政以德与法家以法治国相抗衡

春秋晚期奉行礼乐之治的孔子，面对日益尖锐的礼崩乐坏的形势和法家法治学说控制了时代的潮流所向，力图宣扬“克己复礼”“为政以德”之说。他对于破坏周初礼制的行为表示出极大的愤慨，当季氏“以八佾舞于庭”（按诸侯是六佾），他便发出“是可忍，孰不可忍”的愤怒谴责；[4]对于周初的礼乐之治，孔子也表示出怀旧之情，他说：“礼乐不兴，则刑罚不中；刑罚不中，则民无所措手足。”[5]他虽然赞赏管仲以尊王攘夷为号召，九合诸侯以匡天下，但对管仲提出的以法治国则提出异议，甚至是鄙夷：“道之以政，齐之以刑，民免而无耻。道之以德，齐之以礼，有耻且格。”[6]为了抗衡以法治国，他提出“为政以德”的主张，并且渲染说：“为政以德，譬如北辰居其所而众星共之。”[7]也就是说以德为治国之本，既可以使国家稳定富强，也可以使百姓安居乐业，美誉播于天下，犹如北辰之在天。

在孔子为政以德的主张中，比较具有实际意义的，一是论证宽猛相济的

---

〔1〕《管子·七法》。
〔2〕《管子·牧民》。
〔3〕《管子·牧民》。
〔4〕《论语·八佾》。
〔5〕《论语·子路》。
〔6〕《论语·为政》。
〔7〕《论语·为政》。

施政原则，他说："政宽则民慢，慢则纠之以猛，猛则民残，残则施之以宽。宽以济猛，猛以济宽，政是以和。"[1]二是重教化，认为"不教而杀谓之虐"[2]，并列为"四恶"之首。三是选择有德之人即"善人"执政，他说："善人为邦百年，亦可以胜残去杀矣。"[3]四是无讼是求，他说："听讼，吾犹人也。必也使无讼乎！"[4]五是主张善教，他在回答冉有"既富矣，又何加焉"的提问时，明确表示："教之。"[5]在孔子看来，民众在解决衣食温饱之后，迫切需要的是进行教化，使之明礼义、重廉耻、远罪恶、知是非、近善良、敦乡里、识大体、爱国家，能够自觉地内省自律，约束自己的行为，使之符合德的圣训。朱熹在总结为政以德的历史作用时说："'为政以德'，不是欲以德去为政，亦不是块然全无所作为，但德修于己而人自感化。"[6]如同《易经》所说，"君子进德修业"。[7]

总括孔子关于为政以德的主张，基本停留在说教的阶段，并没有机会付诸实践。这是和孔子所处的春秋时代的历史背景分不开的。春秋时代是五霸争雄的时代，富国强兵是各国所追求的目标，克己复礼、为政以德已经与时代的潮流相悖，不为诸侯国所重视。因此，孔子周游列国，无果而终。

（四）"法、术、势"相结合的法治思想

进入战国时代，法家显学的地位进一步巩固，法家代表人物纷纷走上政治舞台，他们主张的法治与早期管仲的主张有所不同，剔除了礼乐的影响，更直接地实行以法为治，借以富国强兵，夺取霸权。战国时期，周天子的共主地位已经彻底动摇，礼乐征伐不再自天子出，而自诸侯出，甚至自大夫出。

---

〔1〕《左传·昭公二十年》。
〔2〕《论语·尧曰》。
〔3〕《论语·子路》。
〔4〕《论语·颜渊》。
〔5〕《论语·子路》。
〔6〕（宋）黎靖德编，王星贤点校：《朱子语类》卷二三《论语五·为政篇上·为政以德章》，中华书局1986年版，第533页。
〔7〕《易经·乾卦》。

为争夺霸权而进行的兼并战争连年不绝，以致“争地以战，杀人盈野；争城以战，杀人盈城”。[1]秦国经过商鞅变法，一跃而为雄视中原的强国。作为法家学说集大成者的韩非晚于管仲四百余年，历史发展的巨大变动以及法家执政的得失极大地丰富了他的法治思想，形成了“法、术、势”三位一体的理论，虽然他没有执政变法便冤死狱中，但他的学说却受到秦始皇的赞扬：“寡人得见此人与之游，死不恨矣！”[2]秦统一后，在治国实践中，基本上执行韩非的“法、术、势”相结合之学。

关于韩非的生平，《史记》有以下记载：“韩非者，韩之诸公子也。喜刑名法术之学，而其归本于黄老。非为人口吃，不能道说，而善著书。与李斯俱事荀卿，斯自以为不如非。非见韩之削弱，数以书谏韩王，韩王不能用。于是韩非疾治国不务修明其法制，执势以御其臣下，富国强兵而以求人任贤，反举浮淫之蠹而加之于功实之上。以为儒者用文乱法，而侠者以武犯禁。宽则宠名誉之人，急则用介胄之士。今者所养非所用，所用非所养。悲廉直不容于邪枉之臣，观往者得失之变，故作《孤愤》《五蠹》《内外储》《说林》《说难》十余万言。然韩非知说之难，为《说难》书甚具，终死于秦，不能自脱。”[3]

韩非继管子之后，再次发出“故以法治国，举措而已矣”[4]的论断。他从国家制定、掌握法律并布之于百姓的角度出发，认为：“法者，编著之图籍，设之于官府，而布之于百姓者也。”[5]他还根据人性自私自利而且不可改变的认识论提出：“威势之可以禁暴，而德厚之不足以止乱也。”[6]

韩非在总结法家学说的得失之后，强调以法为本，法术势相结合，以治天下。他批评慎到只重势而略于法容易走向人治的陷阱，反而使天下乱，他的结论是“抱法处世则治”[7]。他也批评申不害“徒术而无法”，失去了判断

[1]《孟子·离娄上》。
[2]《史记·韩非列传》。
[3]《史记·韩非列传》。
[4]《韩非子·有度》。
[5]《韩非子·难三》。
[6]《韩非子·显学》。
[7]《韩非子·难势》。

是非的标准和赏罚的根据，他强调法、术、势“不可一无，皆帝王之具也”。[1]在这里，法律工具价值的取向更加昭然若揭。法、术、势相结合的理论奠定了君主专制制度的理论基础。如同韩非所说：“术者，藏之于胸中，以偶众端，而潜御群臣者也。故法莫如显，而术不欲见。”[2]

韩非法、术、势三者相结合的理论，使君主居于高深莫测的最高权威地位，使得法家所主张的“一断于法”的法治学说走向了它的反面，历史的发展恰恰证明了这一点。秦始皇统一六国以后，以为天下莫予独也，肆行专制，以意为法，刑戮妄加，受肉刑者不可胜数，史书说当时“赭衣塞路，囹圄成市”，[3]终致二世而亡。如果说秦之兴，兴于明法治；那么秦之亡，则亡于毁法治。中国古代法治的局限性就在于遇有明君，可以发挥法律治国的积极作用；遇有无道的昏君，不仅不能发挥法的积极作用，反而会坏法生事，害民误国。说到底，中国古代的法治不过是君主人治下的法治而已。

（五）法治的原则及其价值

先秦法家成为显学，并在治国理政、实行变法方面取得成功不是偶然的。法家学说从理论与实践的结合上抒发了法治的要义，既洽于春秋战国以来形势发展之所需，又为后世所沿承。法家学说的原创与价值，表现了法家高度的理性思维的成就，是中国古代法理学的集中体现，它所达到的高度可与古罗马法学家并驾齐驱。具体如下：

第一，论证了法的概念与作用。管仲说：“夫法者，所以兴功惧暴也。律者，所以定分止争也。令者，所以令人知事也。法律政令者，吏民规矩绳墨也。”[4]“法者，天下之程式也，万事之仪表也。”[5]商鞅出于变法改制的需要，他的释法凸显了法的功用价值。他说：“法令者，民之命也，为治之本

〔1〕《韩非子·定法》。
〔2〕《韩非子·难三》。
〔3〕《汉书·刑法志》。
〔4〕《管子·七主七臣》。
〔5〕《管子·明法解》。

也，所以备民也。”[1]韩非从国家制定法律的角度，认为：“法者，编著之图籍，设之于官府，而布之于百姓者也。”[2]

第二，论证了法律的价值在于公平。为此，法家多以度量衡器来比喻法的客观与公平。管仲说：“尺寸也，绳墨也，规矩也，衡石也，斗斛也，角量也，谓之‘法’。”[3]慎到说：“有权衡者，不可欺以轻重。有尺寸者，不可差以长短。有法度者，不可巧以诈伪。”[4]东汉许慎说：“灋者，刑也，平之如水，从水。廌，所以触不直者去之，从去。”[5]许慎对法的解释反映了法的属性，就是公平正义，因而多为后世所沿用。唐时魏征论法的概念时，沿袭先秦法家的观点，而且言简意赅，便于理解。他说：“法，国之权衡也，时之准绳也。权衡所以定轻重，准绳所以正曲直。”[6]

第三，法是治国理政和控制社会的重要手段。如同管仲所说：“虽圣人能生法，不能废法而治国。故虽有明智高行，倍法而治，是废规矩而正方圆。”[7]韩非提出：“国无常强，无常弱。奉法者强则国强，奉法者弱则国弱。”[8]又说：“明法者强，慢法者弱。”[9]荀子也认为：“隆礼至法则国有常。”[10]齐晏婴还以桓公扩疆土，成霸业来说明修法治之效：“昔者先君桓公之地狭于今，修法治，广政教，以霸诸侯。”[11]慎到说：“民一于君，事断于法，是国之大道也。”[12]

法也是控制社会的重要手段。法行则社会稳定，有利于经济文化的发展。

---

〔1〕《商君书·定分》。
〔2〕《韩非子·难三》。
〔3〕《管子·七法》。
〔4〕《慎子·逸文》。
〔5〕《说文·廌部》。
〔6〕《贞观政要·公平》。
〔7〕《管子·法法》。
〔8〕《韩非子·有度》。
〔9〕《韩非子·饰邪》。
〔10〕《荀子·君道》。
〔11〕《晏子春秋·谏上九》。
〔12〕《慎子·逸文》。

管仲说："申之以宪令，劝之以庆赏，振之以刑罚，故百姓皆说为善，则暴乱之行无由至矣。"[1]韩非说："是故夫至治之国，善以止奸为务。是何也？其法通乎人情，关乎治理也。"[2]"故其治国也，正明法，陈严刑，将以救群生之乱，去天下之祸，使强不凌弱，众不暴寡，耆老得遂，幼孤得长，边境不侵，君臣相亲，父子相保，而无死亡系虏之患，此亦功之至厚者也。"[3]

第四，以法立公去私。慎到说："法之功，莫大使私不行；君之功，莫大使民不争。今立法而行私，是私与法争，其乱甚于无法……其乱甚于无君。故有道之国，法立则私议不行。"[4]韩非还从立法的目的性上论证了法的功用就在于废私："夫立法令者以废私也，法令行而私道废矣"，"所以治者，法也；所以乱者，私也。法立，则莫得为私矣，故曰：道私者乱，道法者治"，[5]"故当今之时，能去私曲就公法者，民安而国治；能去私行行公法者，则兵强而敌弱。"[6]对于立公去私，管仲提出一个非常有价值的命题——主正则臣行。他说："为人君者，倍道弃法，而好行私，谓之乱。"[7]韩非说："明主之道，必明于公私之分，明法制，去私恩。"[8]

第五，以法安民、利民，使民效力于国。"民惟邦本，本固邦宁"曾被夏统治者奉为治国之要旨，所谓"皇祖有训"[9]，是被历史所证实了的颠扑不破的真理。历代思想家不仅注重以法安民，以得民心，还主张以法使民，使之效力于国。管仲说："法立而民乐之，令出而民衔之。法令之合于民心，如符节之相得也。"[10]荀子说："王者之等赋、政事，财万物，所以养万民也。"[11]韩

---

[1] 《管子·权修》。

[2] 《韩非子·制分》。

[3] 《韩非子·奸劫弑臣》。

[4] 《慎子·逸文》。

[5] 《韩非子·诡使》。

[6] 《韩非子·有度》。

[7] 《管子·君臣下》。

[8] 《韩非子·饰邪》。

[9] 《尚书·五子之歌》。

[10] 《管子·形势解》。

[11] 《荀子·王制》。

非说："圣人之治民，度于本，不从其欲，期于利民而已。"[1]王夫之说："天下有定理而无定法。定理者，知人而已矣，安民而已矣，进贤远奸而已矣。"[2]

除以法安民外，管仲还着重论证了审法度，明赏罚，以使民效力于国。他说："凡牧民者，欲民之可御也。欲民之可御，则法不可不审……法者，将用民力者也。将用民力者，则禄赏不可不重也。禄赏加于无功，则民轻其禄赏；民轻其禄赏，则上无以劝民；上无以劝民，则令不行矣。法者，将用民能者也。将用民能者，则授官不可不审也。授官不审，则民闲其治；民闲其治，则理不上通；理不上通，则下怨其上；下怨其上，则令不行矣。法者，将用民之死命者也。用民之死命者，则刑罚不可不审。刑罚不审，则有辟就；有辟就，则杀不辜而赦有罪；杀不辜而赦有罪，则国不免于贼臣矣。"[3]

第六，以法断罪，不别亲疏。管仲说："凡法事者，操持不可以不正。操持不正，则听治不公。听治不公，则治不尽理，事不尽应。治不尽理，则疏远微贱者无所告诉。事不尽应，则功利不尽举。功利不尽举，则国贫。疏远微贱者无所告诉，则下饶。"[4]韩非所说"赏善不遗匹夫"[5]形象地表达了法尚公平的原则。"不别亲疏，不殊贵贱，一断于法"[6]是体现以法治国的最主要的法治原则，也是法治优胜于"礼不下庶人"[7]的礼治原则的主要区别点。但是，这个法治原则，在等级制的社会是很难贯彻的，法治集大成者的韩非就将君主列于法治之外，君主处势抱法治人而不治己。周礼的八辟之法，发展到唐代的八议之法，都公开维护特权者免于法律制裁。

第七，以法定分止争。法家在论证法律的起源时，多以定分止争为据，意为上古之时，物少而发生争夺，争则乱。因此，圣人出，为之定分，即定尊卑上下名分。根据名分享有不等的权利和义务。名分既定，争夺亦息。此

[1]《韩非子·心度》。
[2]（清）王夫之：《读通鉴论》卷六《后汉更始》。
[3]《管子·权修》。
[4]《管子·版法解》。
[5]《韩非子·有度》。
[6]《史记·太史公自序》。
[7]《礼记·曲礼》。

外，法家也多以定分止争来比喻法的功能。管仲说："法者，所以兴功惧暴也。律者，所以定分止争也。"[1]

第八，以法确定赏罚的标准。法家非常重视明赏信罚，而以法为赏罚的标准。商鞅说："圣人之为国也，壹赏，壹刑，壹教。壹赏则兵无敌，壹刑则令行，壹教则下听上。"[2]他还说："重罚轻赏，则上爱民，民死上；重赏轻罚，则上不爱民，民不死上。兴国行罚，民利且畏；行赏，民利且爱。"[3]韩非说："治国之有法术赏罚，犹若陆行之有犀车良马也，水行之有轻舟便楫也，乘之者遂得其成。伊尹得之，汤以王；管仲得之，齐以霸；商君得之，秦以强。"[4]他还说："闻古之善用人者，必循天顺人而明赏罚。循天，则用力寡而功立；顺人，则刑罚省而令行；明赏罚，则伯夷、盗跖不乱。如此，则白黑分矣。"[5]

第九，法莫如显，使吏民知法。商鞅变法时，注重法制宣传，一时之间，"妇人、婴儿，皆言商君之法"。[6]他还阐述了吏民皆知法的作用，"故天下之吏民无不知法者。吏明知民知法令也，故吏不敢以非法遇民，民不敢犯法以干法官也"。[7]

第十，善法与良吏相结合。荀子从法与君子相互关系的角度论证了君子对于执法的重要作用。他说："法者，治之端也；君子者，法之原也。故有君子则法虽省，足以遍矣；无君子则法虽俱，失先后之施，不能应事之变，足以乱矣。"[8]孟子说，"徒法不能以自行"[9]，还必须有良吏执法，才能把法律的规定变成实际的调整手段。

---

〔1〕《管子·七臣七法》。
〔2〕《商君书·赏刑》。
〔3〕《商君书·去强》。
〔4〕《韩非子·奸劫弑臣》。
〔5〕《韩非子·用人》。
〔6〕《战国策·秦策》。
〔7〕《商君书·定分》。
〔8〕《荀子·君道》。
〔9〕《孟子·离娄上》。

总括上述，产生于先秦时期的法治思想云蒸霞蔚、异彩纷呈，足媲美于西方的法治学说。历史的发展也证明了“国不可一日无法”“有法则治，无法则乱”是适用于古今中外的法治定律。但是，单纯任法使民经常怀有触法之惧，而不自安，民不安则社会不稳，国家不宁，法治也难以持久。因此，任法与任德须相向而行，互相补充，互相支持。法得到德的支持，减少了推行的阻力；德以法为后盾，增强了遵守道德的强制性和自觉性。所谓治世，就表现为德法二者“相须而成”的效果。

（六）德主刑辅，德法共治的发展阶段

秦作为一个雄踞四海的强大帝国，却像是一个泥足巨人一样瞬间崩解。这个巨变留给汉初的政治家、思想家无尽的思考和总结。其中以儒生陆贾和贾谊的总结最为深刻。

陆贾说：“太公自布衣升三公之位，累世享千乘之爵；知伯仗威任力，兼三晋而亡。是以君子握道而治，据德而行，席仁而坐，杖义而强……齐桓公尚德以霸，秦二世尚刑而亡。故虐行则怨积，德布则功兴。”〔1〕在这里，陆贾批评秦统治者只任法治民，而不任德以导民劝善。劝善预防犯罪于先，刑罚惩治犯罪于后。只关注已然之后，而漠视未然之先，是秦统治者的重要缺失。

贾谊在《过秦论》中提出，亡秦之失在于“秦王怀贪鄙之心，行自奋之智，不信功臣，不亲士民，废王道而立私爱，焚文书而酷刑法，先诈力而后仁义，以暴虐为天下始”。〔2〕他针对秦朝任法任刑之弊，提出只有礼才是“固国家，定社稷，使君无失其民者也”〔3〕的根本。然而也不应废弃法律而不用，因为“缘法循理谓之轨”〔4〕，废法则治国理政将无轨可循。但礼与法应各有侧重，他说：“夫礼者禁于将然之前，而法者禁于已然之后，是故法之所用易

〔1〕（汉）陆贾：《新语·道基》。
〔2〕（汉）贾谊：《新书·过秦》。
〔3〕（汉）贾谊：《新书·礼》。
〔4〕（汉）贾谊：《新书·道术》。

见，而礼之所为生难知也。”[1]贾谊是提出“以礼为治之本，以法为治之用”的第一人，为引礼入法、德主刑辅制造了舆论的准备。

至于礼与德，二者具有同一性，既相通又互补，礼之用在于确立尊卑贵贱的等级秩序，德之用在于化人之性，使之趋于良善，而自觉地尊礼、重礼、守礼、行礼。人性合于德，便具备了遵守礼的基础，而人性悖于德，则有礼而不能行。正是在这一点上，唐人编写法典《唐律疏议》时，提出“德礼为政教之本”[2]，以德冠于礼之先。宋人朱熹对此作了进一步的阐述，他说：“愚谓政者，为治之具。刑者，辅治之法。德礼则所以出治之本，而德又礼之本也。”[3]以上可见，德治、礼治与法治三者之间的内在联系与相互关系。

陆贾和贾谊的总结为汉武帝接受儒家的思想打下了基础。雄才大略的汉武帝以建立统一大帝国为抱负，他认为儒家春秋大一统的学说可以为他的政治抱负提供理论的和历史的依据，因而，将视线由黄老之学移至儒学。

董仲舒作为儒家代表人物，开始宣扬德法互补互用之说，希望其成为汉朝治国的方略。他在《天人三策》中主张“罢黜百家，独尊儒术”。他一方面传承周人明德慎罚和战国时期荀子隆礼重法之说，发展成为一整套德刑关系的理论，为德主刑辅的国家治理方略奠定了基础。另一方面以“天人感应”的思想和阴阳五行相辅相成的学说来论证德刑互补符合天道运行的规律，所谓“天道之大者在阴阳。阳为德，阴为刑；刑主杀而德主生。是故阳常居大夏，而以生育养长为事；阴常居大冬，而积于空虚不用之处。以此见天之任德不任刑也……王者承天意以从事，故任德教而不任刑。刑者不可任以治世，犹阴之不可任以成岁也。为政而任刑，不顺于天，故先王莫之肯为也。”“圣人法天而立道”。[4]“故圣人多其爱而少其严，厚其德而简其刑”。[5]董仲舒在

〔1〕《汉书·贾谊传》。
〔2〕《唐律疏议·名例律》。
〔3〕（宋）朱熹：《四书章句集注·论语集注》卷一《为政》。
〔4〕《汉书·董仲舒传》。
〔5〕（汉）董仲舒：《春秋繁露·基义》。

论证“任德不任刑”[1]“大德而小刑”“务德而不务刑”[2]的同时，也阐述了刑的地位和作用，认为“刑者德之辅，阴者阳之助也”[3]。因此，只用德教而不施刑罚不足以巩固统治秩序，只有在进行德教的基础上辅之以刑罚，才是治理国家的理想方案，才可以使百姓自觉遵守礼法，营造“不令而自行，不禁而自止，从上之意，不待使之，若自然矣”[4]的局面。

汉武帝鉴于重德轻刑、德刑互补有助于汉朝的长治久安，因而采纳了董仲舒的主张。此后，儒家思想逐渐成为统治思想，儒家推崇的三纲五常成为立法的基本内涵。

汉武帝之后，宣帝由于长期生活在民间，比较注重实际，不过多考量意识形态，多以法吏执政。宣帝的做法受到太子（后来的元帝）的质疑，太子自幼熟读四书五经，“柔仁好儒”。史载，太子看到宣帝“所用多文法吏，以刑名绳下”，因而谏言曰：“陛下持刑太深，宜用儒生。”宣帝作色曰：“汉家自有制度，本以霸王道杂之，奈何纯任德教，用周政乎！”[5]所谓“霸王道杂之”，就是用儒家的仁政德礼之说饰于外，而以法家的刑名法术之学藏于内，实行外儒内法的国家治理方略。这个方略的设计是在总结秦亡的教训和汉朝建立以来施政实践经验的基础上完成的，反映了对德法两手并用、各尽其用的高度政治智慧。如前所述，儒家以礼、德、仁政、爱人为其学说的支撑点。法家以一断于法、君主独治、术势并重、信赏必罚为其学说的特征。外儒源于儒家学说，符合中国的传统国情和民族心态，有着深厚的文化底蕴，可以赢得民心，稳定社会，便于统治。以法家学说为内涵，有利于皇帝的专制统治和发挥法律的治世功能，可以收到事半功倍之效。外儒佯宽，内法实猛，外儒内法就是宽猛相济的一种表现形式。由此不难理解，德主刑辅的治国方案对后世的深远影响。

---

[1]《汉书·董仲舒传》。

[2]（汉）董仲舒：《春秋繁露·阳尊阴卑》。

[3]（汉）董仲舒：《春秋繁露·天辨在人》。

[4]（汉）董仲舒：《春秋繁露·身之养重于义》。

[5]《汉书·元帝纪》。

刘向在《说苑》中对于“霸王道杂之”作了精辟的注解：“治国有二机，刑德是也。王者尚其德而希其刑，霸者刑德并凑，强国先其刑而后德。夫刑德者，化之所由兴也。德者，养善而进阙者也；刑者，惩恶而禁后者也。故德化之崇者至于赏，刑罚之甚者至于诛。”[1]可见，外儒内法就是德主刑辅，是礼乐政刑治国方略的历史发展，也反映了儒法合流最后定于儒家一尊的政治现实。

东汉时期的儒家不仅摆脱了董仲舒以阴阳五行之说论证德法关系的桎梏，还根据社会的发展丰富了德的内容，除正直、坚毅、和顺之外，诚信、忠孝、博爱、与人为善、光明正大等等，也都构成了德的新的内涵，从而扩大了道德的覆盖面。王符在《潜夫论》中说：“人君之治，莫大于道，莫盛于德，莫美于教，莫神于化。道者所以持之也，德者所以苞之也，教者所以知之也，化者所以致之也。民有性，有情，有化，有俗。情性者，心也，本也。化俗者，行也，末也。末生于本，行起于心。是以上君抚世，先其本而后其末，顺其心而理其行。心精苟正，则奸匿无所生，邪意无所载矣。”又说：“是以圣帝明王，皆敦德化而薄威刑。德者所以修己也，威者所以治人也。上智与下愚之民少，而中庸之民多。中民之生世也，犹铄金之在炉也，从笃变化，惟冶所为，方圆薄厚，随镕制尔。”[2]

王充在《论衡·非韩》中说：“治国之道，所养有二：一曰养德，二曰养力。养德者，养名高之人，以示能敬贤；养力者，养气力之士，以明能用兵。此所谓文武张设，德力具足者也，事或可以德怀，或可以力摧。外以德自立，内以力自备。慕德者不战而服，犯德者畏兵而却。徐偃王修行仁义，陆地朝者三十二国，强楚闻之，举兵而灭之。此有德守，无力备者也。夫德不可独任以治国，力不可直任以御敌也。韩子之术不养德，偃王之操不任力。二者偏驳，各有不足。偃王有无力之祸，知韩子必有无德之患。

凡人禀性也，清浊贪廉，各有操行，犹草木异质，不可复变易也。狂谲、

[1] （汉）刘向：《说苑·政理》。

[2] （汉）王符：《潜夫论·德化》。

华士不仕于齐，犹段干木不仕于魏矣。性行清廉，不贪富贵，非时疾世，义不苟仕，虽不诛此人，此人行不可随也。太公诛之，韩子是之，是谓人无性行，草木无质也。太公诛二子，使齐有二子之类，必不为二子见诛之故，不清其身；使无二子之类，虽养之，终无其化。尧不诛许由，唐民不皆樔处；武王不诛伯夷，周民不皆隐饿；魏文侯式段干木之间，魏国不皆阖门。由此言之，太公不诛二子，齐国亦不皆不仕。何则？清廉之行，人所不能为也。夫人所不能为，养使为之，不能使劝；人所能为，诛以禁之，不能使止。然则太公诛二子，无益于化，空杀无辜之民。赏无功，杀无辜，韩子所非也。太公杀无辜，韩子是之，以韩子之术杀无辜也。

夫执不仕者，未必有正罪也，太公诛之。如出仕未有功，太公肯赏之乎？赏须功而加，罚待罪而施。使太公不赏出仕未有功之人，则其诛不仕未有罪之民，非也；而韩子是之，失误之言也。"〔1〕

仲长统说："德教者，人君之常任也，而刑罚为之佐助焉。古之圣帝明王所以能亲百姓，训五品，和万邦，蕃黎民，召天地之嘉应，降鬼神之吉灵者，实德是为，而非刑之攸致也。"〔2〕

总括上述，德主刑辅不仅沿袭了周初明德慎罚的传统，而且是亡秦教训的总结与概括，表现了德法共治进入了一个新的发展阶段。德主刑辅符合国家稳定发展的要求，有利于缓和社会矛盾，推动社会经济的发展，使得立法沿着以德为主宰的轨道运行。司法制度的设计和建构也都渗透了明刑弼教的理念，特别是百姓遵守道德的义务与遵守法律的义务相统一，既有利于法律的稳定，同时也减少了适用法律的阻力。因此，汉以后，德主刑辅的理念一直延续到整个古代社会。

（七）德礼为本、刑罚为用，德法共治的定型阶段

由汉至唐，有关德主刑辅综合治国的论者不绝如缕。

---

〔1〕（汉）王充：《论衡·非韩》。
〔2〕（汉）仲长统：《昌言·阙题一》。

《晋书·四夷列传》说：“经国者，德礼也。济世者，刑法也。二者或差，则纲维失绪。”[1]唐人颜师古在为《汉书·酷吏传》作注时说：“《论语》载孔子之言也。格，至也。谓御以政刑，则人思苟免，不耻于恶。化以德礼，则下知愧辱，而至于治也。”[2]正是沿袭汉以来德法互补学说的潮流，使得唐朝有可能进一步丰富德刑互补之说，并将其推进到一个新的阶段。

《贞观政要》记载了唐太宗时期君臣论政所得出的结论：“盖政者为治之具，刑者辅治之法。德礼者出治之本，而德又礼之本也。后世之为治者，德礼有愧，教化不先，非惟德礼不能使民有耻且格，而政刑亦不能使民免而无耻矣。甚而至于罪丽于十恶，尚忍言之哉!”[3]

特别是唐高宗时期制定的中国古代最具代表性的法典《唐律疏议》，便在“名例”篇的序言中开宗明义地宣布：“德礼为政教之本，刑罚为政教之用。”[4]这是汉以来德主刑辅方略的重大发展。“德礼为政教之本”比起单纯的“德主”，突出显示了德礼在政教中的本体地位。至于“刑罚为政教之用”，比起单纯的“刑辅”，更明白地晓示了刑罚在政教中的作用。唐律还将德礼、刑罚的本用互补关系比喻为自然现象的“昏晓阳秋”，以示二者的内在联系永恒不变，所谓“犹昏晓阳秋，相须而成者也”。唐人设计的治国方略对后世一直产生影响。

根据孝亲亲伦的道德要求，唐律规定，“诸子孙违犯教令及供养有缺者，徒二年”。又如，一般“斗殴人者笞四十”，但“诸殴缌麻兄姊，杖一百。小功、大功，各递加一等。尊属者，又各加一等。诸殴兄姊者，徒二年半。伯叔父母、姑、外祖父母，各加一等。诸殴祖父母父母者，斩”。[5]由于亲属之间亲疏有别，长幼有序，所以以卑犯尊根据亲等，处以不同刑罚，这是德礼对法律的要求。

---

[1] 《晋书·四夷传·西戎传附吐谷浑传》。
[2] 《汉书·酷吏传·序》。
[3] 《贞观政要·刑法》。
[4] 《唐律疏议·名例》。
[5] 《唐律疏议·斗讼律》，“子孙违反教令”“殴缌麻兄姊等”条。

德礼与法律都产生于中华民族的文化土壤，都以维护国家的稳定富强为目标，因此二者相向而行，具有一致性。德礼既是国家立法的思想指导，也是国家司法的重要准则。由此，道德的地位日益凸显，并受到国家法律的保护。在司法实践中，司法官宁可不依律，也不可不循公认的德。不依律所责者是职务，不循德所责者是人格。由于唐代科举取士的重要内容是儒家经典，因此唐代官员明德礼者多于明法，以德礼断案对他们来说是并不陌生的。

但是由于德与法各有其侧重点，因而在实践中（特别是司法实践中）也会产生矛盾，针对此项矛盾，或为了维护法律的权威按法办理，或为了弘扬德的价值按德施行，但最终均以国家利益为依归，例如，孔子倡导“子为父隐，父为子隐”，并认为“直在其中矣”。[1]汉宣帝不仅认可此项说教，而且下诏说：“父子之亲，夫妇之道，天性也。虽有患祸，犹蒙死而存之。诚爱结于心，仁厚之至也，岂能违之哉！自今子首匿父母，妻匿夫，孙匿大父母，皆勿坐。其父母匿子，夫匿妻，大父母匿孙，罪殊死，皆上请廷尉以闻。”[2]此项说教根据汉宣帝诏被制定为法律，并长久适用。但是此项以德为宗旨的法律，在适用上以非重大犯罪为前提，如系重大犯罪，则不适用容隐的法律，以示国家的利益高于私人的利益。在这里法律扮演了解决矛盾的角色。

再如，按律，杀人者死，但有时出于道德考量又免于死罪，唐律中留养承祀即是一例。“诸犯死罪非十恶，而祖父母、父母老疾应侍，家无期亲成丁者，上请。”[3]即由皇帝裁决免死。明、清律中仿唐律制定有存留养亲的律文。《大清律例》规定：“凡犯死罪，非常赦所不原者，而祖父母（高、曾同）、父母老（七十以上）、疾（笃、废）应侍（或老或疾），家无以次成丁（十六以上）者（即与独子无异，有司推问明白），开具所犯罪名（并应侍缘由），奏闻，取自上裁。若犯徒、流（而祖父母、父母老疾，无人侍养）者，

〔1〕《论语·子路》。

〔2〕《汉书·宣帝纪》。

〔3〕《唐律疏议·名例》“犯死罪应侍家无期亲成丁”条。

止杖一百，余罪收赎，存留养亲（军犯准此）。”[1]但是前提条件是“非常赦所不原”的大罪，即一般性犯罪而非重大的或政治性的犯罪；存留养亲的最后决定权“取自上裁”，即取决于圣意。在中国古代杀人偿命是严格的国法，而留养承祀或存留养亲，则是一种使罪犯曲尽孝道的道德上的措施。当然，存留养亲也有许多限制性的规定，如：兄弟二人俱犯死罪，存留一人养亲；罪犯之母守节逾 20 年，并年在 50 岁以上；救亲情切杀人或擅杀有罪之人（若被杀者也属“亲老丁单”，则不准留养）；等等。清朝每年举行的秋审大典，按“情实”“缓决”“可矜”“留养承祀”四类奏请上裁。《大清会典》规定，秋审官“将情实、缓决、可矜、留养承祀各犯，详细参酌，平情定拟”。[2]留养承祀与存留养亲，只是文字表达上的不同，其内容是一致的。这项法律规定表现了法与德的矛盾经过调整后达到的统一。

以上二例，说明德与法的矛盾，其最终调解都是以国家利益为依归，这是德法互补互用、共同治国的基础。

除此之外，作为九五之尊的皇帝有时也以最高的权威屈法伸情，借以弘扬德化，以重典治乱世的明太祖也曾一而再，再而三地为孝子屈法伸情，企图借此弘风阐化，以形成良好的社会风气。如洪武元年（1368 年），“民父以诬逮，其子诉于刑部，法司坐以越诉。太祖曰：‘子诉父枉，出于至情，不可罪’”。同年，“有子犯法，父贿求免者，御史欲并论父。太祖曰：‘子论死，父救之，情也，但论其子，赦其父。’”[3]又如，洪武八年（1375 年）正月癸酉，“淮安府山阳县民有父得罪当杖，请以身代。上谓刑部臣曰：‘父子之亲，天性也。然不亲不逊之徒，亲遭患难，有坐视而不顾者。今此人以身代父，出于至情，朕为孝子屈法，以劝励天下，其释之’”。[4]

宋时，被理学家朱熹称赞为“无书不读”“无物不格”的陈淳，对德礼

---

〔1〕《大清律例》卷四《名例律上》“犯罪存留养亲”条。

〔2〕《钦定大清会典》卷五七《秋审处》。

〔3〕《明史·刑法志一》。

〔4〕《明太祖实录》卷九六，洪武八年正月癸酉。

政刑综合治理的价值作了较为全面的带有总结性的论证。他说："政者，为治之具，若法制禁令凡听断约束之类是也。刑者，辅治之法，若墨劓剕宫大辟鞭扑之类是也。以政先示之，则民有所振厉而敛戢矣。其或未能一于从吾政者，则用刑以齐一之，俾强梗者不得以贼善良，而奸慝者不得以败伦理。故民亦畏威革面，不敢为恶，以苟免于刑罚。然无所羞愧，则其为恶之心未亡也。德礼者，所以出治之本。而德又礼之本，乃吾躬行之所实得者，若孝悌忠信之类是也。礼则制度品节，若冠昏丧祭之仪是也。以己德先率之，则民有所观感而兴起矣。而其浅深厚薄之不一，则明礼以齐一之，俾之周旋浃洽，良心日萌，自将愧耻于不善，而又有以格至于善也。是四者功用之不同，而皆不可以偏废。若专务德礼，而不用政刑，则徒善不足以为政；专用政刑，而不务德礼，则又徒法不能以自行。"[1]

朱熹对此也做了进一步的补充，他说："谓政刑但使之远罪而已；若是格其非心，非德礼不可。圣人为天下，何曾废刑政来！""不可专恃刑政，然有德礼而无刑政，又做不得。"[2]"圣人亦不曾徒用政刑；到德礼既行，天下既治，亦不曾不用政刑。故《书》说'刑期于无刑'，只是存心期于无，而刑初非可废。"[3]"愚谓政者，为治之具。刑者，辅治之法。德礼则所以出治之本，而德又礼之本也。此其相为终始，虽不可以偏废，然政刑能使民远罪而已，德礼之效，则有以使民日迁善而不自知。故治民者不可徒恃其末，又当深探其本也。"[4]

明末清初思想家王夫之在《读通鉴论》中还从总结历史经验的角度，阐述了纯任德化不足以为治以及德法共治的历史选项。他说："以德化民至矣哉！化者，天事也，天自有其理气，行乎其不容已，物自顺乎其则而不知。圣人之德，非以取则于天也，自修其不容已，而人见为德。人亦非能取则于

[1]（宋）陈淳：《北溪大全集》卷一八《讲义·论语发题·为政》。
[2]《朱子语类》卷二三《论语五·为政篇上·道之以政章》。
[3]《朱子语类》卷七八《尚书一·大禹谟》。
[4]（宋）朱熹：《四书章句集注·论语集注》卷一《为政》。

圣人也，各以其才之大小纯驳，行乎其不容已，而已化矣。故至矣、尚矣，绝乎人而天矣。谓其以德化者，人推本而为之言也；非圣人以之，如以薪炀火，以勺斢水，执此而取彼之谓也。夫以德而求化民，则不如以政而治民矣。政者，所以治也。立政之志，本期乎治，以是而治之，持券取偿而得其固然也，则犹诚也。持德而以之化民，则以化民故而饰德，其德伪矣。挟一言一行之循乎道，而取偿于民，顽者侮之，黠者亦饰伪以应之，上下相率以伪，君子之所甚贱，乱败之及，一发而不可收也。"[1]

清乾隆帝也认同王夫之的观点，他在乾隆二十二年（1757年）冬十月壬申谕内外问刑衙门官员时说："夫驭民之道，不贵刑治而贵以德化。吾君臣不能以德化民，是可愧也。"接着他话锋一转："然德所不能化，非刑其何以治之？若徒博宽厚之美名，因循姑息，致奸匪毫无惩儆，谳狱日益繁多，岂所论于刑期无刑之道哉？"最后他严令："将此通行传谕内外问刑衙门知之。"[2]

可见，只有德法互补、各展其长、共同治国，才能充分发挥德法作为治国之二柄的作用。

总括上述，德法互补、共治是中国古代国家治理的成功经验，也是历史发展规律的体现。由于历朝历代的历史条件不同，使德法互补的内涵得以不断的丰富，显示了德法互补既有阶段性，也有连续性和一贯性。德法互补、共治符合中国古代的国情，是先哲们充满理性的伟大创造，反映了中国古代具有鲜明特色的道德观与法律观，彰显了独树一帜的法文化的先进性和特殊性。凡是德法互补、共治实施成功的朝代，均为盛世。因此，从史鉴的角度来考察中国古代德法互补、共治方略的设计与实施及其历史经验，很有现实意义。当前的中国正在实行依法治国和以德治国相结合的治国大计，党的十九大报告再次强调要"坚持依法治国和以德治国相结合"。这里的"坚持"和"结合"四字是铿锵有力的，是不可动摇的。同时十九大报告还指出："文化自信是一个国家、一个民族发展中更基本、更深沉、更持久的力量。""要

---

〔1〕（清）王夫之：《读通鉴论》卷一九《隋文帝一〇》。

〔2〕《清实录·高宗实录》，乾隆二十二年十月壬申。

坚守中华文化立场，推动中华优秀传统文化创造性转化、创新性发展。”中华法文化是中华优秀传统文化的重要组成部分，是文化自信的智慧来源。本书试图将德法互补、互用，共同为治的法文化融入到新时代中国特色社会主义法治建设的实践中去，以充分发挥它的历史镜鉴价值。

第四章　严以治吏，考课与监察

习近平总书记在党的十九大报告中指出："深化国家监察体制改革，将试点工作在全国推开，组建国家、省、市、县监察委员会，同党的纪律检查机关合署办公，实现对所有行使公权力的公职人员监察全覆盖。制定国家监察法，依法赋予监察委员会职责权限和调查手段，用留置取代'两规'措施。改革审计管理体制，完善统计体制。构建党统一指挥、全面覆盖、权威高效的监督体系，把党内监督同国家机关监督、民主监督、司法监督、群众监督、舆论监督贯通起来，增强监督合力。"

习近平总书记在中国共产党第十九届中央纪律检查委员会第二次全体会议上的重要讲话中强调，"要深化标本兼治，夺取反腐败斗争压倒性胜利。标本兼治，既要夯实治本的基础，又要敢于用治标的利器。要坚持无禁区、全覆盖、零容忍，坚持重遏制、强高压、长震慑，坚持受贿行贿一起查，坚决减存量、重点遏增量。'老虎'要露头就打，'苍蝇'乱飞也要拍。要推动全面从严治党向基层延伸，严厉整治发生在群众身边的腐败问题。要把扫黑除恶同反腐败结合起来，既抓涉黑组织，也抓后面的'保护伞'。要加强反腐败综合执法国际协作，强化对腐败犯罪分子的震慑。要强化不敢腐的震慑，扎牢不能腐的笼子，增强不想腐的自觉。要通过改革和制度创新切断利益输送链条，加强对权力运行的制约和监督，形成有效管用的体制机制。"

他还在中国共产党第十九届中央纪律检查委员会第三次全体会议上的重

要讲话中强调："要深化标本兼治，夯实治本基础，一体推进不敢腐、不能腐、不想腐。强化主体责任，完善监督体系。要深化国家监察体制改革，高质量推进巡视巡察全覆盖，发挥派驻机构职能作用。"

在中国古代，为了发挥官吏的治国理政作用，很早便建立了治官、察官的制度，并且制定了考课法与监察法，成为一项悠久的政治与法律传统，其影响深远，远播海外，无论是治官察官的思想理念，还是相关制度构建，专门法律的制定，以及在实施中所积累的经验，都有鲜明的特色，成为中华法系的重要构成因素，对于建设中国特色社会主义的监察体制与监察法治具有重要的史鉴价值。本文仅就严治官的考课与监察制度略述已见。

一、严治官，宽养民

由于官吏是执掌兵刑钱谷各项国家事务的实体，因此，官吏的良否对于政策的贯彻实施、施政的得失、国家的安危都具有重要的影响，如同白居易所说，"邦之兴，由得人也；邦之亡，由失人也"[1]。历代开明的政治家和思想家都以严治官、宽养民为治道之要。

韩非认为，为官者，只有去私就公，才能使国治民安，他说："当今之时，能去私曲就公法者，民安而国治。"[2]

作为贞观之治缔造者的唐太宗，要求臣下进则尽忠，退则补过，他说："夫为人臣，当进思尽忠，退思补过，将顺其美，匡救其恶，所以共为治也。"[3]

元朝著名的监察官张养浩强调官吏不要满足于被动地只是经得起"察"，更为重要的是自律，他说："士而律身，固不可以不严也，然有官守者，则当严于士焉；有言责者，又当严于有官守者焉。盖执法之臣，将以纠奸绳恶，以肃中外，以正纪纲，自律不严，何以服众？夫所谓严如处子之居室，一行

〔1〕（唐）白居易：《策林·辨兴亡之由》。
〔2〕《韩非子·有度》。
〔3〕《贞观政要》卷一《君道》。

一止，一语一默，必遵礼法，厥德乃全。跬步有违，则人人得而訾之。”[1]

起自布衣的明太祖朱元璋深知吏之为害是元末农民起义的重要诱因，他曾对大臣说：“昔在民间，时见州县官吏多不恤民，往往贪财好色，饮酒废事，凡民疾善视之漠然，心实怒之，故今严法禁，但遇官吏贪污蠹害吾民者，罪之不恕。”[2]洪武二十六年（1393年），颁布《纠劾官邪规定》，作为重要的察吏之法：“凡文武大臣，果系奸邪小人，搆党为非，擅作威福，紊乱朝政，致令圣泽不宣，灾异迭见，但有见闻，不避权贵，具奏弹劾；凡百官有司，才不胜任，猥琐阘茸，善政无闻，肆贪坏法者，随即纠劾；凡在外有司，扰害善良，贪赃坏法，致令田野荒芜，民人受害，体访得实，具奏提问；凡学术不正之徒，上书陈言变乱成宪，希求进用，或才德无可称述而挺身自拔者，随即纠劾，以戒奔竞。”[3]朱元璋不仅严惩贪官污吏，而且下诏允许百姓将贪酷的官吏直接扭送京师治罪。他说：“十二布政司及府、州、县，朕尝禁止官吏、皂隶，不许下乡扰民，其禁已有年矣。有等贪婪之徒，往往不畏死罪，违旨下乡，动扰于民。今后敢有如此，许民间高年有德耆民，率精壮拿赴京来。”[4]

与严治官相对应的是宽养民，明太祖便以安民为治国之要。洪武十七年（1384年），他派遣监察御史巡按州县时，便在明谕中严申：“朕命汝等出巡，事有当言者，须以实论列，勿事虚文。凡治以安民为本，民安则国安，汝等当据法守正，慎勿沽誉要名。朕身居九重，所赖以宣德意通下情者，惟在尔等。其各慎之。”[5]

明末清初著名思想家王夫之站在不当政的士大夫的立场，深恶明末官僚的腐朽与贵族们的昏庸恣肆，力图用批判的武器遏制贵族和官僚们的非法行径，以缓和尖锐的阶级矛盾，挽救社会的危机。他首先强调“法先自治以治

---

〔1〕《风宪忠告·自律》，载《三事忠告》，商务印书馆1936年版，第35页。

〔2〕《明太祖实录》卷三九。

〔3〕《明会典》卷二〇九《都察院·纠劾官邪》。

〔4〕《御制大诰续编·民拿下乡官吏第十八》。

〔5〕《明会要》卷三四《职官六·巡按》。

人，先治近以及远"[1]，并且举唐代宗时的宰相杨绾为例，说：绾"清慎自恃""立法于身"，使得权倾当朝不可一世的汾阳王郭子仪"且为之悚惕，孰敢不服哉"。王夫之谴责专制制度下只"罪下而不纠上"，只"严下吏之贪，而不问上官"，由此必然造成"法益峻，贪愈甚，政益乱，民益死，国乃以亡"[2]的结局。相反，"严之于上官"，对特权者绳之以法，自然会使"贪息于守令，下逮于簿尉胥吏，皆喙息而不敢逞，……吏安职业，民无怨尤，而天下已平矣"。[3]"法贵责上""法贵责亲"，是中国古代有作为的政治家和思想家一贯倡导的。只有踞于高位的当权者奉公守法，才可以令众，才可以使民。为了严治官，首要的是制定治官之法，做到以法治之。王夫之强调"秉法以纠百职"，他特别指出"王者之法，刑尤详于贵"[4]；其次，王夫之主张对待官吏要"以法相裁，以义相制，以廉相帅，自天子始而天下咸受裁焉。君子正而小人安，有王者起，莫能易此矣"。[5]最后，王夫之以严治官、宽养民为为政之道，使二者相向而行。他说："严者，治吏之经也；宽者，养民之纬也；并行不悖，而非以时为进退者也。今欲矫衰世之宽，益之以猛，琐琐之姻亚，佌佌蔌蔌之富人，且日假威以蹙其贫弱，然而不激为盗贼也不能。犹且追咎之曰：未尝束民以猛也。憔悴之余，摧折无几矣。故严以治吏，宽以养民，无择于时而并行焉，庶得之矣。"[6]

清朝建立以后，顺治皇帝面对统治的广大疆域，多次在诏谕中将治吏与安民视为巩固国家的根本。顺治八年（1651年）二月丁丑，在谕都察院时强调："朝廷治国安民，首在严惩贪官；欲严惩贪官，必在审实论罪。"[7]康熙皇帝即位以后，进一步论述了治吏与安民的相互关系与重要意义。他说："从

---

〔1〕《读通鉴论》卷二三《代宗》。

〔2〕《读通鉴论》卷二八《五代上》。

〔3〕《读通鉴论》卷二八《五代上》。

〔4〕《春秋家说》卷下《哀公》。

〔5〕《读通鉴论》卷二九《五代中》。

〔6〕《读通鉴论》卷八〇《顺帝》。

〔7〕《清世祖实录》卷五四。

来民生不遂，由于吏治不清。长吏贤，则百姓自安矣”[1]，“民之苦乐，皆系于官之贤否，官贤则民安，否则民之困苦无所底止。”[2]“吏苟廉矣，则奉法以利民，不枉法以侵民；……民安而吏称其职也，吏称其职而天下治矣。”[3]针对“地方官滥征私派，苦累小民，屡经严饬，而积习未改”的弊端，他下令对“贪酷官、诬良为盗官、不恤百姓官、失职官”等，均按轻重予以惩处。[4]他一再表述：“致治安民之道，首在惩戒贪蠹，严禁科派，而后积弊可清，闾阎不扰。”他对于考课地方官的大计非常重视，曾告诫各省官员说：“国家三载考绩，原以崇奖廉善，摈斥贪残，必吏治澄清，民生安乐。今当大计，已严饬所司，重惩贪酷。……凡朝觐之期，每因仍陋习，借端科派，大小相循，私通交际，是察吏本以安民，而反扰民，甚非朕激扬清浊至意。”[5]

清朝是中国古代的末代王朝，康熙又是在位最久、被称为圣祖的有为皇帝，他深知“民惟邦本，本固邦宁”的治国之道，因而总是将严治吏与重安民联系在一起，说明他对此深有所虑，时刻戒惧于心。

二、重考课之法，奖惩分明

考课是中国古代对官吏才能、职守和治绩的一种考核制度。根据考核的结果分为优劣等次，或奖或惩，所谓“有官必有课，有课必有奖惩”。考课不仅惩贪，而且罢黜“才力不及”“疲软无为”的冗员，考课还将惩贪与奖廉联系在一起，给官场带来了一些正气，有助于官僚队伍整体素质的提高。

早在《尚书·舜典》中便有“三载考绩，三考黜陟幽明”的记载，按照孔颖达疏“黜陟幽明，即退其幽者，升进其明者”，以使职官“纳于百揆”，而不致废弃“事业”。另据《周礼》，周时已有定期的大计、大比之法：“三

[1]《清圣祖实录》卷四一。
[2]《清圣祖实录》卷一九一。
[3]《御制文集》卷二八。
[4]《清史稿·圣祖本纪》。
[5]《圣祖仁皇帝圣训》卷四四。

岁，则大计群吏之治而诛赏之”〔1〕，“听出入以要会，以听官府之六计，弊群吏之治”〔2〕，“岁终，则考其属官之治成而诛赏……及大比六乡四郊之吏”〔3〕。尽管《尚书》《周礼》中的记载杂有后世人的附会，在世卿制度下考课官吏并没有太多的实际意义，但它却说明了考课之法由来已久。

至战国，官僚制度取代世卿制度，为了使国王任免的官吏尽职尽责，保证新兴的国家机器正常运转，以“上计”作为考课官吏的措施逐渐制度化。战国时期的上计制度还处于草创阶段，地方官将一年的赋税收入写在木券上，剖而为二，国君执右券，臣下执左券，年终时由国君亲自考核。考核的结果，优者升，劣者免，有的当场被收印夺官，甚至收捕入狱。随着经济的发展，考课的内容也日渐丰富，包括户口统计、垦田与赋税数目、库藏数字、刑狱治安状况、灾变危害，等等。由于考课注重垦田与赋税，以及刑狱治安情况，可见它是关系到加强中央集权的一项国策。《商君书·禁使篇》说：“十二月而计书以定事，以一岁别计，而主以一听。”〔4〕荀子也说：“相者，论列百官之长，要百事之听，以饰朝廷臣下百吏之分，度其功劳，论其庆赏，岁终奉其成功以效于君。当则可，不当则废。”〔5〕

秦时奉行“明主治吏不治民”的法家思想，强调对官吏的考绩与奖惩。《睡虎地秦墓竹简·为吏之道》载：“五善”（一曰忠信敬上，二曰清廉毋谤，三曰举事审当，四曰喜为善行，五曰恭敬多让）毕至，“必有大赏”。“五失”（一曰夸以泄，二曰贵以泰，三曰擅裚割，四曰犯上弗知害，五曰贱士而贵货贝）犯一，则予重罚。〔6〕特别是其要求官吏奉法守法，如断案不当或有意失轻失重，分别为“失刑”罪、“纵囚”罪和“不直”罪，各“致以律”。秦始皇三十四年（公元前213年），曾“适治狱吏不直者，筑长城及南越地”。〔7〕

〔1〕《周礼·天官冢宰·大宰》。
〔2〕《周礼·天官冢宰·小宰》。
〔3〕《周礼·地官司徒·小司徒》。
〔4〕《商君书· 禁使》。
〔5〕《荀子· 王霸篇》。
〔6〕 睡虎地秦墓竹简整理小组编：《睡虎地秦墓竹简》，文物出版社1990年版，第168～169页。
〔7〕《史记·秦始皇本纪》。

此外，《睡虎地秦墓竹简·秦律十八种·仓律》所载："县上食者籍及它费太仓，与计偕"[1]，"入禾稼，刍稾，辄为廥籍，上内史"[2]，是秦朝考课官吏的"上计"方式。

总之，地方郡、县官员于每年岁终，按照上计制度的要求，将本管区域内户口、垦田、赋税收入、刑狱、灾变，以及徭役赋税征派，编好上计簿，按时呈报有关部门。朝廷则根据上计来考核地方官吏，优者升赏，平庸者或免或调任，有违朝廷法度者以罪罪之。地方官吏由于难以应付始皇时期沉重的赋税征派，常常弄虚作假，"以避其课""或冒其赏"。

两汉官僚制度的发展，推动了考课的制度化、法律化。两汉对官吏的考绩，仍以上计为主，并颁行了单行法规《上计律》。出土于湖北江陵张家山二四七号汉墓的《史律》，就是专门考察官吏的法律。所谓"上计"，就是官吏将一年的政绩，包括户口统计、垦田与赋税数目、库藏数字、刑狱治安状况、灾变危害等等，如实写入统计的簿册，即所谓的"计书"上。然后上报相府和国君。按照汉制，郡国属县，"秋冬集课，上计于所属郡国"[3]。郡国长官年终向丞相府、御史府报告工作，所谓"考绩功课，简在两府"[4]。上计的范围和程序是："秋冬岁尽，各计县户口垦田、钱谷入出，盗贼多少，上其集（计）簿。丞尉以下，岁诣郡，课校其功，功多尤为最者，于廷尉劳勉之，以劝其后；负多尤为殿者，于后曹别责，以纠怠慢也。"[5]

汉代考课，一般是每年一小考，称为"常课"；三年一大考，称为"大课"。为了防止偏私，考核均采用会议形式，公开举行评议。主考者提出种种问题，受考核者需据政绩如实回答。然后，逐级汇总，由县而郡，由郡而朝廷两府（东汉则为尚书台三公曹），最后是丞相（东汉是尚书令或录尚书事）总其成上奏天子。汉代将官吏考核当作国家大事对待，因此，天子接受上计，

---

[1] 睡虎地秦墓竹简整理小组编：《睡虎地秦墓竹简》，文物出版社1990年版，第28页。

[2] 睡虎地秦墓竹简整理小组编：《睡虎地秦墓竹简》，文物出版社1990年版，第27页。

[3] 《后汉书·百官志五》。

[4] 《汉书·薛宣传》。

[5] 《后汉书·百官志五》，胡广注。

往往在举行国家大典时进行，或于每年的正月初一群臣朝贺时举行，或于封泰山、祀明堂时“受计”。秦时张苍为柱下御史，“明习天下图书计籍，又善用算历，故令苍以列侯居相府，领主郡国上计者”。[1]丞相于岁末考课百官之后，于次年新春百官朝贺之时，向天子报告考课情况，同时奉上天下郡国计簿。如汉武帝太初元年（公元前104年）春，“受计于甘泉”。[2]

汉代考核官吏后，赏有增秩（增加俸禄）、迁官（升官）、赐爵（以二十等爵位，分别功之大小以赏之），罚有降俸、贬职、免官。违法犯罪者依法治罪。韩延寿为东莱太守，令行禁止，狱讼大减，考课为天下最优，升任左冯翊。“赵广汉为阳翟令，以治行优异，升京辅都尉，守京兆君。”[3]黄霸为颍川太守，“户口岁增，治为天下第一，征守京兆尹，秩二千石”[4]，但京官难当，以不称职，仍令回颍川太守。由于黄霸勤于公务，郡中大治，不久升任御史大夫，直至丞相。[5]总的看来，汉代考核官吏能够坚持标准，反对“累日以取贵，积久以致官”[6]的论资排辈。有功则升，无功则退；退而后有功者还可起用，不以一事定终身。所以汉代官场新陈代谢，颇有生气。

晋时杜预奉命制作考课法，于泰始四年（268年）六月，以颁诏的形式宣布：“郡国守相三载一巡行属县，必以春，此古者所以述职宣风展义也。见长吏，观风俗，协礼律，考度量，存问耆老，亲见百年。录囚徒，理冤枉，详察政刑得失，知百姓所患苦。无有远近，便若朕亲临之。敦喻五教，劝务农功，勉励学者，思勤正典，无为百家庸末，致远必泥。士庶有好学笃道，孝弟忠信，清白异行者，举而进之。有不孝敬于父母，不长悌于族党，悖礼弃常，不率法令者，纠而罪之。田畴辟，生业修，礼教设，禁令行，则长吏之能也。人穷匮，农事荒，奸盗起，刑狱烦，下陵上替，礼义不兴，斯长吏

[1]《汉书·张苍传》。
[2]《汉书·武帝纪》。
[3]《汉书·赵广汉传》。
[4]《汉书·黄霸传》。
[5]《汉书·黄霸传》。
[6]《汉书·董仲舒传》。

之否也。若长吏在官公廉，虑不及私，正色直节，不饰名誉者，及身行贪秽，谄黩求容，公节不立，而私门日富者，并谨察之。扬清激浊，举善弹违，此朕所以垂拱总纲，责成于良二千石也。于戏戒哉。”[1]

泰始五年（269 年）再次颁诏：“古者岁书群吏之能否，三年而诛赏之。诸令史前后，但简遣疏劣，而无有劝进，非黜陟之谓也。其条勤能有称尤异者，岁以为常。吾将议其功劳。”[2]

南朝刘宋三年一考。南齐改为一年一考。南梁武帝，于天监十五年（516 年）曾诏申考绩纲要：“守宰若清洁可称，或侵渔为蠹，分别奏上，将行黜陟。长吏劝课，躬履堤防，勿有不修，致妨农事。关市之赋，或有未允，外时参量，优减旧格。”[3]并且提出“小县有能，迁为大县；大县有能，迁为二千石”，[4]以示课能信赏。南陈虽设定“最”“殿”考课之目，但多流于形式。

两晋和南朝是门阀统治时代，士家大族轮流执政，同时由于战争频仍，政局动荡，使得考课之法难以贯彻，只是备文而已。

与南朝相比，北魏充满改革进取精神，建立了一套严格考核官吏的制度。魏孝文帝太和十八年（494 年）制定的《三等黜陟法》颇具代表性，该法有云：“三载考绩，自古通经。三考黜陟，以彰能否。今若待三考然后黜陟，可黜者不足为迟，可进者大成赊缓。是以朕今三载一考，考即黜陟。欲令愚滞无妨于贤者，才能不壅于下位。各令当曹考其优劣，为三等。六品以下，尚书重问；五品以上，朕将亲与公卿论其善恶。上上者迁之，下下者黜之，中中者守其本任。”[5]为保证考课的实施，魏孝文帝确实亲临朝堂，考课五品以上官员和尚书省诸官员。自尚书令、仆射以下，因失职、乖礼行为轻重，分别处以黜官、夺禄、解任等罚，仅黜退就达“二十余人”。[6]太和十九年

〔1〕《晋书·武帝纪》。
〔2〕《晋书·武帝纪》。
〔3〕《梁书·武帝纪中》。
〔4〕《梁书·良吏传》。
〔5〕《魏书·高祖孝文帝纪》。
〔6〕《通典·选举三·考绩》。

（495 年）再次颁诏令："诸州牧精品属官，考其得失，为三等之科以闻，将亲览而升降焉。"[1]由于"廷尉者，天下之平，民命之所悬也"，[2]因此，孝文帝考课司法官尤为严格，只有"心平性正、抑强哀弱、不避贵势、直情折狱者可为上等"；同时，他还亲考廷尉五官司直，"迟回三复"以示慎重。[3]

唐朝是封建经济大发展、典章法制趋于成熟与定型的时代，职官考课也进一步制度化、法律化。按唐制，由吏部考功司主管官吏考课事宜。《唐六典》规定："考功郎中之职，掌内外文武官吏之考课。"[4]但吏部考核只限于四品以下官吏，三品以上由皇帝亲自考核。

唐代考课每年一小考，四年一大考。各部门的主管长官根据国家规定的"四善""二十七最"的标准，对所属的流内官进行年终考核。

"四善"者，是国家对各级官吏提出的四条共同要求。一曰德义有闻，二曰清慎明著，三曰公平可称，四曰恪勤非懈。

"二十七最"，则是根据各部门职掌之不同，分别提出的二十七条具体标准："一曰献可替否，拾遗补阙，为近侍之最；二曰铨衡人物，擢尽才良，为选司之最；三曰扬清激浊，褒贬必当，为考校之最；四曰礼制仪式，动合经典，为礼官之最；五曰音律克谐，不失节奏，为乐官之最；六曰决断不滞，与夺合理，为判事之最；七曰部统有力，警守无失，为宿卫之最；八曰兵士调集，戎装充备，为督领之最；九曰推鞫得情，处断平允，为法官之最；十曰雠校精审，明近刊定，为校正之最；十一曰承旨敷奏，吐纳明敏，为宣纳之最；十二曰训导有方，生徒克业，为学官之最；十三曰赏罚严明，攻战必胜，为将帅之罪；十四曰礼义兴行，肃清所部，为政教之最；十五曰详录典正，词理兼举，为文史之最；十六曰访察精审，弹举必当，为纠正之最；十七曰明于勘复，稽失无隐，为勾检之最；十八曰职事修理，供承强济，为监

[1]《魏书·高祖孝文帝纪》。

[2]《魏书·高祖孝文帝纪》。

[3]《魏书·广陵王羽传》。

[4]《唐六典》卷二《吏部·考功郎中》。

掌之最；十九曰功课皆充，丁匠无怨，为役使之最；二十曰耕耨以时，收获成课，为屯官之最；二十一曰谨于盖藏，明于出纳，为仓库之最；二十二曰推步盈虚，究理精密，为历官之最；二十三曰占候医卜，效验多者，为方术之最；二十四曰检察有方，行旅无壅，为关津之最；二十五曰市廛弗扰，奸滥不行，为市司之最；二十六曰牧养肥硕，蕃息孳多，为牧官之最；二十七曰边境清肃，城隍修理，为镇防之最。"〔1〕

经过考核，定出上、中、下三等九级。"一最已上有四善为上上；一最已上有三善或无最而有四善为上中；一最已上有二善或无最而有三善为上下；一最已上有一善或无最而有二善为中上；一最已上或无最而有一善为中中；职事粗理，善最弗闻为中下；爱憎任情，处断乖理为下上；背公向私，职务废阙为下中；居官谄诈，贪浊有状者为下下。若于善最之外，别可嘉尚；及罪虽成殿，而情状可矜；虽不成殿，而情状可责者，省校之日皆听考官临时量定。"〔2〕

对于流外官，则按四等第考课："清谨勤公，勘当明审为上；居官不怠，执事无私为中；不勤其职，数有愆犯为下；背公向私，贪浊有状为下下。"〔3〕

唐朝考课之日，极其隆重，皇帝为最高主考官，特派位高望重的宰相二人充任内外官考使，御史大夫或其他高级官员为监考使。考课之后，继之以奖惩。宋人苏洵说："有官必有课，有课必有赏罚。有官而无课，是无官也；有课而无赏罚，是无课也。"〔4〕唐朝考课严格，罕有位列上等者。例如，玄宗对中书令张说的考词颇佳："动惟直道，累闻献替之诚；言则不谀，自得谋猷之体。政令必俟其增损，图书又藉其刊削，才望兼著，理合褒升。考中上。"〔5〕如此赞誉也只是中上而已。唐朝考课，前期过严；"安史之乱"以后，则失之于过宽。

宋朝是中央集权强化的时代，为发挥官吏的职能，十分重视依法课吏。宋初，沿袭唐制内外官任满一年，为一考，三考为一任。特别是对司法之官，

---

〔1〕《唐六典》卷二《吏部·考功郎中》。

〔2〕《唐六典》卷二《吏部·考功郎中》。

〔3〕《唐六典》卷二《吏部·考功郎中》。

〔4〕（宋）苏洵：《嘉佑集》卷九《上皇帝书》，四部丛刊本。

〔5〕《旧唐书·张说传》。

严行考课，“每至年终，当议考校，无劳者退黜，有功者甄酬”。[1]

太宗时定州县官考课法：“郡县有治行尤异、吏民畏服、居官廉恪、莅事明敏、斗讼衰息、仓廪盈羡、寇贼剪灭、部内清肃者，本道转运司各以名闻，当驿置赴阙，亲问其状加旌赏焉。其贪冒无状、淹延斗讼、逾越宪度、盗贼竞起、部内不治者，亦条其状以闻，当行贬斥。”[2]凡“‘政绩尤异’为上，‘职务粗治’为中，‘临事弛慢所莅无状’者为下，岁终以闻”。[3]

真宗时，又定“州县三课”法，“公勤廉干惠及民者为上，干事而无廉誉、清白而无治声者为次，畏懦贪猥为下”。[4]

神宗熙宁元年（1068年）颁行《守令四善四最》考课法。“四善”仍为唐时的“德义清谨、公平勤恪”；“四最”是“断狱平允、赋入不扰、均役屏盗、劝课农桑、赈恤饥穷、导修水利、户籍增衍、整治簿书”。[5]《庆元条法事类》对“四最”又做了进一步的规定，“民籍增益，进丁入老，批注收落，不失其实”为“生齿之最”；“狱讼无冤、催科不扰”为“治事之最”；“农桑垦殖，水利兴修”为“劝课之最”；“屏除奸盗，人获安居，赈恤困穷，不致流移”为“养葬之最”。[6]

为了加强中央集权，力图使地方权力相互制衡，按宋制，于州上设“路”，为地方最高一级政权。路设经略安抚使、转运使、提点刑狱使、提举常平使分别执掌军政、财政、司法等事，号为“监司”，互不统属，相互监督，各自对皇帝负责。监司负责考课州县，如课绩不佳者处徒刑。监司之间也实行互监法。

宋朝从太祖时起，便优待职官，一入仕途，不问治绩劳逸，只要无大过

---

〔1〕司义祖点校：《宋大诏令集》卷一六〇《政事十三·官制一》，“置三司推官诏”，乾德四年正月丙戌，中华书局1962年版，第605页。

〔2〕《宋史·选举志六》。

〔3〕《宋史·选举志六》。

〔4〕《宋史·选举志六》。

〔5〕《宋史·选举志六》。

〔6〕戴建国点校：《庆元条法事类》卷五《职制门（二）》，“考课”条引《考课格》，载杨一凡、田涛主编：《中国珍稀法律典籍续编》（第一册），黑龙江人民出版社2002年版，第70页。

错，照例文官三年一升，武官五年一迁，所谓“知县两任，例升通判；通判两任，例升知州”，“贤愚同等，清浊一致”。[1]因此，官吏居官期间，不求有功，但求无过。官场暮气沉沉，虽有考官之法，大都流于形式。

明初，朱元璋鉴于元末官吏贪婪掠夺，激起民变，因此重视吏治。洪武十一年（1378年），命吏部课朝覲官，“称职而无过者为上……有过而称职者为中……有过而不称职者为下”。[2]洪武十八年（1385年），吏部奏称天下布、按、府、州、县朝覲官四千一百一十七人，其中称职者十之一，平常者十之七，不称职者十之一，贪污阘弱者十之一。称职者升官，平常者复职，不称职者降调，贪污者付有司治罪，阘茸者免为民。

明代考课分“考满”与“考察”。前者三年一考，九年三考，分为称职、平常、不称职三等，以定黜陟。后者按八法（贪、酷、浮躁、不及、老、病、罢、不谨）考察内外官吏。京官六年一考为“京察”，外官三年一考为“外察”。京官四品以上官自陈政之得失，以候上裁。五品以下分别优劣，或降调，或致仕，或闲住为民，具册奏请。

考核由吏部负责，吏部尚书“掌天下官吏选授、封勋、考课之政令，以甄别人才，赞天子治”。[3]州县外官由布政司考核，每三年具册报吏部，以定去留，谓之“大计”。地方布政司四品以上，按察司、盐运司五品以上，任满黜陟，均由皇帝裁决，因大计而受处分的官员，永不叙用。

明朝由吏部尚书、都察院都御史主持考绩，结论不当者，可以辩白；任情毁誉失实者，连坐。史称“明兴考课之制，远法唐虞，近酌列代，最为有法”。[4]

万历四年（1576年），张居正整顿吏治，严格考核制度，加强人事管理。他说：“考核官吏，乃天下向背所系。”坚持凡内外官必须三年、六年考满，

---

〔1〕（宋）范仲淹撰：《范文正公集》卷八《天圣五年上执政书》，四部丛刊本。
〔2〕《明史·选举志三》。
〔3〕《明史·职官志一》。
〔4〕（清）孙承泽著，王剑英点校：《春明梦余录》卷三四《吏部·考课》，北京古籍出版社1992年版，第556页。

“称职”者升，“平常”者复职，“不称职”者免。结合考满制度，他又定“考察法”，一为定期考察，二为随事考察，三为访察告诫。他指示吏部，“凡因循守旧，虚报矫饰之官，虽淳誉素隆，亦列下考免官”。但随着明后期专制政治的腐败，考课不仅名存实亡，甚至“以朝廷甄别之典，为人臣交市之资”[1]。

清朝考课官吏分为“京察”与“大计”。“京察”是对京官的考绩，每三年举行一次，于子、卯、午、酉年进行。三品以上京官和地方总督、巡抚自陈政事得失，由皇帝敕裁。三品以下京官由吏部和都察院负责考核。京察分三等，一等为称职，二等为勤职，三等为供职，根据等级实行奖惩。“大计”是对外官的考绩，也是三年一次，于寅、巳、申、亥年进行。大计的范围除督抚外，包括藩、臬、道、府及州县官。大计的程序是先期藩、臬、道、府，递察其贤否，申之督抚，督抚核其事状，注考造册，送吏部复核。大计分“卓异”与“供职”二等，按等予以奖惩。

康雍乾时期考课比较认真。康熙朝自二十二年至六十一年（1657～1722年），共举行大计十四次，举卓异官五百八十名，纠参、罢斥、降调官员五千一百三十七名。[2]世宗时尤为注意吏治，他常说：“敷政之道，用人为先”[3]，“治天下惟以用人为本，其余皆枝叶事耳”[4]。为此强调“有治人无治法”。至乾隆朝六十年间，大计京察共进行三十三次，举卓异官员八百七十六人。由于这一时期官员老龄化比较突出，在有案可查的京察大计中，仅年老官员即达一千七百九十人之众。[5]乾隆帝对此颇为关注，明确指出，不能让“年力就衰之人，听其滥竽贻误”。[6]

然而，即便在康雍乾盛世也存在考核不实，无罪被诬者甚多的现象。[7]雍正皇帝也曾忧心忡忡地说：“进退人才，不得其实；听断狱讼，不得其平……

〔1〕《明史·邱橓传》。

〔2〕郭松义：《中国政治制度通史》（第10卷），人民出版社1996年版，第575页。

〔3〕《上谕内阁》卷一，康熙六十一年十一月二十九日。

〔4〕《东华录》（雍正朝）卷九。

〔5〕郭松义：《中国政治制度通史》（第10卷），人民出版社1996年版，第576页。

〔6〕《清高宗实录》卷一一五九。

〔7〕《皇朝文献通考》卷五九《选举考十三·考课》。

民生何由安，吏治何由肃乎?”[1]清中叶以后，考绩制度虽然继续实行，但无论京察还是大计均逐渐流于形式。

综括上述，中国古代对官吏的考课是职官管理的重要内容，而且不断趋向于制度化、法律化、常态化，对于黜贪奖廉，维持官僚队伍的素质起到一定的作用。同时针对居其位而不尽职尽责、疲软无为、才力不济的官吏予以相应的处置，这对震肃官吏尽职尽责也起到积极作用。百姓往往寄希望于大计官吏之年，他们所痛恨的贪官污吏能够受到惩治。定期考课的制度与考察法律的不断细化，在今天仍有借鉴意义。

三、监察是遏制官吏腐败的制度保障

中国古代的监察制度是产生于中华民族文化土壤上的一项制度，体现了中华民族的智慧和创造力。它经历了悠久的历史发展过程，形成了完整的制度和严密的法律。它的任务就是维持国家的纲纪，也就是维持专制主义中央集权的体制；监察机关在国家机关体系中，处于权力制衡机制的位置，以使国家机器得以正常运行；监察机关又是以弹劾“官邪”作为重要的职掌，以确保官僚队伍的素质。监察所涉及的范围极为广泛，凡属立法、人事、行政、经济、军事、司法、文教、礼仪、祭祀等均为监察之列，而且通过地方监察区的划分，随时派出按察使进行专项监察，形成遍布全国的监察网络。

正是由于监察机关对于政权的稳定起着一定的作用，因此历代统治者均极为重视，直到晚清官制改革时，都察院仍存而不废，甚至孙中山建立中华民国时也吸取历史经验，以监察院作为五院制的国家构成之一。

（一）监察机关与监察法的雏形——战国、秦汉

春秋战国时期，铁质生产工具的应用极大地提高了生产力，进而促进生产关系的变化，从鲁宣公十五年（前594年）开始实行“初税亩”，到商鞅变

[1]《清世宗实录》卷四九。

法“废井田、开阡陌、民得买卖”，土地的私有制逐渐取代了土地国有制，生产关系的变革又推动了整个政治上层建筑的重大改革。

其一，周天子共主的地位发生了动摇，各诸侯国君相继建立了独立的专制政体，礼乐征伐不再自天子出，而自诸侯出，甚至自大夫出。周初的礼乐之治让位给讲求富国强兵之学的以法为治。

其二，官僚制度取代了贵族的世卿制度，国王可以自由任免官吏，并以俸禄取代卿大夫的采邑制度，还通过上计之法考核官吏的功过，以定升赏罢黜。

其三，在国家机构中，设置专门的察官之官——御史，用以纠弹官邪、督励官吏尽职尽责，成为战国时期官制改革的新趋向。《史记·滑稽列传》记载，齐威王置酒于后宫，召淳于髡并赐之酒，“问曰：‘先生能饮几何而醉?’对曰：‘臣饮一斗亦醉，一石亦醉。’威王曰：‘先生饮一斗而醉，恶能饮一石哉！其说可得闻乎?’髡曰：‘赐酒大王之前，执法在傍，御史在后，髡恐惧俯伏而饮，不过一斗径醉矣。’”可见御史的纠察职责对于百官的震慑作用。战国时期还根据地方郡县的划分，在郡设监御史作为地方监察官。《睡虎地秦墓竹简·语书》所载：“举劾不从令者，致以律”，“独多犯令而令、丞弗得者，以令、丞闻”,[1]便是郡御史的工作对象与职权范围。

春秋战国时期，也是各国相继颁布成文法的立法活跃时期，在其所颁布的成文法中，也含有监察法的内容。如，齐威王任用邹忌为相制定了《七法》以督奸吏。集列国立法之大成的魏国李悝所制定的《法经》中，还专门规定了官吏假借不廉以及丞相贪污——受金的制裁，“丞相受金，左右伏诛。犀首以下受金则诛。金自镒以下罚，不诛也”[2]。1975 年《云梦秦简》的出土为秦监察法的发展状况提供了物证。根据秦简，秦国已有行政监察、司法监察、经济监察的初步划分。在行政监察方面，《睡虎地秦墓竹简·法律答问》载:

---

〔1〕 睡虎地秦墓竹简整理小组编：《睡虎地秦墓竹简》，文物出版社 1990 年版，第 13 页。

〔2〕 此为明末董说在《七国考》中引汉代桓谭《新论》中关于《法经》的记载，见（明）董说：《七国考》卷一二《魏刑法》。

“啬夫不以官为事，以奸为事，论可（何）殴（也）？当遷（迁）。遷（迁）者妻当包不当？不当包。”[1]“为（伪）听命书，法（废）弗行，耐为侯（候）；不辟（避）席立，赀二甲，法（废）”；“当除弟子籍不得，置任不审，皆耐为侯（候）。使其弟子赢律，及治（笞）之，赀一甲，决革，二甲。”[2]

在司法监察方面，《睡虎地秦墓竹简·尉杂》规定：“岁雠辟律于御史”，史书中也有“始皇三十四年，适治狱吏不直者，筑长城及南越地”[3]的记载，反映了秦司法监察的施行状况。此外，《睡虎地秦墓竹简·效律》所提到的“计用律不审而赢、不备，以效赢、不备之律赀之，而勿令赏（偿）”，当属秦国经济监察之法。

可见，《云梦秦简》所记载的察吏之法已成为秦律的重要部分，显示了秦以法治国、以法治吏的政策倾向。说明在成文法涌动的历史潮流中，监察法也取得了一定的发展。

公元前221年，秦并六国，统一的中央集权的专制主义政治制度建立，之后沿着螺旋上升的轨迹不断地强化，经过两千多年的漫长岁月，直到1911年辛亥革命推翻了清朝政权才宣告终结。专制制度之所以能长期存在并不断强化，除经济原因外，还有赖于两个强大的支柱：一是统一的官僚机构，二是统一的军队。没有这两个支柱，专制主义的体制难以建立，更不能长久维持。

官僚机构不仅是我国古代政治制度的支柱，也是国家机器的组成部分和推动国家机器正常运转的物质力量。官僚机构活动的有序和效能，有赖于它的构成因子——官的素质，历代通过官员执掌兵刑钱谷事务，完成治国理政、执法御民的重要任务。因此治官是维持和改进国家统治效能的重要环节，为治官而察官的重要性便由此而产生。

秦统一以后，中央监察机关为御史府，以御史大夫为长官，御史大夫下

---

〔1〕睡虎地秦墓竹简整理小组编：《睡虎地秦墓竹简》，文物出版社1990年版，第107页。

〔2〕睡虎地秦墓竹简整理小组编：《睡虎地秦墓竹简》，文物出版社1990年版，第80页。

〔3〕《史记·秦始皇本纪》。

设御史中丞、侍御史、郡御史，据《汉书・百官公卿表》："御史大夫，秦官。位上卿，银印青绶，掌副丞相。"

秦虽统一天下，但六国的残余势力仍是不安定的因素，因此，监察制度建设的重点在郡。郡设郡御史监察地方。

汉朝建立以后，汉承秦制，仍以御史府为中央最高监察机关。《历代职官表》说："秦汉御史大夫，史称其掌副丞相，故汉时名为两府（颜师古注曰：丞相、御史府也）。凡丞相有阙，则御史府以次序迁，乃三公之任。"〔1〕因此实际执掌监察权的是御史中丞，虽秩千石，但"外领监御史以督郡县，内领侍御史以受公卿奏事，举劾按章"〔2〕。另据《汉仪注》载，御史中丞和所属诸御史在执行公务时，"皆冠法冠"。御史中丞职掌整肃朝纲，故又称为"御史中执法"。需要指出的是，汉朝监察权出现多元化的现象，丞相司直，秩千石，辅佐丞相，检举不法，是丞相系统的行政监察机构；武帝时，还建立了由皇帝直接掌握的监察京师与三辅（京兆、右扶风、左冯翊）、三河（河南、河内、河东）以及弘农等近都七郡官吏的特殊监察机构——司隶校尉。司隶校尉有权"察皇太子以下，行马内事皆主之"〔3〕，"纠皇太子、三公以下，及旁州郡国，无不统"〔4〕。每逢朝会，司隶校尉与尚书令、御史中丞各独据一席，称为"三独坐"，受到皇帝的特殊重视。司隶校尉还握有直接逮捕罪犯的权力，并有众多属官。但司隶校尉监察权力的行使也常常受到丞相的抵制，武帝以后其权力不断受到侵削。元帝初元四年（公元前45年）罢持节，西汉末改隶大司空，东汉时期仅为七郡的督察官。

汉朝建立多元的监察体制，一者使监察机构相互制衡，以便于皇帝掌握；再者使所有执掌检察权的机构既分体运行，又互相交叉，以加强监察效能，保持权力的平衡。以致三公九卿、皇室外戚、京师百官、地方长吏乃至监察

---

〔1〕（清）永瑢等：《历代职官表》卷一八。

〔2〕《通典》卷二四《职官六》。

〔3〕《通典》卷三二《职官十四》。

〔4〕《太平御览》卷二五〇《职官四十八》。

官本身，都被置于监察网络之中，受到来自一种或多种监察组织的监督，对于贯通政令，整饬吏治，廓清风气，产生了积极的作用。

汉初，皇帝一度废除郡御史，文帝时，为了加强中央集权，恢复了郡御史的设置。“七国之乱”以后，监察地方成为皇帝关注的焦点。武帝时，为了严格推行打击王侯国的强干弱枝的政策，将全国划分为十三部州作为监察区，各派刺史一人为固定的监察官。刺史“周行郡国，省察治状”，称之为“行部”。行部于每年八月秋收开始，岁末至京师向皇帝奏报。据《后汉书·百官志》载：“诸州常以八月巡行所部郡国，录囚徒，考殿最。初岁尽，诣京都奏事。”刺史的奏报是朝廷“黜陟臧否”的重要依据。元帝时，“荆州刺史奏信臣为百姓兴利，郡以殷富，赐黄金四十斤”。[1]可见，十三部监察御史的设置是汉代监察制度的重要发展。而《刺史六条》（又称《刺史六条问事》）是颁行天下的地方性监察法，部刺史据此行使监察权。据《汉官典职仪》所载：“刺史班宣，周行郡国，省察治状，黜陟能否，断治冤狱，以六条问事，非条所问，即不省。一条，强宗豪右，田宅逾制，以强凌弱，以众暴寡；二条，二千石不奉诏书、遵承典制，倍（背）公向私，旁诏守利，侵渔百姓，聚敛为奸；三条，二千石不恤疑狱，风厉杀人，怒则任刑，喜则淫赏，烦扰刻暴，剥截黎元，为百姓所疾，山崩石裂，袄祥讹言；四条，二千石选署不平，苟阿所爱，蔽贤宠顽；五条，二千石子弟恃怙荣势，请托所监；六条，二千石违公下比，阿附豪强，通行货赂，割损正令也。”[2]

《刺史六条》以两千石高官和地方强宗豪右为主要监察对象，严防郡守与地方豪强势力相互勾结，形成不利于中央集权的地方割据。这是特定的时代背景所加给它的烙印。明末顾炎武考证说：“汉时，部刺史之职，不过以六条察郡国而已，不当与守令事。……故朱博为冀州刺史，敕告吏民，欲言县丞尉者，刺史不察黄绶，各自诣郡。鲍宣为豫州牧，以听讼所察过诏条，被劾。而薛宣上疏，言吏多苛政，政教烦碎，大率咎在部刺史。或不循守条职，举

---

〔1〕《汉书·召信臣传》。

〔2〕《汉书·百官公卿表》，注引《汉官典职仪》。

错各以其意，多与郡县事。"〔1〕

西汉政权是以地主豪强为社会基础的，但是以皇帝为首的统治集团同地方豪强势力之间，在权力与利益的争夺上，也存在一定的矛盾，特别是当地方豪强的势力发展到郡县不能制，公然抗衡朝廷政令时，为了维护国家的整体利益便不得不进行必要的压制，以保证中央对地方的控制权。因此，统治阶级内部中央集权和地方分权的矛盾始终是存在的，有时还可能发展成为尖锐的冲突。虽然它不是社会的基本矛盾，但如何予以调整，关系到国家的前途，因而是历代封建统治者所关注的问题之一。

除《刺史六条》外，还有一条不成文的规定，就是刺史考察诸王侯国，如发现罪状，须及时上奏皇帝，以实现其作为皇帝设在地方上的耳目的职能，因此刺史的职权经不断发展，至西汉末，已经是"任重职大"，拥有"选第大吏，所荐位高至九卿，所恶立退"〔2〕的大权。但西汉时各部辖区（通称为州）还只是监察区，不是一级政权，部刺史也只是中央派出的监察官，而非郡守以上的地方官。郡守失职，刺史可以向朝廷上报，但无权直接处理。刺史如超越六条滥用职权，要受到丞相的弹劾。但至东汉末年，刺史实际上已经超越六条的规定，直接干预地方的行政事务。皇帝不仅承认既成的事实，有时还授权刺史代行郡守事，使其侵权行为由非法变为合法。这个转变的动因是日益尖锐的农民反抗，迫使皇帝赋予地方官以更大的应变能力。

（二）监察机关的艰难调整与监察法的发展——魏晋南北朝

东汉末期，连年征战，加之权贵篡权，使得国家的监察机构已无法正常运转。至魏晋、南朝时期，士族高门垄断了朝廷大权，出现了历史上少有的门阀政治，以致世家大族不屑于担任监察官，"甲族由来多不居宪台"〔3〕。同时也导致监察机关对于士族高门无法行使正常的监察职能，但魏晋、南朝时

〔1〕（明）顾炎武：《日知录·六条之外不察》。

〔2〕《汉书·朱博传》。

〔3〕《南齐书·王僧虔传》。

期的皇帝为了防范士族高官侵凌帝权，同时也出于稳定政权的需要，转而倚重监察官。在皇帝的支持下，也出现了一些名标史册的监察官，如东晋卞壶为御史中丞，“忠于事上，权贵屏迹”[1]。熊远为御史中丞时，尚书刁协把持朝政，熊远不畏权贵，上奏免刁协之官。[2]晋文帝即位时，大司马桓温“屯中堂，夜吹警角”，御史中丞敬王司马恬“奏劾温大不敬，请理罪”。桓温见到奏章后十分感慨：“此儿乃敢弹我，真可畏也。”[3]南齐御史中丞江淹弹劾“前益州刺史刘俊、梁州刺史阴智伯，并赃贷巨万”，使朝野“内外肃然”。齐明帝称之为“严明中丞”，“近世独步”。[4] 此外，御史中丞张绾“弹纠无所回避，豪右惮之”[5]；御史中丞孔休源“正色直绳，无所回避，百僚莫不惮之”[6]；御史中丞江革“弹奏豪权，一无所避”[7]。然而，监察官的弹劾也经常受到圣意的左右。例如，外戚羊琇犯法，“司隶校尉刘毅劾之，应至重刑。武帝以旧恩，直免官而已”。[8]在士族高官与监察官的矛盾博弈中，御史中丞更动频繁，难以久任。以南朝宋为例，“宋世载祀六十，历职斯任者五十有三，校其年月，不过盈岁”。[9]监察机关在艰难的环境中进行不断地调整。

曹魏时，曹操执政，鉴于“大业草创，众官未备，而军旅勤苦，民心不安”的严峻形势，曹操在军队中设置校事监督军事犯罪。后校事发展成为正式的监察官，执掌侦察，纠举不法。校事秩比二千石，只对曹操负责。因其“擅作威福”，遭到权贵忌恨，但曹操仍坚持设置校事，只是杀掉“擅作威福”的校事赵达而已。魏文帝时，校事被废除。常设的中央监察机关仍为御史府，以御史大夫为长官，由于御史大夫身为“三公”之列，因此实际执掌

〔1〕《晋书·卞壶传》。
〔2〕《晋书·熊远传》。
〔3〕《晋书·宗室传》。
〔4〕《梁书·江淹传》。
〔5〕《梁书·张缅传附张绾传》。
〔6〕《梁书·孔休源传》。
〔7〕《梁书·江革传》。
〔8〕《晋书·周处传》。
〔9〕《南齐书·刘休传》。

监察权的仍是御史中丞。御史中丞虽秩六百石，但却权重职要，每出行百官避道，莫不肃然。京畿地区仍设司隶校尉，掌举劾纠察，兼管京城附近犯罪案件的审理。地方仍设十三部州刺史，“巡行所部郡国，录囚徒，考殿最，每岁遣记吏诣京都奏事”。[1]至于孙吴、刘蜀，监察机关多依汉制。

两晋中央最高监察机构为御史台，又称“宪台”，台长为御史中丞，职掌“督司百僚，皇太子以下，其在行马[2]内有违法宪者，弹纠之。虽在行马外，而监司不纠，亦得奏之”，而且“外督部刺史，内领侍御史，受公卿奏事，举劾按章”。[3]

晋武帝时，要求郡国守相巡行地方，就便进行监察。他于泰始四年（268年）下诏：“郡国守相三载一巡行属县，必以春，此古者所以述职宣风展义也。见长吏，观风俗，协礼律，考度量，存问耆老，亲见百年。录囚徒，理冤枉，详察政刑得失，知百姓所患苦。无有远近，便若朕亲临之。敦喻五教，劝务农功，勉励学者，思勤正典，无为百家庸末，致远必泥。士庶有好学笃道，孝悌忠信，清白异行者，举而进之。有不孝敬于父母，不长悌于族党，悖礼弃常，不率法令者，纠而罪之。田畴辟，生业修，礼教设，禁令行，则长吏之能也。人穷匮，农事荒，奸盗起，刑狱烦，下陵上替，礼义不兴，斯长吏之否也。若长吏在官公廉，虑不及私，正色直节，不饰名誉者；及身行贪秽，谄黩求容，公节不立，而私门日富者，并谨察之。扬清激浊，举善弹违，此朕所以垂拱总纲，责成于良二千石也，于戏戒哉。”七月又“遣使者侯光循行天下”。[4]这种遣使巡行、就便监察的方式，对唐代有很大的影响。

南朝中央监察机关为御史台，大体沿袭晋制。值得提出的是，遣使巡查与典签制相结合，是南朝地方监察的特点之一。南朝遣使出巡，监察地方，逐渐成为定制。宋武帝永初元年（420年）六月颁诏：“遣大使分行四方，举

---

〔1〕（清）杨晨：《三国会要》卷一〇《职官下》。

〔2〕行马，指官署前阻拦人马通行的木栅栏。

〔3〕《晋令辑存》卷四。

〔4〕《晋书·武帝纪》。

善旌贤，问其疾苦。其有狱讼亏滥，政刑乖愆，伤化扰治，未允民听者，皆当具以事闻。"[1]文帝元嘉三年（426 年）五月颁诏："可遣大使巡行四方。其宰守称职之良，闺荜一介之善，详悉列奏，勿或有遗。若刑狱不恤，政治乖谬，伤民害教者，具以事闻。"[2]南梁武帝也在诏书中提出："可分遣内侍，周省四方，观政听谣，访贤举滞；其有田野不辟，狱讼无章，忘公徇私，侵渔是务者，悉随事以闻。"[3]

典签原本为处理文书的小吏，南朝宋齐时，皇帝经常派典签监视出任方镇的宗室诸王和各州刺史。宋孝武帝大明元年（457 年），典签制度形成。至南齐，典签之权极重，号为"签帅"，以致"诸州惟闻有签帅，不闻有刺史"。[4]可见，典签制是皇帝用以监视和控制地方政权的一种形式，至南梁时逐渐衰落。

北朝是以鲜卑少数族为主体建立的王朝。北朝初，中央监察机关仿魏晋旧制设御史台，又称"兰台"，以御史中丞为长官，但中间出现多次反复。至孝文帝时期，皇帝为了适应统治广大中原地区汉族的需要，大力推行汉化政策，同时也为了革除鲜卑贵族的专权恣肆的弊端和监视汉官，重新确立御史台为最高监察机关，以御史中尉为台长，正三品上，可以"督司百僚"，"其出入千步清道，与皇太子分路，王公百辟咸使逊避，其余百僚下马驰车止路旁，其违缓者以棒棒之"。[5]御史中尉下设治书侍御史，正六品上；侍御史，正八品下；殿中侍御史，从八品上；检校御史，正九品上。可见，"孝文改制"建立了较为完备的中央监察体制。

魏晋南北朝虽然是中国历史上持续数百年的割据对峙时期，但为了维持国家的必要统治，魏晋两代也重视立法活动，《魏律》十八篇和晋《泰始律》均在法制史上占有一定地位，曹魏时，贾逵还制定了监察法规。贾逵任豫州

---

〔1〕《南朝宋会要·民政》。

〔2〕《南朝宋会要·民政》。

〔3〕《南朝梁会要·遣大使》。

〔4〕《南史》卷四四《齐武帝诸子传·巴陵王子伦》。

〔5〕《通典·职官六》。

刺史，鉴于“长吏慢法，盗贼公行，州知而不纠”，提出仿汉《六条问事》，“考竟其二千石以下阿纵不如法者，皆举奏免之”。贾逵的建议得到文帝的允准，“布告天下，当以豫州为法”。[1]根据《九朝律考》转引《文选》“齐故安陆昭王碑文”，贾逵在汉六条的基础上，提出了新的《察吏六条》，即：“察民疾苦冤失职者；察墨绶长吏以上居官政状；察盗贼为民之害及大奸猾者；察犯田律四时禁者；察民有孝悌廉洁行修正茂才异等者；察吏不簿人钱谷放散者。所察不得过此。”曹魏《察吏六条》基于历史条件的变化，使得原汉六条的精神——强干弱枝，已不复见，其基点是对地方长吏进行行政治安监察、财经监察与人事监察。《察吏六条》不仅范围有所缩小，标准也较低，尤其是魏文帝的统治权威，远逊于汉武帝，而地方刺史、州牧日益严重的揽权恣肆更非六条之法所能约束。

西晋统一后，也着手制定监察法。泰始四年六月，诏颁《察长吏能否十条》和《察长吏八条》，前者是“田畴辟，生业修，礼教设，禁令行，则长吏之能也。人穷匮，农事荒，奸盗起，刑狱烦，下陵上替，礼义不兴，斯长吏之否也”；后者是“若长吏在官公廉，虑不及私，正色直节，不饰名誉者，及身行贪秽，谄黩求容，公节不立，而私门日富者，并谨察之”。同年十二月又诏颁《五条律》察郡：“一曰正身，二曰勤百姓，三曰抚孤寡，四曰敦本息末，五曰去人事。”[2]

上述监察立法虽以地方长吏为重点，但是魏晋以来士家大族把持政权，是中国历史上突出的门阀政治时代，士族们凭借政治特权骄奢淫逸，巧取豪夺，鱼肉乡里，无所不为，因此监察法难以认真推行。至于南朝，由于士族揽权，崇尚清谈，监察法制无所建树。相反，北朝在创建法制的过程中也进行了监察立法。

北朝少数民族入主中原以后，在政治上励精图治；在文化上追踪两汉，力戒南朝清谈玄学之风；在法制上以汉晋律为宗。就监察立法而言，西魏的

---

〔1〕《三国志·魏书·贾逵传》。

〔2〕《晋书·武帝纪》。

《六条诏书》和北周的《诏制九条》，颇具代表性。

西魏度支省尚书苏绰奉命制定《六条诏书》，一修身心，二敦教化，三尽地利，四擢贤良，五恤狱讼，六均赋役。对这六条，“太祖甚重之，常置诸座右，又令百司习诵之，其牧守令长，非通六条及计帐者，不得居官”。[1]苏绰所定六条既是考课官吏的标准，也是察吏的原则性规定，这两者的结合，反映了监察职能的扩大。

北周宣武帝即位以后，在遣大使巡察诸州时，颁发《诏制九条》，宣下州郡，作为察吏的根据。《诏制九条》：“一曰决狱科罪，皆准律文；二曰母族绝服外者，听婚；三曰以杖决罚，悉令依法；四曰郡县当境贼盗不擒获者，并仰录奏；五曰孝子顺孙义夫节妇，表其门闾，才堪任用者，即宜申荐；六曰或昔经驱使，名位未达，或沉沦蓬荜，文武可施，宜并采访，具以名奏；七曰伪齐七品以上，已敕收用，八品以下，爰及流外，若欲入仕，皆听预选，降二等授官；八曰州举高才博学者为秀才，郡举经明修律者为孝廉，上州、上郡岁一人，下州、下郡三岁一人；九曰年七十以上，依式授官，鳏寡困乏不能自存者，并加禀恤。”[2]《诏制九条》首察官吏决狱科罪是否准律，不仅反映了其强调依律断罪，追求公正司法的特点，更重要的是有助于克服拓跋族任意施刑的传统习惯。至于母族绝服外听婚，和旌荐孝子顺孙义夫节妇等规定，则是对于汉族礼制的尊重与袭取，这种文化上的适应性，对于北朝政权稳定具有重要的影响。

（三）一台三院制的确立与监察法的细化——唐、宋、元

唐朝是中国历史上少有的盛世，特别是典章制度趋于稳定和定型，史书称赞说“莫备于唐”。唐初，鉴于汉以来监察权的分散所造成的矛盾，在总结经验的基础上正式确立了一台三院的监察体制，并定期不定期的遣使出巡，不仅沟通了中央与地方的政令，也形成了遍布全国的监察网络，而玄宗时期

〔1〕《周书·苏绰传》。

〔2〕《周书·宣帝纪》。

制定的《监察六法》涵盖了所有职官，是监察法的重大发展。

“一台三院”的监察体制，是以御史台为中央最高监察机关，御史台以御史大夫为长官，位列正三品，是名副其实的台长，执掌弹劾百官，参与大狱，审察礼仪，尽规献纳，监督府库的出纳，是皇帝的“耳目之司”。御史大夫下设御史中丞二人为辅佐，“掌邦国刑宪典章之政令，以肃正朝列”〔1〕，“掌以刑法典章，纠正百官之罪恶”〔2〕。《文献通考·职官》（七）有以下记载：“自贞观初，以法理天下，尤重宪官，故御史复为雄要。”睿宗曾指出：“彰善瘅恶，激浊扬清，御史之职也。政之理乱，实由此焉。”〔3〕玄宗在《饬御史·刺史县令诏》中也说：“御史执宪，纲纪是司。”〔4〕

御史台以下分设台院、殿院、察院。台院，设治书侍御史六人，从六品下，执掌纠弹中央百官，参加大理寺审判和推鞫由皇帝制敕交付的案件，以及总判台内杂事。由于侍御史职权极重，在御史中品级最高，受到特殊重视，因此其任命或由皇帝直接指派，或由宰相、御史大夫商定由吏部选任。

殿院，设殿中侍御史四人，从七品下，执掌纠察朝仪，巡视京城内外，监督朝会、巡幸、郊祀活动的礼仪，以维护皇帝的尊严。

察院，设监察御史十五人，正八品下，其中三人分察六部，所谓“分察尚书六司，纠其过失”〔5〕，称为“部察”。余十二人，巡按州县，监察州县地方官吏。唐朝以“道”为监察区，因此对地方的监察，又称“道察”。道察或由察院临时派出监察御史，具有奉敕特使的性质，或者按法定期巡视。监察御史在御史台中品级虽低，但却可以不预先经过御史台长官，直接向皇帝奏弹。贞观八年（634年），太宗发布《遣使巡行天下诏》：“宜遣大使，分行四方，申谕朕心，延问疾苦，观风俗之得失，察政刑之苛弊。耆年旧齿，孝悌力田，义夫节妇之家，疾废茕嫠之室，须有旌赏赈赡，听以仓库物赐之。

〔1〕《唐六典》卷一三。
〔2〕《新唐书·百官志三》。
〔3〕《全唐文》卷一九。
〔4〕《全唐文》卷二九。
〔5〕《唐六典》卷一三。

若有鸿材异学，留滞末班，哲人奇士，隐沦屠钓，宜精加搜访，进以殊礼，务尽使乎之旨，俾若朕亲睹焉。”[1]神龙二年（706年）二月又颁敕，选官二十人，“分为十道巡察使，二周年一替，以廉按州部。俾其董正群吏，观抚兆人，议狱缓刑，扶危拯滞。皆能抗词直笔，不惮权豪，仁恕为怀，黜陟咸当，别加奖擢，优以名器。如脂韦苟全，蘧蒢戚施，高下在心，顾望依附者，将迁削屏弃，肃以宪章”。[2]开元八年（720年）八月玄宗遣御史大夫王晙等巡按诸道，“巡内有长吏贪扰，狱讼冤抑，暗懦尸禄，苛虐在官，即仰随事按举所犯状，并推鞫准格断覆讫闻奏。仍便覆囚”。[3]有时针对特别事项，朝廷也会派出御史专察，例如，开元四年（716年）七月遣使分道巡按时，以司法监察为重点。“其天下囚徒，虑有冤滞，宜令大理寺及本巡使，所在按理，流罪以下，非犯名教及官典取受，并听减一等收赎；即使非理均事可疑者并杖以下罪，并宜放免。”[4]太和年间还因天灾粮价昂贵，朝廷专令御史巡定诸道米价。

御史出巡，尤其是遣使巡察，其活动在皇帝的直接控制下，所谓“事无巨细得失，皆令访察，回日奏闻，所以明四目，达四聪也”，[5]这是出巡御史位卑权重的根源。御史的活动不仅在客观上造成了皇帝关心民瘼的印象，而且也确实起到了整肃吏治，纠正官邪，安定社会，巩固专制制度的作用。

唐初在艰难缔造法治秩序的过程中强调百官理政依律，违者纠弹，太宗在《纠劾违律行事诏》中严肃指出：“自今以后，官人行事，与律乖违者，仰所司纠劾，具以名闻。”[6]监察御史初按汉代“六条问事”进行纠弹。武则天时尚书侍郎韦方质奉旨修订监察州县的四十八法，所谓“以四十八条察州县”。[7]实行十年后，以其烦琐难以执行而中止。玄宗开元年间，制定《六察

〔1〕《全唐文》卷五。
〔2〕《唐大诏令集》卷一〇三《按察上》。
〔3〕《唐大诏令集》卷一〇四《按察下》。
〔4〕《全唐文》卷二五三。
〔5〕《旧唐书·颜真卿传》。
〔6〕《唐大诏令集》卷八二。
〔7〕《新唐书·百官志》。

法》，具体如下：“其一，察官人善恶；其二，察户口流散，籍账隐没，赋役不均；其三，察农桑不勤，仓库减耗；其四，察妖猾盗贼，不事生业，为私蠹害；其五，察德行孝悌，茂才异等，藏器晦迹，应时用者；其六，察黠吏豪宗兼并纵暴，贫弱冤苦不能自申者。”[1]

《六察法》虽以汉《刺史六条》为宗，但因汉唐历史背景不同而有所发展。开元二十二年（734年）二月十九日，玄宗在《置十道采访使敕》中明确指出了这一点：“且十道为率，六察分条。周汉已还，事有因革，帝王之制，义在随时。其天下诸道，宜依旧逐安便置使，令采访处置。若牧宰无政，不能纲理；吏人有犯，所在侵渔，及物土异宜，人情不便；差科赋税，量事取安。朕所责成，贵在简要，其余常务，不可横干。”[2]汉设十三部监察区，以强宗豪右、二千石及其子弟为监察重点，以推行强干弱枝的政策相称。唐将牧宰与吏人并察，并列为六察之首，反映了地方官僚系统的发展以及朝廷对地方官的倚重。由于汉魏晋以来的强宗豪右和士家大族经过隋末农民大起义的沉重打击，已经急遽没落，不再是中央集权的主要威胁，因此列于六察之末。

唐朝之所以成就封建盛世，归根结底是以均田制为基础的农业发展的结果，因此中央对地方官吏的经济监察，诸如户口、籍账、赋役、农桑、仓库等占有很大的比重。

此外，唐朝实行科举选官制度，取代了自汉以来的察举、征辟，因此地方官选署不平已不在监察之列，取而代之的是不使“应时行用”者埋没民间。

《六察法》不仅涉及官吏的治绩，也兼顾官吏的品德、学识、才能，综合展示了唐代文官的基本素质。

由于《六察法》的对象、要求、范围、处理方式均有具体规定，出巡御史因而有章可循。这同时也是对位卑权重的御史的一种约束，防止其滥用监察权。贞元十年（794年）四月敕中便严令出巡御史“宜令自今以后，据六

〔1〕《新唐书·百官志》。

〔2〕《唐大诏令集》卷一〇〇。

典合举之事，所司有隐蔽者，即具状奏闻。其余常务，不须更闻”。[1]出使御史如“非充按察覆囚，不得辄差判官”，更不许作威作福，以致“州县祗迎，相望道路，牧宰祗候，僮仆不若”。[2]

针对唐朝允许御史“风闻弹奏”，为防止弹奏不实所造成的不良后果，中宗时曾下诏：“每弹人，必先进内状，许乃可”，[3]以后成为定制。同时，也严防监察官结成朋党，贞元元年（785 年）三月，宰相召谏官、御史宣谕上旨：“自今上封弹劾，宜人自陈论，不得群署章奏，若涉朋党。”[4]大中元年（847 年）四月，御史台鉴于诣“台”告诉民事纠纷的增多，特别奏准，未经本司论理的案件，不得径赴御史台告诉，以确保御史台发挥“临制百官，纠绳不法”的主要职能，避免干扰政务。其文如下：“伏以御史台临制百司，纠绳不法，若事简则风宪自肃，事烦则纲纪转轻。至如婚田两竞，息利交关，凡所陈论，皆合先陈府县。如属诸军诸使，亦合于本司披论。近日多便诣台论诉，烦亵既甚，为弊颇深。自今以后，伏请应有论理公私债负，及婚田两竞，且令于本司、本州府论理，不得即诣台论诉。如有先进状及接宰相下状送到台司勘当审知，先未经本司论理者，亦且请送本司。如已经本司论理不平，即任经台司论诉。台司推勘冤屈不虚，其本司本州元推官典，并请追赴台推勘，量事情轻重科断。本推官若罪轻，即罚直书下考，稍重，即停任贬降。以此惩责，庶免旷官。”[5]

唐朝的监察官虽不过八品，不及县令，但上可以纠百司长官，下可以察地方大员。位卑便于皇帝控制，权重源于皇帝倚重，因此监察官职能的发挥，也同皇帝个人的品德密切相关。贞观年间，侍御史柳范奏弹吴王恪游猎，践踏田禾，太宗因对侍臣说：“权万纪事我儿，不能匡正，其罪合死。”[6]

---

〔1〕《唐会要》卷六〇。
〔2〕《唐会要》卷六二。
〔3〕（唐）刘餗：《隋唐嘉话》卷下。
〔4〕《唐会要》卷六一。
〔5〕《唐会要》卷六〇。
〔6〕《文献通考》卷五三《职官考》。

综上所述，唐朝扩大了监察机关组织，赋予御史以广泛的监察权；尤其充实了监察立法，使得监察机关的活动有章可循，以确保监察权的正确行使，发挥肃正纲纪与整饬吏治的作用。监察活动的法律化，是国家管理不断完善的一个重要标志。

宋袭唐制，设御史台为最高监察机构，执掌“纠察官邪，肃正纲纪，大事则廷辩，小事则奏弹”[1]，御史大夫为台长，从二品，但向无实任，而御史中丞，从三品，执掌台事。御史台下设台院、殿院、察院。侍御史与殿中侍御史有言事、议政之权。监察御史负责六察。所谓六察，吏部及审官院、三班院属“吏察”；户部三司及司农寺属“户察”；礼部与太常寺属“礼察”；兵部、武学属“兵察”；刑部、大理寺、审刑院属“刑察”；工部、少府、将作等属“工察”；而以监察御史为六察官。

神宗“元丰改制”时，侍御史入阁承诏治狱，不再是御史台的属官，台院实际上名存职废，出现了三院合并的趋势。

宋朝扩大了御史的弹劾权和行政监督权。按宋制，“自朝廷至州县，由宰相及于百官，不守典法皆合弹奏”[2]，神宗时御史唐坰便曾面弹宰相王安石。此外，御史台还负责点检、编修现任文武官的班簿；参与考课监司、郡守；外官任满到阙，京官除授转官或赴外任，都要经过“台参”“台谢”“台辞”的考核程序，“遇有老病昏懦之人……若委实不堪厘务者，并许弹奏”。[3]

由于御史权重，故由皇帝亲自掌握御史的任免权，废除了唐代宰相所握有的御史任用权和荐举权，凡经宰相荐举为官者以及宰相的亲戚故旧，均不得为御史，以保证御史对中枢的监督。不仅如此，凡未经两任县令者，不得为御史，以保证御史具有实际的施政经验，可更好地行使监察权。

宋朝仍然允许御史“风闻弹人”而不一定要有实据。弹奏不当也不加惩罚，而且明令御史每月必须奏事一次，称为“月课”，如上任后百日内无所纠

---

〔1〕《宋史·职官志》。
〔2〕（宋）赵汝愚：《宋名臣奏议》卷五七《刘挚等上哲宗会议经历付受官吏之罪以正纲纪》。
〔3〕《宋会要辑稿》仪制九之一六。

弹，则罢黜作外官，或罚“辱台钱”。“风闻弹人”的规定，反映了皇帝防范臣下的急切心理，以及对于“耳目之司”的倚重，由此也助长了御史弹劾权的滥用。

宋朝在地方建立了监司、通判监察体系。监司是由皇帝派到路一级负责地方军、政、财、刑的四个机构，彼此互不统属，共同监察路以下各级官吏，并直接对皇帝负责。监司之间实行互监法，以防止失监漏监。通判则是州的监察官，负责监察知州及所部官吏。仁宗曾明确指出：“州郡设通判，本与知州同判一郡之事，知州有不法者，得举奏之。”〔1〕监司通判监察系统的建立，形成了上下左右涵盖宽广的监察网络。

综上所述，宋朝监察机关及其职权的扩大，是中央集权的需要。御史所拥有的广泛监察权，是附着于皇权的，是随着皇帝的集权需要和信任程度而消长的。但为了约束御史监察权的滥用，宋朝又实行监察机关与其他机关以及监察机关之间的互察之法。譬如尚书省握有“奏御史失职”〔2〕之权，诸路监司之间，可彼此监督，互相纠举，如不互察，以失察罪论处。互察之法加强了监察机制，是宋代监察制度的重要发展。

此外，为了防止御史藉风闻言事挟嫌攻讦，仁宗皇祐元年（1049 年）降诏：“自今言事者，非朝廷得失，民间利病，毋得以风闻弹奏，违者坐之。”〔3〕

宋朝是一个中央集权和专制统治进一步加强的朝代，为避免五代动乱的重演，朝廷严密防范臣下结党，并使各级官僚之间互相监督，互相制约。宋朝以“事为之防，曲为之制”作为一项国策，非常重视发挥监察机构察吏的作用，特别是注意位高权重的宰相。太祖时，殿中侍御史雷德骧弹劾开国功臣宰相赵普“强市人第宅，聚敛财贿”〔4〕。大观年间，蔡京为相，御史中丞石公弼与殿中侍御史张克公“论其罪”〔5〕，蔡京罢相。绍兴二年（1132 年）

〔1〕（宋）孙逢吉：《职官分纪》卷四一《通判军州》。

〔2〕《宋史·职官志一》。

〔3〕《续资治通鉴长编》卷一六六，皇祐元年正月。

〔4〕（宋）朱熹：《宋名臣言行录·前集》卷一《赵普》，哈佛大学汉和图书馆藏。

〔5〕《宋史·石公弼传附张克公传》。

四月，殿中侍御史黄龟年弹劾右仆射秦桧“专主和议，沮止国家恢复远图，且植党日众，将专国日恣”。[1]

由于专制体制的强化，宋朝皇帝颁发的诏、敕、令、格等成为主要的监察法律形式，在一些诏敕中，明确宣布御史是皇帝的“耳目之司”。例如，崇宁五年（1106年）十月十六日《诫约监司体量公事怀奸御笔手诏》中说：“监司分按诸路，为耳目之任。”[2]政和元年（1111年）十二月二十一日《诫饬台官言事御笔手诏》中也说：“耳目之寄，台谏是司。古之明王，责以言事，罔匪正人，故能雍容无为，端拱于一堂之上，广览兼听，信赏必罚，以收众智，以驭辟吏，百官向方而万事理。”[3]与此同时，《训饬百司诏》中也再次申明：“御史耳目之官也，举台纲，肃官邪，惟汝之责，何惮而不为，汝其分行纠劾不法，必罚无赦。”[4]正是由于监察官是皇帝的“耳目之司”，因此如有“怀奸挟情，不实不尽”[5]，蒙蔽圣聪，贪赃枉法者，从重治罪。

除此之外，宋朝还通过国家立法的形式详定监司与按察官的职掌与违法处置办法。《庆元条法事类·职制令》有以下规定：

诸监司每岁分上下半年巡按州县，具平反冤讼，搜访利害，及荐举循吏，按劾奸赃以闻。

诸监司岁以所部州县量地里远近更互分定，岁终巡遍。提点刑狱仍二年一遍，并次年正月具已巡所至月日申尚书省。

诸监司巡历所至，应受酒食之类辄受折送钱者，许互察。

诸监司巡按，许接见宾客，唯不报谒。

诸监司巡历所至，止据公案簿书点检，非有违法及事节不圆，不得分令供析，无公事不得住过三日。

---

〔1〕《宋宰相辅编年录》卷一五，绍兴二年八月庚寅。
〔2〕《宋大诏令集》卷一九六《诫饬》（七）。
〔3〕《宋大诏令集》卷一九七《诫饬》（八）。
〔4〕《宋大诏令集》卷一九七《诫饬》（八）。
〔5〕《宋大诏令集》卷一九六《诫饬》（七）。

诸监司准指挥分诣本路州干办者，各依本年已分巡历处。

诸州县禁囚，监司每季亲虑，若有冤抑，先疏放讫，具事因以闻。

诸监司每岁被旨分诣所部点检、催促结绝见禁罪人者，各随置司州地里远近限五月下旬起发，至七月十五日以前巡遍，仍具所到去处月日申尚书省。

诸监司巡按，遇诸州州院、司理院，并县禁罪人及品官、命妇公事各徒以上者，虽非本司事，听审问。若情涉疑虑，或罪人声冤，或官司挟情出入而应移推者，牒所属监司行，若承报不行，或虽行而不当者，具事因奏。

诸监司每岁点检州县禁囚淹留不决或有冤滥者，具当职官职位、姓名按劾以闻。

诸生子孙而杀或弃之罪赏条约州县乡村粉壁晓示，每季举行，监司巡历常点检。

诸巡检、县尉遇在廨宇，每日躬亲教阅，仍具注于历，监司因按阅取历点检。

诸监司巡历所至，按阅弓手，每岁一阅，不至者，听差官。

诸守戍禁军因差出枉路私归营，若缘路托疾寄留避免征役并官司容纵及审验不实者，监司因巡历觉察按劾。

诸将副训练官应约束措置兵政军情不便，并职事违法或勘断不当，听州县长官觉察，申经略安抚、钤辖司，或提举将兵官，如应勘劾，仍权移别将。监司巡历所至点检。

诸将下军须什物，转运、提点刑狱司岁一点检。

诸州招填禁军，转运司巡历所至听点检，有违法者，牒提点刑狱司行。

诸发运、监司公文行下所部，非置司所在，实封递送，不得差人，其巡历所至，逐处令人承受。

诸察访所至，采访在任官能否奏，仍以知州、通判治状申尚书省，武臣申枢密院。

诸监司按察官，每岁终具发摘过赃吏姓名置籍，申尚书省。

诸监司分上下半年，具所部县令有无善政显著及谬懦不职之人申尚书省。

诸监司每岁分上下半年巡按州县，具平反冤讼、搜访利害及荐举循吏、按劾奸赃以闻。

诸监司知所部推行法令违慢，虽非本职，具事因牒所属监司施行。其命官老病不职而非隶本司者，准此，仍听具奏。即辞讼事属本司，听受理。已经本司理断，其余监司方许受理。

诸按察官知所部官有犯，若事理重者，躬亲廉察，余事听先委不干碍清强者体究，有无实迹，结罪保明申。所委官司于按章内明坐所差官体究到事因，并不得出榜召人首告。即犯赃私罪虽已离任，被告论或因事彰露者，听按治。

诸官司无按察官而有违法及不公事者，发运、监司按察奏，发运、监司互相觉察，其经略按抚、发运、监司属官，听逐司互行按举。

诸所部官有犯，监司郡守依法按治，不得倚阁俸给，仍许诸司互察。[1]

另据《庆元条法事类·职制敕》，也有以下规定：

诸监司巡历所部不遍者，杖一百，遍而不申，减二等。

诸监司巡按，巧作名目追呼巡、尉、弓兵将带出本界者，杖一百。

诸监司官巡按，般担人有人应差而和雇者，徒二年。

诸监司每岁巡历所部州县，若承指挥非泛干办，及因疾故未遍复出，辄再受到、发酒食供馈，并依例外受馈送法。

诸监司每岁诣所部点检、催促结绝见禁罪人，于令不应委官而辄委者，徒二年。

诸发运、监司巡历，随行吏人所在受例外供馈，以受所监临财物论。

诸监司巡按，随行公吏、兵级于所部受乞财物者，许人告。

诸州县公吏因监司巡历点检辄逃避者，杖一百，因追呼整会事节省，加

[1] 根据《名例敕》，“诸称监司者，为转运，提点、刑狱、提举常平司；称按察官者，谓诸司通判以上之官及知州通判各于本部职事相统摄者”。见《庆元条法事类》卷七《职制门》（四），“监司巡历”条、“监司知通按举”条。

一等，并勒停，永不收叙。

诸监司知所部推行法令违慢，非本职而已具事牒所属监司，若承报不即按举，或施行阔略，而元牒之司不举奏者，减所属监司应得之罪一等。即监司于职事违慢，逐司不互察者，准此。若犯赃私罪庇匿不举者，以其罪罪之。

诸所部违法，监司及知州、通判失按举并奏裁。

诸按察官体量所部官，各以实犯罪状具奏，诸司不许互相关白。其被旨体量虽先失按举，但事得实者，除其罪。[1]

在《庆元条法事类·断狱令》中，也有对诸监司行使司法监督权的具体规定：

诸监司有所按劾，限三十日具所按事状及应推治人录奏，仍申尚书刑部。诸官司按发官吏不究事实，或挟情奏劾，致降先次指挥，如勘得别无元劾罪犯，具因依奏闻。[2]

诸监司决罪人，于所在州县勾杖直。若巡历非州县者，听就近勾，差过即遣还。余官应论决而无杖直者，亦听差借。诸官司遇按察官巡历点检，不得移罪人于厢店锁系。[3]

宋朝的监察法中不仅严格规定了监察官的法定责任，还详列了违纪重罚之法。

凡应察而不察，或擅作威福，或贪赃枉法，分别处以罢黜、杖一百、徒二年、流二千里、永不收叙等惩罚。崇宁五年（1106 年）《诫约监司体量公事怀奸御笔手诏》中说：“监司分按诸路，为耳目之任，近降指挥，体量公事，而观望顾避，附下罔上，隐庇灭裂，变乱事实……使朝廷刑罚失误，其

---

〔1〕《庆元条法事类》卷七《职制门》（四），“监司巡历”条、“监司知通按举”条。
〔2〕《庆元条法事类》卷七《职制门》（四），“监司知通按举”条。
〔3〕《庆元条法事类》卷七《职制门》（四），“监司巡历”条。

罪莫大，除已究正，量行黜责外，自今敢有怀奸挟情，不实不尽者，流二千里，斥之远方，永不收叙，仍不以去官赦降原减。布告诸路，咸使闻知。”[1]

为了发挥监察官的作用，防范监察官弄权行私，宋朝特别制定了监司互监法，这是监察法规中最具有特色之处。具体如下：

诸官司无按察官而有违法，及不公事者，发运、监司按察奏，发运、监司互相觉察，其经略按抚、发运、监司属官，听逐互行按举。

诸所部官有犯，监司郡守依法按治，不得倚阁俸给，仍许诸司互察。

诸灾伤路分，安抚司体量措置，转运司检放展阁，常平司粜给借贷，提点刑狱司觉察妄滥，如或违戾，许互相按举，仍各具已行事件申尚书省。

诸监司知所部推行法令违慢，非本职而已具事牒所属监司，若承报不即按举，或施行阔略，而元牒之司不举奏者，减所属监司应得之罪一等。即监司于职事违慢，逐司不互察者，准此。若犯赃私罪庇匿不举者，以其罪罪之。[2]

综上可见，宋朝监察制度的发展，尤以监察法的内容较为全面，成为宋朝立法中的典中之典，并且其实施得到体制上的保障。

元蒙政权是以蒙古贵族为主体，联合汉族和其他民族上层组建的政权，元世祖为了监督广大的汉官群体，以及与蒙古贵族的习惯势力作斗争，非常重视监察机关的作用。他常说“中书朕左手，枢密朕右手，御史台是朕医两手的”。[3]按元制，中书省是最高行政机关，枢密院是最高军事机关，可见，御史台的职权上及于最高军政机构。世祖此言，被元朝统治者奉为“重台之旨”，“历世遵其道不变”。世祖以后，武宗至大二年（1309 年）九月诏曰：“风宪为纲纪之司，民生休戚，官政废举，关系匪轻。”[4]至大四年（1311

〔1〕《宋大诏令集》卷一九六《诫饬》（七）。
〔2〕《庆元条法事类》卷七《职制门》（四），“监司知通按举”条引《职制令》《职制敕》。
〔3〕（明）叶子奇：《草木子》卷之三下。
〔4〕《元典章·圣政·肃台纲》。

年）四月又下诏："风宪之官，职膺耳目，纠劾百司，凡政令之从违，生民之休戚，言责所关，实要且重。"[1]

元朝仍以御史台为中央最高监察机关，《元史·百官志》记载如下："御史台，秩从一品。大夫二员，从一品；中丞二员，正二品；侍御史二员，从二品；治书侍御史二员，正三品，掌纠察百官善恶、政治得失。"[2]御史台下设殿中司，殿中侍御史二员，正四品。凡大朝会，百官班序，其失仪失列，则纠罚之；在京百官到任假告事故，出三日不报者，则纠举之；大臣入内奏事，则随以入，凡不可与闻之人，则纠避之。察院，秩正七品，监察御史三十二员，司耳目之寄，任刺举之事。

元朝为了监抚地方反元势力，还在江南、陕西设行御史台，为中央御史台派驻地方的最高监察机关，其长官正二品，有权弹劾地方最高行政长官。除此之外，至元六年（1269 年）正月，世祖"立四道提刑按察司"，是为元朝设置地方监察机关之始。至元二十八年（1291 年），改按察司为肃政廉访司，以示宪司监察对于肃政的积极作用。每道（监察区，共二十二道）设廉访使二员，正三品。

为了使监察机构的活动有法可循，元朝制定了一系列监察法规。世祖至元五年（1268 年），在侍御史高鸣主持下，"定台纲三十六条"，亦即《宪台格例》。至元六年（1269 年），制定《察司体察等例》，以明各道宪司的职责。至元十四年（1277 年）又定《行台体察等例》，以明行御史台的职责。此后，至元二十一年（1284 年）制定《禁治察司等例》，至元二十五年（1289 年）制定《察司合察事理》，至元二十九年（1292 年）制定《廉访司合行条例》。经过世祖一代的努力，监察法规的基本原则和体系基本确定。

仁宗时期，先后制定、颁行了《宪台通纪》《南台备要》《宪台格例》《行台条画》等单行监察法。而在《元典章》和《至元新格》中也都含有监察法的内容。尤其是《元典章》所载的监察法规，已明确区分中央与地方的

---

〔1〕《元典章·圣政·肃台纲》。

〔2〕《元史·百官志二》。

监察。

此外，元朝还把传统刑法典的类推原则运用于监察立法。《行台条画》最后一条规定“其余该载不尽应合纠弹，整理比附已降条画，斟酌彼中事宜，就便施行”，借以防止失监、漏监。这条规定赋予监察御史法定的和法律外的监察权。

虽然元朝的监察法律规范颇为细密，但由于元朝并不是奉法为治的朝代，而是以军事和民族特权维系统治，因此立法与执法之间严重脱节。尤其在皇帝昏庸、奸相使权的情况下，许多监察立法成为具文，丧失了监察制度作为封建官僚政治自我调节器的作用，加速了元朝的灭亡。

（四）都察院一院制与监察法的法典化——明、清

明清是中国古代最后两个王朝，都以专制主义制度的极端发展为特征，因而传统的监察体制发生了重大变化。

明朝建立以后，朱元璋鉴于元朝覆灭于“宽纵”二字，确立了以重典治国的方略，十分重视监察机关的作用。他曾经面谕众御史说：“国家立三大府，中书总政事，都督掌军旅，御史掌纠察。朝廷纪纲尽系于此，而台察之任尤清要。卿等当正己以率下，忠勤以事上，毋委靡循以纵奸，毋假公济私以害物。”[1]

在废相制以后，为了统一监察权，洪武十五年（1382 年）十月丙子废除了御史台的三院制，改设都察院一院制。都察院设左、右都御史，正二品，“都御史，职专纠劾百司，辩明冤枉，提督各道，为天子耳目风纪之司。凡大臣奸邪、小人搆党、作威福乱政者，劾。凡百官猥茸贪冒坏官纪者，劾。凡学术不正、上书陈言变乱成宪、希进用者，劾。遇朝觐、考察，同吏部司贤否陟黜。大狱重囚会鞫于外朝，偕刑部、大理谳平之。其奉敕内地，拊循外地，各专其敕行事”。[2]左、右都御史下设左、右副都御史，正三品，左、右

〔1〕《明史·职官志二》。

〔2〕《明史·职官志二》。

佥都御史，正四品。由唐朝构建的一台三院的中央监察体制，延至宋元，台院虽名存实亡，但殿院、察院依旧执掌固定的职权，历数百年之久。至明朝始废一台三院制，改行都察院一院制，这是和专制主义的强化密切关联的。

由于废除相制，六部成为直属于皇帝的最高执政机关，为防止部权过重，明朝创设了以六部长官为监察对象的六科给事中制度。给事中原为谏官组织，随着谏官体制的废弛，给事中为六科执掌，以监督六部官员为主要职责，直接对皇帝负责，已成为独立的监察机构。

自唐以来，御史出巡制度逐渐盛行，至明朝，御史巡按地方进而制度化。

巡按御史出巡之前须明确出巡任务并经严格考核然后“点差”派遣。《明史·职官二》记载如下：“巡按则代天子巡狩，所按藩服大臣、府州县官，诸考察、举劾尤专。大事奏裁，小事立断，按临所至，必先审录罪囚，吊刷案卷，有故出入者理辩之。诸祭祀坛场，省其墙宇祭器，存恤孤老、巡视仓库、查算钱粮、勉励学校、表扬善类、翦除豪蠹，以正风俗，振纲纪。”

明朝对巡按御史的选派称为“点差”，即点派差遣。一般先由都察院从御史中拟定候选人二人，由都御史在朝会时引至皇帝前，最后由皇帝点差其中一员。充任点差一般要遵循以下原则：一是唯以才力相应，不拘历任先后；二是根据地理位置而决定人选，做到人地相宜；三是根据路程远近和事务繁简分为大、中、小三等。初任御史必先经小差，经考核合格后，再经过中差，然后派遣为大差。严格的程序，只是为了保证巡按御史能够有效地发挥监察效用。

巡按御史职权广泛，涉及地方的经济、行政、司法、文化、教育等诸多方面，但以行政监察与司法监察为重点。此外，还兼有了解民风，考察志行卓异的孝子、节妇等，经核实后，或移交有关部门，或上奏皇帝，请求予以表彰。

御史巡按地方一般以明察或暗察的方式进行。明察是公开到官府吊刷卷宗、审录罪囚，接受百姓诉讼，有时还将视察的内容通知州县，称为刷牒，州县据此预作准备。

暗察是一种不张声势地深入民间微服私访的方式，《宪体》规定“凡考察官吏廉贪贤否，必于民间广询密访，务循公议，以协众情”。巡按御史实行便服暗察，所获的官吏施政信息具有较强的客观性。因此，御使大多采取暗察的巡查方式。

御史完成巡按各地的任务，返回都察院，称为“回道”。回道御史必须按照考察所列项目，列举巡历地方的办事经过，其已完、未结及具体处理过程等，一一开奏明白，并造册上报。造册以嘉靖十三年制定的《巡按御史满日造报册式》二十八条和《按察司官造报册式》十一条作为都察院考察回道御史所依据的准则和标准。

巡按御史任满时须造册呈报任内所办之事，呈报的项目有二十八项之多。然后由都察院派人勘实，称职者得以仍旧任御史，不称职者改调。嘉靖六年（1527年），明世宗就曾指示都察院“今后巡按御史满日，务要严加访察，果无赃私过犯，推诿避事等项实迹，取具该道结勘明白，方许回道管事。若有不职事迹，不许朦胧具奏。照例奏请罢黜。”[1]明代巡按御史因违法而被惩处者甚多，如宣德时“巡按湖广御史赵伦，需索官民罗绮，收买人口，又与乐妇奸通，命谪戍辽东”。[2]

巡按御史制度改变了坐镇受理吏民检举的被动的监察方式，在一定程度上减少了虚监、失监的官僚主义现象，大大提高了监察的效果。《大明会典》中还规定了巡按御史的回避制度：御史巡历地方，如系原籍或曾历仕寓居处所，必须回避；在办理公务中，如涉及有仇嫌之人，必须移文陈说回避；此外，任两京堂上官的弟男子侄不得任监察官。

有明一代，正是从“风宪之设，在肃纪纲，清吏治”出发，开展了大规模的监察立法活动，并取得了新的成就。在《诸司职掌》与《大明会典》中都设有专章规定都察院及六科的职责、权限及活动原则等，而更有价值的是单行的监察法规。

洪武四年（1371年）正月，“御史台进拟《宪纲》四十条，上览之亲加

〔1〕《明会要·职官六》。

〔2〕（明）沈德符：《万历野获编》卷一九《台省之玷》。

删定，诏刊行颁给”，这是明朝最早的，也是最为重要的监察法规。洪武二十六年前后，又制定了《诸司职掌》及《责任条例》等包含监察内容的重要法规，作为《宪纲》的补充。《宪纲》经惠文帝、成祖、仁宗、宣宗历朝增补，至英宗正统四年（1439 年）已修订成颇具规模的监察法规，史书说：“及正统中所定《宪纲》条例甚备，各以类分列。”此后，历朝均奉为圭臬。

嘉靖六年（1522 年）九月，“张璁以署都察院，复请考察诸御史，黜蓝田等十二人，寻奏行《宪纲》七条”。[1]同年十月，胡世宁为左都御史，又奏上《宪纲》十余条，这些都是对《宪纲》的补充。此外，还制定了《满日造报册式》等约束监察官行为的法规。

综上可见，明代监察立法是汉唐宋元以来监察立法的传承与发展，一定程度上起到了纠正官邪的重要作用，而且为清代监察立法提供了重要的历史渊源。但随着明朝专制制度的极端发展，造成宦官专权，使得监察立法逐渐成为具文。

清袭明制，中央最高监察机关仍为都察院，六科给事中由明朝开始执行监察任务，至清朝科道在执掌上合二为一，共同承担监察任务，隶属于都察院。另外，清朝的监察法也在明朝的基础上进一步法典化。

据《清史稿·职官志二·都察院》载：“左都御史掌察核官常，参维纲纪。率科道官矢言职，率京畿道纠失检奸，并豫参朝廷大议。凡重辟，会刑部、大理寺定谳。祭祀、朝会、经筵、临雍，执法纠不如仪者，左副都御史佐之。”由于清朝是以满洲贵族为主体的政权，因此左都御史满汉各一人，从一品，地位、品秩与六部尚书相当。

除都察院外，六科也是清朝中央重要的监察机关。顺治十八年（1661 年），六科每科设满、汉都给事中各一人，满、汉左右给事中各一人。“掌言职，传达纶音，勘鞫官府公事，以注销文卷，有封驳即闻”。“其祭祀、监礼、侍班纠仪。”[2]康熙五年（1666 年），将原都给事中改名为掌印给事中，满、

〔1〕《明会要·职官五》。

〔2〕《清史稿·职官二》。

汉各一人，给事中满、汉各一人。

六科具体分工如下：吏科，稽核人事，注销吏部、顺天府文卷；户科，稽核财赋，注销户部文卷；礼科，稽核典礼事务，注销礼部、宗人府、理藩院、太常寺、光禄寺、鸿胪寺、国子监、钦天监等衙门文卷；兵科，稽核军政，注销兵部、銮舆卫、太仆寺等衙门文卷；刑科，稽核刑名案件，注销刑部文卷；工科，稽核工程，注销工部文卷。

地方仍设十五道，乾隆十四年（1749 年），又明定各道职掌及十五道御史员额：十五道各设掌印监察御史满、汉各一人；监察御史各道所设人数不尽相同，京畿、河南、浙江、山西、陕西、湖广、江西、福建八道，满、汉各二人；四川、广东、广西、云南、贵州五道只设掌印监察御史，不设监察御史。十五道掌印监察御史与监察御史总计五十六人，满、汉各二十八人（满御史内包括宗室二人、蒙古御史二人）。自此定制，沿至光绪三十二年（1906 年）增加辽沈、甘肃、新疆三道，又将江南道分为江苏、安徽二道；湖广道分为湖广、湖南二道，共计二十道。

各道监察御史，除“掌弹举官邪，敷陈治道，各核本省刑名”外，还分工协管各部、寺、院、监的行政监察工作，所谓“掌纠察内外百司之官邪，在内刷卷、巡视京营、监文武乡会试、稽察部院诸司；在外巡盐、巡漕、巡仓等，及提督学政，各以其事专纠察；朝会纠仪，祭祀监礼，有大事集阙廷预议焉”。[1]

每逢祭祀，十五道监察御史和六科官员还共同“监礼、付班纠仪”。

以上可见，清朝六科给事中与各道监察御史的权责范围远远超过宋、元、明三朝，正如雍正元年（1723 年）上谕所说：“科道诸臣，原为朝廷耳目，与朕最亲，与国家最切。”

清朝除沿袭明代监察制度外，还创立了五城察院的体制。

顺治三年（1646 年），京师划分东、西、南、北、中五城，各为一监察

---

〔1〕《清朝文献通考》卷八二。

区，各设察院，负责稽察京师地方奸邪及维持京城治安，所谓“厘剔奸弊，整顿风俗”。五城察院是清朝新创设的监察机关，因其职任重要，故由都察院直接统辖。五城察院以巡城御史为长官，满、汉各一人，由科道中派遣，一年一更换。

五城察院下辖五城兵马司，每城兵马司设指挥、副指挥、吏目各一人，俱由汉人充任。“分辖京师五城十坊之境”，掌缉捕盗贼，平治狱讼。顺治十三年（1656年）覆准：“京城内斗殴、钱债等细事，如原告、被告皆旗人，则送部审理；如与民人互告，听五城审结。”康熙十一年（1674年）题准：“五城词讼御史竟行审结，徒罪以上送刑部。”〔1〕康熙十五年（1676年）题准：“京师乃五方杂处之地，御史巡城正在访询民隐、究察奸宄之际，未几而差满更换。嗣后满、汉御史巡城，应一年一换。”〔2〕雍正元年（1723年）覆准：“巡城御史所准词讼，除人命盗案送部外，其余俱自行审理，不得批发司坊官。”〔3〕

根据皇帝的上谕，五城御史负责批饬兵马司各官，究缉命盗案犯，并详报五城御史审断，杖罪以下自行完结，杖罪以上，转报刑部、都察院按拟。其余民间户婚、田土、钱债等寻常词讼，均报五城御史衙门听断完结。

可见五城察院又是京城基层的监察机关。

除此之外，设于明朝中后期职掌一省监察的总督巡抚，至清朝已是管辖一省或数省的封疆大吏，总揽军事行政司法之权。同时，总督兼都察院右都御史衔，巡抚兼都察院右副都御史衔，兼有监察地方之权。

督抚以下设承宣布政使司，又称“藩司”，主管一省民政、财政；设提刑按察使司，又称“臬司”，作为一省最高的司法监察机关，“职掌振扬风纪，澄清吏治”，三年大计时任考察官。分属于布政使司和按察使司的守道与巡道，也有监察地方府、州、县的职能。嘉庆四年（1799年），以道员职司巡

〔1〕《钦定台规》卷二一《五城三》。

〔2〕《钦定台规》卷一九《五城一》。

〔3〕《钦定台规》卷二一《五城三》。

察与在京科道相同，且皇帝特谕准其照布按二司之例密折奏事，由此形成了督抚的监察系统。

明朝盛行的巡按御史的监察方式，清朝沿用如故，只是增加了专差御史。

御史出巡是朝廷监察地方的传统方式，也是监察官履行作为皇帝耳目之司职能的重要机会。顺治初年，仿明巡按御史之制，每省派御史一人巡视省下地方，纠劾贪官污吏，查拿豪蠹盗贼，权力甚大，差限以一年为满。御史离京出巡之前，必须陛见，接受皇帝面谕。早在顺治八年（1651 年）三月，《都察院条议巡方事宜》中便规定出巡地区的名额与御史的禁约，如：

一、按臣之差额宜定。督学则直隶一差，江宁、苏松、应分为二差。巡按，则顺天、真定、应并为一差。江宁苏松、淮扬、并为二差。浙江、江西、湖北、湖南、福建、河南、山东、陕西、四川、广东、广西，各为一差。又有巡漕一差，宣大一差，甘肃一差，茶马一差，巡视盐政，则两淮、两浙、长芦、河东，为四差。京通巡仓一差，巡视五城为小差，照资序酌用。

一、出差之限期宜严。御史奉差，一经命下，应照主考分考例回避，不见客、不收书、不用投充书吏员役、不赴宴会饯送。领敕后三日内，即出都门。

一、在差之员役宜禁。入境之日，止许自带经承文卷书吏，所至府州县，取书吏八名、快手八名，事毕发回随地转换。不得留按差书吏承差名色，不得设中军总用等官以及主文代笔，暨府州县运司等官，铺设迎送，概应严禁。

一、在差之事迹宜覈。命下之日，每一差立为一册自出都以及入境，一应条陈、举劾、勘报等事，按日登记，以凭考覈。

一、差满之期宜定。督学奉差，或三年或二年半，俟岁考科考一周造册报满。巡漕盐政一年交代。其余大差、中差，以一年六个月为期，皆照例三月前报满。至于声望应褒、溺职当撤者，不拘年月，差回之日，公同考核三日内，议定优劣，具疏奏请，分别劝惩。从之。[1]

---

[1] 《清世祖实录》卷五五。

至顺治十八年（1661 年），兵部尚书管左都御史事阿思哈等奉旨制定《严议巡方事宜十款》，为有清一代御史出巡奠定了法律基础。至乾隆元年(1736 年)，俱停各省巡察御史。

清朝由朝廷派出稽察某项专门事务，或巡察特殊地域事务的监察官员称为专差，由都察院官从六科给事中、十五道御史中简派，定期更换。与六科相比，十五道监察御史承担着更多的稽察、巡察任务。凡属皇帝交派的监察事务，从十五道御史中简派居多。专差科道每差人数虽少，但名目繁多，如巡盐御史，掌稽察盐课、盐运情况；巡漕御史，掌催趱漕运；巡仓（查仓）御史，掌稽察仓场诸务；查旗御史，掌综核八旗旗务；查监御史，稽察刑部南北二监。此外，清朝还曾设巡江御史、巡视屯田御史、巡视茶马御史等。

上述稽察特殊事务的专差御史，历朝随着形势的变化时存时废，只有御史查监之制沿至清末未废。专差御史中还有的是为巡察特殊地理区域而设，如巡台（湾）御史、巡察盛京五部御史等。

专差御史系奉帝命之制使，秩卑权重，如所在官吏不得非礼有犯。犯之者“则辱朝命”，加重惩处。《大清律例・刑律》规定，骂詈常人，笞一十，所在官吏骂詈奉命之御史则杖一百。寻常斗殴，轻伤者，笞四十；重伤者，各视情节，分别杖、徒、流。如所在官吏殴奉命之科道，但殴即杖一百，徒三年，伤者杖一百，流三千里；折伤者，绞。至于所在官吏谋杀奉命之御史，已伤者（首犯）即绞，已杀者，皆斩，较寻常谋杀处刑尤重。

与此同时，专差御史受命出巡，必须严格遵守都察院规定的禁约：一经受命，即须及时赴任，不得迟误。各专差御史“不许额外多带家人，到任之后，亦不许诸人妄行出入衙署……凡有过往亲朋官长，往来交际，概行停止”，严禁铺设迎送。

专差科道所巡稽之处，按路途远近“计程往返”，若逾限不回，量行参罚。回京后须即时奏报巡察情况，若迟误不报，照《大清律例》“出使不复命”条处罚。如专差御史于所按治去处犯赃私款项，则照《大清律例》“风宪官吏犯赃”条，加普通官吏二等治罪。

为防止御史在行使监察职权时徇情回护、通同舞弊，详定回避制度。除因同籍、同旗、亲属、属员关系须回避外，还有“复差回避”。即专差御史不得二次被派往同一部门，以避免与被稽察部门的官员“过于习熟”，以至“瞻徇情面”[1]。都察院不得开派应行回避人员；应回避之人，也有自行申明之责。

综上可见，清朝从中央到地方的监察系统极为严整，层次分明，至此中国古代的监察体制已经臻于完备。

为了充分发挥监察机关的监察效能，清朝在建立、完善监察体制的过程中，十分注意协调各监察机关之间的关系，明确其统隶地位，使各监察机关及其官员既有所统隶，又相互制约。

都察院是清朝掌管监察的最高机关，在监察机关体系中居于统率、领导地位，其六科、十五道、各专差科道、宗室御史处、稽察内务府御史处，均统隶于都察院之下，地方督抚也受到都察院的节制。但都察院本身的公务，则由十五道中的浙江道负责稽察。六科事务除受都察院察检外，山西道也负稽察之责。

清朝法律是中国古代法律的完备形态，监察法也集历代监察法之大成。清代监察法除在《大清律例》职制门和其他门中有所规定外，主要集中于乾隆朝编纂的《都察院则例》和《钦定台规》。由于《钦定台规》规模宏大，内容更为丰富，因此乾隆三十九年（1774 年）御史陈朝础奏请修订《都察院则例》时，乾隆帝明确表示“殊可不必”[2]。至此，《都察院则例》不再续修，《钦定台规》后经嘉庆、道光、光绪续修，合称“四朝台规”，成为清朝最具代表性的监察法典。嘉庆朝《钦定台规》20 卷，是乾隆八年台规的续修，由贡阿拉奉命领衔，于嘉庆九年（1804 年）钦准刊布。道光朝《钦定台规》40 卷，是在嘉庆九年台规基础上，由松筠领衔修订，颁行于道光七年（1827 年）。光绪朝《钦定台规》42 卷，由延煦奉命续修，于光绪十六年（1890 年）由都察院正式公布。

---

〔1〕《钦定台规》卷三八《稽察三》。

〔2〕《清高宗实录》卷九六二。

光绪朝《钦定台规》分为八门：（1）训典，包括圣制、圣谕、上谕三目，借以显示台规的钦定价值和权威性。“圣制”是皇帝的题辞和专论，如康熙帝“御制台省箴”、嘉庆帝“御制都察院箴”等。“圣谕”和“上谕”是自清初至光绪年间皇帝的指示、要求与规定的汇集。如雍正三年（1725年），为了保护科道官举劾、奏弹不受干扰，特颁上谕：“准科道官密折举劾”，“今令各人密封进呈，其中言有可采招怨结冤者，朕将折内职名裁去发出，或令诸臣会议，会见诸施行，而外间不知何人所奏”[1]。密折举劾是对科道官行使监察权力的一种保障。（2）宪纲，包括序官、陈奏、典礼、考绩、会谳、辩诉六个部分。其中“序官”，详列都察院的官制、品级、职掌；“陈奏”，是都察院官员的奏事制度；“典礼”，是科道官员对朝会、临雍、祭祀等大典侍班纠仪的规定；“考绩”，主要是“京察”“大计”、军政等考核文武官员的制度；“会谳”，是都察院与刑部、大理寺会审、稽核案件的规定；“辩诉”，是处理案犯陈诉、京控以及管理登闻鼓厅的一系列规定。（3）六科，包括通掌、分掌两目。“通掌”，涉及本章、敕书、轮值、注销四个部分，为六科的共同任务及其要求；“分掌”，规定各科的具体任务及其要求。（4）各道，包括通掌、分掌两目。分别规定各道的共同任务、要求及具体职掌。另载稽察宗人府御史、稽察内务府御史等的职掌及其办事制度。（5）五城，包括纲领、条教、听断、保甲、纠捕、赈恤、禁令、界址、司坊、街道十目。五城指京师中城、东城、西城、南城、北城，五城察院隶属于都察院。详列有关五城察院的任务及要求。（6）稽察，包括京通十六仓、户部三库、八旗、宗人府、考试、铨选等目，是关于如何派员稽察某些特殊机构以及稽察内容和要求的规定。（7）巡察，包括漕粮、盐政、游牧三目，分别规定专差御史的巡察制度。（8）通例，包括考选、升转、仪注和公署四目，是关于都察院所属科、道官选拔标准、方法、升转制度及其办事要求的规定。

《钦定台规》凭借钦定的权威，肯定了监察机关的特殊地位和功能，提供

[1]《钦定台规》卷二《训典二》。

了行使监察权的法律根据，以便监察机关发挥“彰善瘅邪、整纲饬纪、铁面霜威、纠慝绳诡、私惠勿酬、私仇勿毁、敢谏不阿、忠贞常矢、言出如山、心清似水、勉尽丹忱、非图誉美、民隐敷陈、治隆患弭”的作用。

《钦定台规》在结构上已有总则、分则之分，显示了立法技术的进步。四朝《钦定台规》根据政治形势的变化决定了其作用发挥的力度和限度，比如道光朝以后，国势日非，因此光绪朝《钦定台规》的许多要求难以贯彻施行。总之，清朝《钦定台规》是历代监察立法之大成，其规范之细密、涉及面之宽广、制度构建之完整，确实达到法典化的标准，在世界监察法制史上无疑是光芒四射的明珠。

除《钦定台规》外，清朝还制定了一系列专门性的监察法，如《考满四条》《满官京察则例》《劝赏则例》《六部现行则例》《六部处分则例》《五城巡城御史处分例》等。

总括上述，中国古代的监察机关经过漫长的发展过程不仅日趋完备，而且形成了具有内在联系和相互关系的体系，使内外相维，互相补充，既独立运作，又有特定的规范和程序可循，成为地位特殊、作用特殊的国家机构。它所缔造的监察文化和积累的丰富经验，对于当前中国特色的监察体制与监察法制建设具有重要的镜鉴价值。

设置监察机关，充分发挥察官治吏的作用，以保证吏治清廉，纲纪严整，不仅古今相通，中外也相仿。尽管国情有别，时代有异，但其基本精神具有一致性。

监察机关得到最高统治者的支持，成为最高统治者用于监察权贵、弹劾大吏、打击朋党的得力工具，以排除威胁皇权的势力，以致皇帝一人之下的丞相，也常常因御史的弹劾而去职。监察活动的原则是以卑察尊，而不是以贵凌贱，这是皇帝有意造成的。为了控制监察权，往往由皇帝亲自掌握监察机构的活动。由此，监察机构权力虽重，声威赫赫，但也不过是皇帝的耳目之司而已，不存在与皇权的矛盾。

监察机关在漫长的发展过程中，既有阶段性，也有一贯性，它同专制主义中央集权政治制度的发展相一致。政治权力的集中化影响到监察权力的集中化，监察权力的集中化又保障和加强了政治权力的集中化，二者密不可分。遍及全国的监察网络，不仅使中央的政策上下沟通，连成一气，也使得皇帝得以尽快了解千里之外地方政事的利弊得失，这是中央与地方行政机构体系之外的又一重监察信息网络。这也是皇帝倚重监察机构的另一原因。

随着监察机构的建立与活动的展开，监察法也相应的得到发展，监察法的价值就在于它为监察活动提供了明确的法律依据，既依法进行监察活动，又将监察权的行使控制在法律范围内，超出法律规定即为越权，要受到法律的制裁。正像监察权力覆盖面的宽广一样，监察法的调整范围也极为宽广，几乎涉及国家活动的方方面面。监察法不仅体现了封建法制的总体要求，也是保障封建法制稳定的一种力量。监察法的趋向法典化，反映了监察任务的不断加重及其活动的日趋加强。在中国古代法律体系中，监察法作为重要的组成部分，也显示了中华法系的特殊性。监察法不仅规定了监察主体与监察客体皆须遵守的规范与纪律，为了防止失察、漏察，有些朝代如元朝还规定了监察官享有一定的法律外的监察权。

由于监察官是皇帝的耳目之司，因此，历代对监察官的选任都极为严苛。以汉朝为例，汉朝选任监察官的条件主要是忠直亮节。如武帝时，田仁为丞相长史，皇帝赞其不畏强御，因而拜仁为丞相司直。[1]再如《汉书·何武传》记载，何武“迁扬州刺史。所举奏二千石长吏必先露章，服罪者为亏除，免之而已；不服，极法奏之，抵罪或至死”。可见，敢于抵制并惩治强权势力是任用监察官的一项标准，西汉初年的御史大夫任敖、周昌、申屠嘉等都是“为人廉直”的中正之士。由于监察官的基本使命就是纠举非法，依法决定是非，因而必须通晓法律，能够做到“明达法令，足以决疑，能案章覆问”。[2]光武帝曾明确规定，治书侍御史须“选明法律者为之”。[3]昭帝时于定国也是

〔1〕《史记·田叔列传》。
〔2〕《后汉书·百官志一·太尉条》注引《汉旧仪》。
〔3〕《后汉书·百官志三》。

因明法而迁为御史中丞的，《汉书·于定国传》记载："定国少学法于父，父死，后定国亦为狱史，郡决曹，补廷尉史，以选与御史中丞从事治反者狱，以材高举侍御史，迁御史中丞。"可见，明法律令是选任御史的重要条件。唐时，选任监察官除重视公正不阿的思想品格外，还强调必须科举出身，且具有基层官吏的履职经历。为了避免官官相护的积弊，三品以上高官的子弟不得为监察官，宰相也不具有任用监察官的权限。监察官如违法失职，则加重处刑。总之，无论是在监察官的选任、职权的行使还是在为政的考察等诸多方面都积累了丰富的经验。剔除专制政治所加给它的糟粕，激活其民主性的因素，对于当今而言，无疑具有可资借鉴的现实意义。

习近平总书记对此了然于胸，他在中国共产党第十九届中央纪律检查委员会第二次全体会议上的重要讲话中指出："党的十八大以来，中央纪委和各级纪检监察机关坚决贯彻党中央决策部署，忠诚履职尽责，做到了无私无畏、敢于担当，向党和人民交上了一份优异答卷。纪检机关必须坚守职责定位，强化监督、铁面执纪、严肃问责。执纪者必先守纪，律人者必先律己。各级纪检监察机关要以更高的标准、更严的纪律要求自己，提高自身免疫力。广大纪检监察干部要做到忠诚坚定、担当尽责、遵纪守法、清正廉洁，确保党和人民赋予的权力不被滥用、惩恶扬善的利剑永不蒙尘。"

第五章　良法、贤吏与善治

2014 年 10 月，习近平总书记在党的十八届四中全会报告中提出："法律是治国之重器，良法是善治之前提。"他在十九大报告中进一步指出："深化依法治国实践……以良法促进发展、保障善治。"

中国作为一个法制文明昌盛的古国，在漫长的发展过程中，经历过无数次的沧桑巨变，但始终保持着国家发展的稳定性、连续性，并且不断地走向文明与进步，以至中华法系成为世界法系中的一个重要代表。这绝不是偶然的，这是治国理政丰富经验的总结，是与古圣先贤政治和法律智慧的贡献分不开的。本书仅就良法、贤吏与善治的统一性，略述己见，以供智者千虑之一得。

一、良法的标志

中国自进入文明社会以后，法律便与国家相伴而生。面对社会经济的发展、疆域的扩大、国家事务的冗繁，以及阶级矛盾与民族矛盾的纷至沓来，法律不断凸显出其治国价值。历史的经验证明，无法律无以维持正常的生产与生活秩序；无法律将失去调整上下尊卑之间权利义务关系的依据；无法律则国家无纲纪，难以行使治国理政的功能；无法律不能推动国家机器的正常运转，外无以御强敌，内无以抚寰中；无法律还不能发挥对道德规范的支撑作用，难以实现德法共治的效果。正因为如此，历代思想家、政治家不厌其烦地论证治国不可一日无法。正如商鞅变法时强调的，“国皆有法”[1]，“言不中法者，不听也；行不中法者，不高也；事不中法者，不为也”[2]。

古代思想家在论及治国不可无法的同时，也分析了法有良法与恶法之分，在实践中的效果也有显著之别。在古人的观念中，良法与善法是同一语。宋人王安石说：“立善法于天下，则天下治；立善法于一国，则一国治。”[3]其所谓善法，即良法也。近人梁启超还论证了立法之善与不善所得到的不同效果，他说：“立法善者，中人之性可以贤，中人之才可以智，不善者反是。”[4]其实，恶法之弊远甚于此。如商之亡，便亡于重刑辟；秦之亡，也亡于“偶语诗书者弃市”，“赭衣塞路，囹圄成市”[5]。可见，行恶者失德失民，不亡何待。至于良法，其主要标志如下。

（一）体恤民情，洽于民心

据文献记载，“尧有欲谏之鼓，舜有诽谤之木，汤有司过之士，武王有戒慎之鼗”。[6]另据《国语》载范文子之言曰：“吾闻古之王者，政德既成，又听于民，于是乎使工诵谏于朝，在列者献诗使勿兜，风听胪言于市，辨祆祥于谣，考百事于朝，问谤誉于路，有邪而正之，尽戒之术也。”[7]以上措施，都是为了能倾听民的呼声，以了解民意，体恤民情，巩固国本。西周灭商以后，周公深切地感到殷之所以“坠厥命”，最根本的原因就在于“失民”。因此他告诫周人，“人无于水监，当于民监”。[8]

春秋战国之际，社会大变动，兼并战争连年不绝，进一步突显了民的作

〔1〕《商君书·画策》。

〔2〕《商君书·君臣》。

〔3〕（宋）王安石：《王文公文集》卷二六《周公》，上海人民出版社 1974 年版，第 302 页。

〔4〕梁启超：“论变法不知本原之害”，载梁启超：《中国人的启蒙》第一编，中国工人出版社 2016 年版，第 122 页。

〔5〕《史记·秦始皇本纪》。

〔6〕《吕氏春秋·自知》。

〔7〕《国语·晋语六》。

〔8〕《尚书·酒诰》。

用。诸子百家纷纷倡导利民、惠民之说，以期得到民的拥护。孔子说："百姓足，君孰与不足？百姓不足，君孰与足？"〔1〕法家代表人物商鞅说："法者，所以爱民也。"〔2〕"圣人为法，必使之明白易知"，"不观时俗，不察国本，则其法立而民乱"。〔3〕因此立法之要在于民安而无怨。商鞅变法之所以获得成功，就在于他所推行的"为田开阡陌封疆"〔4〕的土地立法，重农抑商的经济立法，奖励耕战实行军功爵的军事立法，推行以一家一户为生产单位的社会立法等等，在当时得到了民的支持。慎到也说："法非从天下，非从地出，发于人间，合乎人心而已。"〔5〕《淮南子》一书中也阐述到："法生于义，义生于众适，众适合于人心，此治之要也。"〔6〕《大明律》制定后，朱元璋唯恐小民不能周知，命大理卿周祯等制定《律令直解》作为官方的解律之作。太祖览之甚喜，说："吾民可以寡过矣。"〔7〕明中期以后，大有作为的首辅张居正也说："法无古今，惟其时之所宜与民之所安耳。"〔8〕

总之，体现民情、洽于民心之法一定是利民、惠民的良法，既能保护民的生产、生活所需要的自然空间，也为民的再生产，甚至是扩大再生产提供了必要条件。

（二）循变协时，变中求稳

早在《尚书·吕刑》中便有"刑罚世轻世重"的记载。《周礼·秋官·大司寇》进一步提出根据不同形势，制定和适用不同的法律："一曰刑新国用轻典，二曰刑平国用中典，三曰刑乱国用重典。"主张变法改制的法家更强调

〔1〕《论语·颜渊》。
〔2〕《商君书·更法》。
〔3〕《商君书·算地》。
〔4〕《史记·商君列传》。
〔5〕《慎子·逸文》。
〔6〕《淮南子·主术》。
〔7〕《明史·刑法志一》。
〔8〕《张太岳先生文集》卷一六。

法因时势而变的可变性。慎到说："守法而不变则衰。"[1]商鞅说："礼法以时而定，制令各顺其宜。"[2]韩非在总结历史经验和传承前人观点的基础上作出了新的概括，他说："故治民无常，唯治为法。法与时转则治，治与世宜则有功……时移而治不易者乱，能治众而禁不变者削。故圣人之治民，法与时移而禁与能变。"[3]法家关于法与时而转、因时而变的观点，反映了进化的历史观和以经验为基础的实证精神，是为变法制造的舆论准备。

总之，根据特定的时空而立之法不是一成不变的。法因实际需要而制定，又根据实际的变动而删修，这就是循变协时的法律发展轨迹。

上述循变协时的法律思想对后世影响深远。例如，汉时韦贤说："明王之御世也，遭时为法，因事制宜。"[4]宋人曾巩说："因其所遇之时，所遭之世，而为当世之法。"[5]叶适说："因时施智，观世立法。"[6]明朝张居正说："法制无常，近民为要；古今异势，便俗为宜。"[7]清康熙帝说："自古帝王治天下之道，因革损益，期于尽善，原无数百年不敝之法。"[8]至晚清，国势衰微，民族危机深重，变法之声遂日嚣尘上，而且带有新的时代烙印。如龚自珍说："自古及今，法无不改，势无不积，事例无不变迁，风气无不移易。"[9]魏源在论证"天下无数百年不敝之法，无穷极不变之法"的同时，提出前人从未提及的"师夷长技以制夷"的主张[10]。冯桂芬在此基础上进一步提出："法苟不善，虽古先吾斥之；法苟善，虽弈貊吾师之。"[11]康有为为变法维新

---

〔1〕《慎子·逸文》。
〔2〕《商君书·更法》。
〔3〕《韩非子·心度》。
〔4〕《汉书·韦贤传》。
〔5〕（宋）曾巩：《战国策》卷二一二，经籍考三九，清浙江书局。
〔6〕（宋）叶适：《民事》卷一《田赋考一》，清浙江书局。
〔7〕《张太岳先生文集》卷一六，明万历四十年唐国达刻本。
〔8〕（清）王先谦：《东华录·康熙》卷二四，清光绪十年长沙王氏刻本。
〔9〕（清）龚自珍：《定盦全集：文集补编》卷二，清光绪二十三年万本书堂刻本。
〔10〕（清）魏源：《古微堂集：外集》卷七，清宣统元年国学扶轮社本。
〔11〕（清）冯桂芬：《校邠庐抗议》（卷下），清光绪十年豫章刻本。

而大声疾呼："圣人之为治法也，随时而变义，时移而法亦移。"[1]梁启超也说："法者，天下之公器也；变者，天下之公理也。"[2]

中国四千多年的法律历史就是沿着循变协时、革故鼎新的路径前进的。但是历代思想家、政治家在指出法的可变性的同时，也注意到保持法的相对稳定性的重要性，反对"数变"。韩非说："法莫如一而固，使民知之"[3]；"治大国而数变法，则民苦之"[4]。他甚至尖锐地指出："法禁易变，号令数下者，可亡也。"[5]后世持此论者亦颇多，如唐太宗说："法令不可数变，数变则烦。"[6]宋人欧阳修说："言多变则不信，令频改则难从。"[7]

可见，法的可变性重在"协时"，法的相对稳定性重在维护法律的"权威"，二者兼顾，不可偏于一端。

（三）平之如水，公正无私

春秋战国时期，面对大变动、大转型的历史趋势，法家提出"以法为治"的主张，反对垄断国家权力的世卿制度和"礼不下庶人，刑不上大夫"的旧体制，强调立法为公，平之如水。为了表达法律的公平公正，管仲借用度量衡器相比拟。他说："尺寸也，绳墨也，规矩也，衡石也，斗斛也，角量也，谓之法。"[8]又说："法律政令者，吏民规矩绳墨也。"[9]《管子》一书虽是战国中期齐国法家托名管仲而作的，但其中的主要思想无疑和管仲有着一定的渊源。慎到也说："有权衡者，不可欺以轻重。有尺寸者，不可差以长短。有法度者，不可巧以诈伪。"[10]东汉许慎所著的《说文解字》中对"灋"字作

---

〔1〕《康有为全集》（三），上海古籍出版社 1992 年版。

〔2〕梁启超："变法通议·论不变法之害"，载《时务报》1896 年 8 月 19 日。

〔3〕《韩非子·五蠹》。

〔4〕《韩非子·解老》。

〔5〕《韩非子·亡征》。

〔6〕《资治通鉴》卷一四九。

〔7〕《欧阳文忠公集》卷四六，四部丛刊景元本。

〔8〕《管子·七法》。

〔9〕《管子·七主七臣》。

〔10〕《慎子·逸文》。

出如下解释："灋，刑也，平之如水，从水。廌，所以触不直者去之，从去。"许慎的解释广为后人取法，影响深远。

为了表达执法无私，一断于法，管仲提出："君臣上下贵贱皆从法"，"不为君欲变其令，令尊于君。"[1]商鞅作为变法的主持者，不仅沿用早期法家的论说，而且更为坚定地宣布一断于法的法治原则。他说："刑无等级，自卿相将军以至大夫庶人，有不从王令、犯国禁、乱上制者，罪死不赦。"[2]商鞅和慎到都强调，以私害法之弊甚于无法。商鞅说："立法明分，而不以私害法则治。"[3]慎到说："法之功，莫大使私不行"，"有法而行私，谓之不法"，"今立法而行私，是私与法争，其乱甚于无法"。[4]结论就是，只有事断于法，才是"国之大道"。《战国策》为商鞅变法的成功作了以下的总结："商君治秦，法令至行，公平无私，罚不讳强大，赏不私亲近，法及太子，黥劓其傅（指公子虔等）。"[5]汉文帝时，廷尉张释之在纠正文帝以意为法，拟妄断犯跸人犯死刑时，强调"廷尉，天下之平也，一倾而天下用法皆为轻重，民安所措其手足?"最终折服了文帝，表示"廷尉当是也"。[6]

（四）简而能行，使人易知

春秋时期，管仲在回答桓公问如何仿效圣帝明王所为时说："法简而易行，刑审而不犯。"[7]唐玄宗时，晋陵尉杨相如从历代法律实施的成败得失中总结出"法贵简而能禁，罚贵轻而必行"的经验，并以此向玄宗谏言，得到玄宗的赞赏。明末清初思想家王夫之对杨相如此说也加以肯定："斯言也，不倚于老氏，抑不流于申韩，洵知治道之言乎！后世之为君主者，十九而为申

---

〔1〕《管子·法法》。
〔2〕《商君书·壹刑》。
〔3〕《商君书·修权》。
〔4〕《慎子·逸文》。
〔5〕《战国策·秦策一》。
〔6〕《汉书·张释之传》。
〔7〕《管子·桓公问》。

韩，鉴于此，而其失不可掩矣。”[1]

以上可见，法简刑轻是古时治道之要，历代思想家与开明之君为使公布的法律简而能禁，便于遵守，都谆谆告诫立法者务要体恤此意。唐贞观初年，太宗鉴于隋末法令滋彰、人难尽悉，提出“简约易知”的立法原则，并且敕令长孙无忌、房玄龄等“斟酌今古，除烦去弊”。[2]根据太宗提出的立法原则修订的律、令、格确实较为简约。史载“玄龄等遂与法司定律五百条，分为十二卷……凡削烦去蠹，变重为轻者，不可胜纪。又定令一千五百九十条，为三十卷。贞观十一年正月，颁下之。又删武德、贞观以来敕格三千余件，定留七百条，以为格十八卷，留本司施行”。[3]

吴元年（1367 年）十月，李善长等拟议律令，朱元璋严肃指出：“法贵简当，使人知晓，若条绪繁多，或一事两端，可轻可重，吏得因缘为奸，非法意也。”[4]据此修订的《大明律》，“大抵明律视唐简核”。[5]

（五）道德入律，以法辅德

中国是沿着由家而国的路径进入文明社会的，氏族社会末期因血缘纽带而形成的宗法伦常关系，成为最重要的社会关系，并不断制度化、法律化。其中作为核心的孝的道德规范，很早便入律。古籍说，“五刑之属三千，而罪莫大于不孝”[6]，对于此记载，近代著名学者章太炎曾经考证为夏法，并撰写出《孝经本夏法说》的论著。至隋唐，不孝已列为十恶重罪之一，逢赦不赦。

汉代儒家学说成为主流意识形态以后，儒家推崇的三纲五常之说悉数入律，道德在成文法中的比重不断升高，以致中国古代法律在习惯上被称为伦

[1]（清）王夫之：《读鉴通论》卷二二。
[2]《旧唐书·刑法志》。
[3]《旧唐书·刑法志》。
[4]《明史·刑法志一》。
[5]《明史·刑法志一》。
[6]《孝经·五刑章》。

理法。

除此之外，在民族意识的影响下，爱国也是古代中国全民共同遵守的道德信条。儒家提倡忠孝一体并进行了充分论证，所谓在家为孝，在国为忠，由家而国，移孝作忠。《孝经》中还托孔子之言说：“君子事亲孝，故忠可移于君。”《礼记·祭礼》也引曾子之言说：“事君不忠，非孝也。”有子进而论证说：“其为人也孝悌，而好犯上者，鲜矣；不好犯上而好作乱者，未之有也。”[1]不仅将忠君爱国孝亲的道德规范入律，而且将谋反、谋叛、谋大逆、不孝列为十恶大罪之首，犯之者处以最重刑。

除忠孝外，中华民族历来讲求敦诚守信，将其视为人与人之间相互交往的道德准则，以致在法典中，专列诈伪律，惩治各种欺诈行为。

道德的法律化，使得人们自觉遵守的道德规范，变成了国家强制推行的法律规范。如果说道德的作用在于启发人们内在的自省，使之趋于良善，那么法律的作用则在于彰善瘅恶，禁民为非；道德法律化以后，违反道德的行为要根据情节处以不同的刑罚，由此，遵守道德义务与遵守法律义务相统一，既扩大了法律的调整范围，也提高了道德的权威性。

道德的法律化，在一定程度上改变了法律凛然而不可近的威严，使百姓由畏法而敬法、守法，提升了人们遵守法律的自觉性，也提高了法律的权威性。法劝善而兼止恶，违背法律化的道德已属于违法之列，要受到法律的制裁。由此，也提高了人们遵守道德的自觉。

由于道德法律化符合中国的国情和中华民族善良的心态，因而成为中华法系的一个特点和传统法文化的重要内容。法与道德的统一，正是德法互补、德法共治治国方略的重要组成部分。

综上可见，中国古代的政治家、思想家在论及治国须有法的同时，又不厌其详地阐述良法的标志，只有良法，才能治国。然而，古代的良法也不可避免地具有历史的和阶级的局限性。即使是良法，其目的也是维护上下尊卑

[1]《论语·学而》。

的法定权利与义务，即使是良法也是“生于君”，而非“生于民”，如同黄宗羲所说，法是“一家之法”而非“天下之法”，以致皇帝颁发的敕、令、诏、谕都具有最高的法律效力。至于所说的法平如水，表现了人们对法律公平性的渴望，在实践中，也成为贤吏借法抗暴的根据。但在本质上，由于贵族官僚各享有法定特权，并严格划定良贱之间不平等的权利义务，因此不能以“法律面前人人平等”的近代法律观加以考量，所以在肯定良法的积极意义的同时，也要看到它的局限性。尽管如此，实施良法仍然有助于民安国强。反之，行恶法于国，其结果不仅会使民乱而国弱，而且是亡国的渊薮。强秦之亡就亡于统一天下以后，“乐以刑杀为威”，刑戮妄加，以致天下之民“苦秦久矣”，终于“坑灰未冷山东乱”，二世而亡。

二、善治的基本内涵

古人关于善治的论述，可谓多矣，此处只撷要言之。

（一）为政中和，宽猛相济

作为善治重要体现的中和，源于儒家经典《礼记·中庸》：“喜、怒、哀、乐之未发，谓之中。发而皆中节，谓之和。中也者，天下之大本也。和也者，天下之达道也。致中和，天地位焉，万物育焉。”可见，在儒家的观念中，中和是一个宏大的包罗万象的哲学范畴，体现在具体事物的方方面面。中和具有化育万物之功。无论治国、理政、施刑、社会交往，乃至万物的兴发、天地之间自然规律的运行等等，都离不开中和。

中和就治国而言，又称为中道，其具体表现是政策的制定和施行，都要宽猛相济，不离于中。孔子说，“政宽则民慢，慢则纠之以猛。猛则民残，残则施之以宽。宽以济猛，猛以济宽，政是以和”。[1]可见，宽猛相济的中道不是自然的调整，而要借助人的观察、体验、驾驭才能实现。无论是宽以济猛，

〔1〕《左传·昭公二十年》。

还是猛以济宽，都是政策上革旧布新的重大调整，充满了艰难险阻和新旧势力的斗争，所以只有具备大智慧、大胆识、大魄力的政治家才能担当此任。

周初，周公鉴于商朝失德，以重刑辟对待百姓，招致亡国的教训，因而在国家治理上实行礼乐之治，或称礼法之治，也就是以礼乐为指导，礼乐政刑，综合治理，不仅使得社会安定，出现了“成康之际，天下安宁，刑错四十余年不用”〔1〕的盛况，而且造就了西周数百年的稳定统治。

汉初，统治者鉴于强秦乐以刑杀为威、二世而亡的教训，实行轻徭薄赋、蠲除苛法、与民休息的宽以济猛的政策，使得残破的经济很快得到恢复。据史料记载，高祖出行，竟然找不到四匹颜色相同的马匹，“天下既定，民亡盖臧，自天子不能具醇驷，而将相或乘牛车”。〔2〕然而，经过数十年之后，至文帝时，已然是“太仓有不食之粟，都内有朽贯之钱”〔3〕，充分体现了宽猛相济的善治之效。

中和之道表现在司法上，一者是行中罚，使刑罚得中，不偏不倚，公平无私，无过无不及。周公告诫即将担任司寇的康叔时说，要学习苏公行中罚的司法活动，“司寇苏公，式敬尔由狱，以长我王国，兹式有慎，以列用中罚”。〔4〕行中罚也就是用中典，《周礼·秋官·大司寇》载：“掌建邦之三典：一曰刑新国用轻典；二日刑平国用中典；三曰刑乱国用重典。”荀子提出“公平者职之衡也，中和者听之绳也”。〔5〕唐时杨倞对此注曰：“中和谓宽猛得中也。”汉时董仲舒还运用阴阳五行之说，阐明刑罚不中所带来的后果：“刑罚不中，则生邪气；邪气积于下，怨恶蓄于上。上下不和，则阴阳缪戾而妖孽生矣。此灾异所缘而起也。”〔6〕

再者是遵循“礼之用，和为贵”〔7〕的先王之道，在司法上力求运用调解

〔1〕《史记·周本纪》。

〔2〕《汉书·食货志》。

〔3〕《后汉书·郡国志一·序》。

〔4〕《尚书·立政》。

〔5〕《荀子·王制》。

〔6〕《汉书·董仲舒传》。

〔7〕《论语·学而》。

减少讼争、讼累。此制由来久矣，早在汉朝已经有调解和息争讼的史例。韩延寿为左冯翊守时，“民有昆弟相与讼田，自言”，韩延寿自责未宣明教化，遂闭门思过。两昆弟深刻自悔，表示终死不再相争。韩延寿以此“恩信周遍二十四县，莫敢以辞讼自言者”。[1]刘矩为县令时，“民有争讼，矩常引之于前，提耳训告，以为忿恚可忍，县官不可入，使归更寻思，讼者感之，辄各罢去”。[2]

沿至清朝，调解虽不见于法律的明文规定，但在司法实践中广泛推行，调解的方式多样化，取得了和息争讼、民自相安“致中和”的积极效果。直到今天，调解仍有它可行的价值。

还需指出，由于中和可以达到“天地位焉，万物育焉”的境界，因此，历代的开明之君和思想家也力求运用政治、法律的力量保护万物的兴发和人与自然环境的和谐。儒家提出的“天地之大德曰生”，天地“以生为道”，表明作为个体的人，是和生生不息的自然界联系在一起的。儒家通过“天人合德”的论述，进一步阐明了人与自然和谐的伦理道德基础。宋儒张载强调“儒者则因明致诚，因诚致明，故天人合一”。[3]中国古代“则天立法”，“则天行刑”，并根据春、夏、秋、冬四时的变化，施行庆、赏、刑、罚。“庆为春，赏为夏，罚为秋，刑为冬，庆赏刑罚之不可不具也，如春夏秋冬之不可不备也。”[4]凡此都旨在使司法顺阴阳、则五行、合天时，达到人与自然的和谐。

总而言之，宽猛相济，是古代的治道，也是善治之道，它以中和为指导思想，以关心民瘼为施政的基点，以勇于打破旧制、改革创新为特征。历史的实践证明，宽猛相济的有效实施，造就了多次的盛世。同时也说明了政策制定之后需要根据施行的效果和形势的变化及时加以调整，使之和于“中道”。

---

〔1〕《汉书·韩延寿传》。

〔2〕《后汉书·刘矩传》。

〔3〕（宋）张载：《正蒙·乾称》。

〔4〕《春秋繁露·四时之副》。

（二）足食足兵，民富国强

孔子在回答子贡问政时说，“足食，足兵，民信之矣”。[1]足食是民富之本，足兵是强国之策，古人多以足食足兵作为国家富强的目标。管仲说：“主之所以为功者，富强也。故国富兵强，则诸侯服其政，邻敌畏其威。”[2]韩非说：“是以其民用力劳而不休，逐敌危而不却，故其国富而兵强。”[3]

为了足食，孟子强调“推恩于民”，“薄其税敛”，使“民有恒产”，以减少犯罪，维持社会的安定。否则，“暴其民甚，则身弑国亡；不甚，则身危国削”。[4]他在回答梁惠王问时具体阐述了关于“恒产”的主张：“五亩之宅，树之以桑，五十者可以衣帛矣；鸡豚狗彘之畜，无失其时，七十者可以食肉矣；百亩之田，勿夺其时，数口之家可以无饥矣；谨庠序之教，申之以孝悌之义，颁白者不负戴于道路矣。七十者衣帛食肉，黎民不饥不寒，然而不王者，未之有也。”他又说：“是故明君制民之产，必使仰足以事父母，俯足以畜妻子，乐岁终身饱，凶年免于死亡。然后驱而之善，故民之从之也轻。”[5]

为了足兵，商鞅变法时，废除了只有民才可以为兵的限制，打破了世卿制度，提倡“猛将必发于卒伍”，而且实行二十等军功爵制度，将帅以斩首论功。终致秦并六国，无敌于天下，显示了足食足兵的重要作用。李斯说：“孝公用商鞅之法，移风易俗，民以殷盛，国以富强，百姓乐用，诸侯亲服，获楚、魏之师，举地千里，至今治强。”[6]

名臣张居正在执政之始，便强调实行足食足兵的政策，并以此回答空谈仁义的官员对他的批评，他说：“孔子论政，开口便说足食足兵。舜命十二牧曰：食哉惟时。周公立政，其克诘尔戎兵，何尝不欲国之富且强哉？后世学

〔1〕《论语·颜渊》。
〔2〕《管子·形势解》。
〔3〕《韩非子·定法》。
〔4〕《孟子·离娄上》。
〔5〕《孟子·梁惠王上》。
〔6〕（秦）李斯：《谏逐客书》。

术不明，高谈无实，剽窃仁义，谓之‘王道’，才涉富强，便云‘霸术’。不知王霸之辩，义利之间，在心不在迹，奚必仁义之为王，富强之为霸也。”〔1〕

（三）赏罚分明，官民奋励

信赏必罚是重要的治国之术，它可以使百姓效死于国，人臣效命于君，可以使兵强国富，也可以使政简刑清。历代明君、贤相、先哲皆不吝笔墨论证赏罚之要。

春秋战国时期，法家之所以取得变法改制的成功，就在于明赏信罚。韩非子说：“人主之道，静退以为宝。不自操事而知拙与巧，不自计虑而知福与咎。是以不言而善应，不约而善增。言已应，则执其契；事已增，则操其符。符契之所合，赏罚之所生也。故群臣陈其言，君以其言授其事，事以责其功。功当其事，事当其言，则赏；功不当其事，事不当其言，则诛。明君之道，臣不得陈言而不当。是故明君之行赏也，暖乎如时雨，百姓利其泽；其行罚也，畏乎如雷霆，神圣不能解也。故明君无偷赏，无赦罚。赏偷，则功臣懔其业；赦罚，则奸臣易为非。是故诚有功，则虽疏贱必赏；诚有过，则虽近爱必诛。疏贱必赏，近爱必诛，则疏贱者不怠，而近爱者不骄也。”〔2〕

秦昭王时，范雎曾以赏罚之道说昭王而得重用，《战国策·秦策三》记其言如下：“臣闻明主莅正，有功者不得不赏，有能者不得不官；劳大者其禄厚，功多者其爵尊，能治众者其官大。故不能者不敢当其职焉，能者亦不得蔽隐。使以臣之言为可，则行而益利其道；若将弗行，则久留臣无为也。语曰：‘人主赏所爱而罚所恶。明主则不然，赏必加于有功，刑必断于有罪。’”

东汉荀悦在总结秦、西汉国家兴衰之由时，论证了国君善用赏罚可以有治于国，而滥用赏罚将遭致国乱甚至衰亡，他说“赏罚，政之柄也。明赏必罚，审信慎令，赏以劝善，罚以惩恶。人主不妄赏，非徒爱其财也，赏妄行则善不劝矣。不妄罚，非矜其人也，罚妄行则恶不惩矣。赏不劝谓之止善，

---

〔1〕（明）张居正：《张太岳集》卷三一《答福建巡抚耿楚侗谈王霸之辩》。

〔2〕《韩非子·主道》。

罚不惩谓之纵恶。在上者能不止下为善，不纵下为恶，则国法立矣。是谓统法”。[1]

宋神宗熙宁二年（1069 年），王安石在回答神宗如何训练边卒时说：“京东所教兵已精强，愿陛下推此法以责边将，间诏其兵亲临阅试。训练简阅有不如诏者罚之，而赏其能者。赏不遗贱，罚不避贵，则法行而将吏加劝，士卒无不奋励矣。”[2]

明太祖朱元璋曾以其自身经历面谕礼部群臣赏罚之要，坦言他对操赏罚之柄不可不慎的自警：“人君操赏罚之柄以御天下，必在至公。无善而赏，是谓私爱，无过而罚，是谓私恶，此不足以为劝惩。朕观汉高帝斩丁公，封雍齿，唐太宗黜权万纪、李仁发而赏魏征之直，皆至当，可以服人。所谓赏一君子而人皆喜，罚一小人而人皆惧。朕于赏罚，未尝敢轻。若一时处分或有未当，卿等宜明白执论，宁使赏厚于罚，但不可滥及，使小人侥幸耳。”[3]

以上可见，善用赏罚者，一要赏当其功，罚当其罪，赏罚分明；二要信赏必罚，贯穿诚信于其中。如此则官民奋励，共同营造国家的善治。商鞅变法的成功是和严格的赏功罚罪分不开的。历代的治世、盛世，也都无外乎此。正如贞观十年（636 年）魏征所说：“若欲令君子小人是非不杂，必怀之以德，待之以信，厉之以义，节之以礼，然后善善而恶恶，审罚而明赏。则小人绝其私佞，君子自强不息，无为之治，何远之有？善善而不能进，恶恶而不能去，罚不及于有罪，赏不加于有功，则危亡之期，或未可保，永锡祚胤，将何望哉！”[4]

（四）善教化民，兴学育才

中国古代的政治家、思想家，从总结历史的经验中认识到，善教与善治

---

〔1〕《后汉书·荀淑传附孙悦传》。

〔2〕《宋史·兵志九》。

〔3〕（明）余继登：《典故纪闻》卷四。

〔4〕《贞观政要·诚信》。

密不可分。善教化民，兴学育才对于营造善治具有重要的作用。

在“四民乖张”、蔑视道德、疏于教化的条件下从来不会出现善治。孟子说“仁言，不如仁声之入人深也。善政，不如善教之得民也。善政民畏之，善教民爱之。善政得民财，善教得民心。”[1]善教的内涵可以分为以下几点。

1. 明礼乐，正人心，敦风俗

早在周初，周公制礼作乐并将其与政刑相结合，共同治国，造就了成康之治，为后世以善教求善治提供了极为珍贵的经验。随着“乐以刑杀为威”的秦朝二世而亡，儒家礼乐之治成为新时期意识形态的核心，以致自汉始迄至明清均以明礼乐作为善教的首要之举。

《汉书·礼乐志》强调，无论治身还是治国，都不可失于礼乐。“《六经》之道同归，而《礼乐》之用为急。治身者斯须忘礼，则暴嫚入之矣；为国者一朝失礼，则荒乱及之矣。”

礼与乐虽有功能上的差异，但就治国而言，二者是殊途同归的。《汉书·礼乐志》说：“乐以治内而为同，礼以修外而为异；同则和亲，异则畏敬；和亲则无怨，畏敬则不争。揖让而天下治者，礼乐之谓也。二者并行，合为一体。畏敬之意难见，则著之于享献辞受，登降跪拜；和亲之说难形，则发之于诗歌咏言，钟石管弦。盖嘉其敬意而不及其财贿，美其欢心而不流其声音。故孔子曰：‘礼云礼云，玉帛云乎哉？乐云乐云，钟鼓云乎哉？’此礼乐之本也。故曰：‘知礼乐之情者能作，识礼乐之文者能述；作者之谓圣，述者之谓明。明圣者，述作之谓也。’”

唐太宗李世民不仅充分论证了“失礼”所造成的种种社会问题，而且在《颁示礼乐诏》中阐述了礼乐对于安民治国、移风易俗的重要价值：“乐由内作，礼自外成，可以安上治民，可以移风易俗，揖让而天下治者，其惟礼乐乎？”[2]

宋人司马光进一步论证了礼乐用之于身、家、国、天下，各有其价值，他

[1]《孟子·尽心上》。

[2]《全唐文》卷六《颁示礼乐诏》。

说："礼之为物大矣！用之于身，则动静有法而百行备焉；用之于家，则内外有别而九族睦焉；用之于乡，则长幼有伦而俗化美焉；用之于国，则君臣有叙而政治成焉；用之于天下，则诸侯顺服而纪纲正焉。"〔1〕

对于礼之用，论者颇多，知之者亦众。对于乐之用，古圣先贤之所以津津乐道，就在于"乐者，圣人之所乐也，而可以善民心，其感人深，其移风易俗，故先王导之以礼乐而民和睦"〔2〕。"王者致治，有四达之道，其二曰乐，所以和民心而化天下也"。〔3〕

总而言之，明礼乐可以正人心，教风俗，使国家臻于善治。

2. 重人伦，尽忠孝，治国家

中国古代进入文明社会之后，维系伦常关系的血缘纽带依然强固，伦常关系是最重要的社会关系，并为宗法制度的建立提供了深厚的基础。

儒家非常重视人伦关系，孟子曾尖锐地指出，疏于人伦教化与禽兽无异，他说："人之有道也，饱食、暖衣、逸居而无教，则近于禽兽。圣人有忧之，使契为司徒，教以人伦：父子有亲，君臣有义，夫妇有别，长幼有序，朋友有信。"〔4〕五伦之中以孝为先。孝作为伦理道德的基本原则，不仅是修身的重要信条，也是齐家的根本规范。由于家是社会的基本构成单位，齐家不仅是再生产的需要，也是承担赋税的保障，只有齐家才能治国进而平天下。正因为如此，有些王朝标榜以孝治天下，有些帝号也冠以孝字，如汉孝文帝、孝景帝、孝武帝。

因此，在传统的法律中，很早便出现了维护亲权的不孝罪名。《孝经·五刑章》说："五刑之属三千，而罪莫大于不孝。"章太炎经考证，得出"孝经本夏法说"的结论。

在中国古代立法中，除不孝为重罪外，还出现了"不悌""不睦""不

〔1〕《资治通鉴·汉纪·高帝七年》。
〔2〕《荀子·乐论》。
〔3〕《宋史·乐志一》。
〔4〕《孟子·滕文公上》。

友”“不姻”“不敬祖”等罪名。隋唐制定的十恶大罪，不孝为其中之一，此项法律规定一直沿用至晚清修律止。法律除以严刑惩治不孝罪外，还赋予父母对子女的教令权和对不孝子女的送惩权，即请求官府代为惩治。

古代的思想家、政治家在提倡孝亲的同时，进而指出孝亲与忠君密不可分的关系，所谓在家为孝，在国为忠，由家而国，移孝作忠。孔子说：“君子之事亲孝，故忠可移于君。”[1]有子说：“其为人也孝悌，而好犯上者，鲜矣；不好犯上，而好作乱者，未之有也。君子务本，本立而道生。孝悌也者，其为仁之本与!”[2]后人据此而论曰：“求忠臣必于孝子之门。”[3]

在国家的制定法中，法律也严惩不忠于国家的反叛罪。在十恶大罪中，谋反、谋叛被列为十恶之首，犯之者不仅本人处死，而且株连家族，其刑罚之严酷迄至明清愈演愈烈。国家不仅运用法律惩治不孝、不忠之罪，以强化百姓孝亲与忠君爱国的意识，还借助儒家学说的传播与渗透，使孝与忠深入人心，成为不可动摇的道德标准和自觉遵守的行为规范，最终形成中华民族孝亲爱国的民族精神。这就使得道德义务与法律义务相统一，个体在整体中的地位也由此而界定明确，这种民族精神有助于建立礼法控制下的社会秩序。为了彰显孝亲爱国、忠孝一体的民族精神，中国古代还通过戏曲、小说等艺术表现形式进行广泛宣传，以至精忠报国的岳飞成为家喻户晓、妇孺皆知的民族英雄，而卖国求荣的秦桧则被永远钉在历史的耻辱柱上。

3. 设学校，育人才，兴文治

古代政治家、思想家，都积极主张设学校以育人才、以兴文治，这也是强国之本。西汉成帝时下诏仿古之太学，选通达之士为博士，以传先王之道。诏曰：“古之立太学，将以传先王之业，流化于天下也。儒林之官，四海渊原，宜皆明于古今，温故知新，通达国体，故谓之博士。否则学者无述焉，为下所轻，非所以尊道德也。‘工欲善其事，必先利其器。’丞相、御史其与

[1] 《孝经·广扬名章》。

[2] 《论语·学而》。

[3] 《后汉书·韦彪传》。

中二千石、二千石杂举可充博士位者，使卓然可观。”[1]汉元帝更以“尊师而重傅”为“国之将兴”的标志。[2]

《北史·刘芳传》更以简洁的语言表达了设学校的重要性，他说：“夫为国家者，罔不崇儒尊道，学校为先。”

唐昭宗在《修葺国学诏》中说：“有国之规，无先学校；理官之要，莫尚儒宗。故前王设塾序，陈齿胄，所以敷扬至道，宏阐大猷者也。国学自朝廷丧乱已来，栋宇摧残之後，岁月斯久，榛芜可知。宜令诸道观察使、刺史与宾幕州县文吏等，同于俸料内量力分抽，以助修葺。”[3]

宋王安石变法时，曾建议神宗兴建学校，改革贡举之法，这一建议得到神宗的支持。王安石说：“古之取士俱本于学，请兴建学校以复古。其明经、诸科欲行废罢，取明经人数增进士额。”乃诏曰：“化民成俗，必自庠序；进贤兴能，抑繇贡举。而四方执经艺者专于诵数，趋乡举者狃于文辞，与古所谓‘三物宾兴，九年大成’，亦已盭矣。今下郡国招徕隽贤，其教育之方，课试之格，令两制、两省、待制以上、御史、三司、三馆杂议以闻。”“议者多谓变法便。”[4]

明朝建立以后，太祖朱元璋虽起自布衣，但深知学校对于育人才、正风俗、兴文治的重要意义，因而建元之初便迭颁诏令扩建太学，并下令天下郡县兴建学校。洪武二年（1369 年）三月戊午，“诏增筑国子学舍。初，即应天府学为国子学。至是，上以规制未广，谕中书省臣曰：‘太学育贤之地，所以兴礼乐，明教化，贤人、君子之所自出。古之帝王，建国君民，以此为重。朕承困弊之余，首建太学，招徕师儒，以教育生徒。今学者日众，斋舍卑隘，不足以居。其令工部增益学舍，必高明轩敞，俾讲习有所，游息有地，庶达材成德者有可望焉。’”[5]洪武二年（1369 年）十月辛卯，命郡县立学校。诏

---

〔1〕《汉书·成帝纪》。

〔2〕《汉书·元帝纪》。

〔3〕《全唐文》卷九一《修葺国学诏》。

〔4〕《宋史·选举志一》。

〔5〕《明太祖实录》卷四〇。

曰："古昔帝王育人材、正风俗，莫先于学校。自胡元入主中国，夷狄腥膻，污染华夏，学校废弛，人纪荡然，加以兵乱以来，人习斗争，鲜知礼义。今朕一统天下，复我中国先王之治，宜大振华风，以兴治教。今虽内设国子监，恐不足以尽延天下之俊秀。其令天下郡县并建学校，以作养士类。"〔1〕

清朝建立以后，雍正元年（1723 年），礼部侍郎蒋廷锡疏言："国家广黉序，设廪膳，以兴文教，乃生员经年未尝一至学宫。请敕学臣通饬府、州、县、卫教官，凡所管生员，务立程课，面加考校，讲究经史。学臣于岁、科考时，以文艺优劣定教职贤否。《会典》载顺治九年定乡设社学，以冒滥停止。请敕督抚令所属州、县，乡、堡立社学，择生员学优行端者充社师，量给廪饩。乡民子弟年十二以上、二十以下有志者得入学。"〔2〕蒋廷锡的奏疏一则督励生员勤学经史，定期考核以定优劣；一则请立社学，12 岁以上、20 岁以下皆可入学。此疏"下部议，从之"〔3〕，显示了清朝对文教的重视。

乾隆帝在上谕中除论及古时兴办学校，使得"教化兴而风俗厚"外，还严令督抚、学政时刻留心选人育才，不可苟且塞责。他说："古者党有庠，术有序，民生八岁入小学，十五岁入大学，不独秀而为士者群居乐业，天下实无不教之民，是以教化兴而风俗厚。后世设立教官，专以课士，已非先王有教无类之意。而近来教职，多系衰老庸劣之辈，不但不能以道德礼义化导齐民，并其课士之职，亦不克举。亦安用此一官为也？朕御极之初，念其俸薄，不足自赡，特命增给，乃望其修举职业，助兴教化，非以廪饩为养老之具，各员亦不当以司铎为养老之官也。著该督抚会同学政，严饬所属教官，务以实心实力，劝学兴文，恪尽课士之责。其有年力衰颓，贪念禄位，及庸劣无能，不称师儒之席者，秉公甄别，咨部罢斥，庶训迪得人，而于造士育才之道，庶几其有裨益，各督抚学政仍当时刻留心，永久奉行，不可苟且塞责也。"〔4〕

〔1〕《明太祖实录》卷四六。

〔2〕《清史稿·蒋廷锡传》。

〔3〕《清史稿·蒋廷锡传》。

〔4〕《清高宗实录》卷一五五，乾隆六年十一月庚寅。

鉴于江苏、安徽二省应试的士人众多而学政所需之养廉银却少于其他省份，为此特下诏增加此二省学政的养廉银，以使其安于职业。他说："各省学政，有衡文育材之责，关系綦重。从前各赏养廉资其用度，俾得坚持操守，砥砺廉隅，衡鉴公明，共襄国家作人之巨典。天下人文繁盛、应试众多者，莫如江南。学政养廉，江苏二千两，安徽一千五百两，较他省为少，以此养赡家口，延致幕客，未免不敷，所当加恩体恤者。著从今秋为始；上下两江学政养廉，各赏银四千两，使伊等用度从容，益得尽心于职业，以副朕任官课士之至意。"〔1〕

综上可见，善教对于善治的重要。善教不仅需要国家采取各种政策措施，广而教之，更重要的是，人人自省，由正心诚意出发，进而齐家治国，直到平天下。能平天下，可谓达到了善治的极致。《礼记·大学》说："古之欲明明德于天下者，先治其国；欲治其国者，先齐其家；欲齐其家者，先修其身；欲修其身者，先正其心；欲正其心者，先诚其意；欲诚其意者，先致其知，致知在格物。物格而后知至，知至而后意诚，意诚而后心正，心正而后身修，身修而后家齐，家齐而后国治，国治而后天下平。"

善教虽以教化为主要形式，但也需要具有某种道德的、良知的和法律的约束，因此，明刑弼教也可以视为善教的一种补充手段。

明刑弼教，一者在立法上，使纲常礼教的道德规范入律，使道德法律化之后，法律所宣传的是重德礼、慎刑罚、遵伦常、讲忠孝、重诚信、远诈伪、重和谐、求和睦，因此，遵守法律、执行法律便体现了善教的作用。由此不难理解《唐律疏议》开宗明义便宣布，"德礼为政教之本，刑罚为政教之用，犹昏晓阳秋相须而成者也"〔2〕。

再者在司法上，用刑非以刑人为目的，而旨在彰善瘅恶，禁暴止邪，使人远恶迁善。后人评价唐律"于礼以为出入"，也就是以礼的原则衡平用刑的尺度。在传统司法中，注重法、理、情三者的统一，执法是前提，明理是公

〔1〕《清高宗实录》卷二四，乾隆元年八月壬申。

〔2〕《唐律疏议·名例》。

论，原情是礼俗，三者统一体现了中国古代明刑弼教所特有的范式。

三、良法、贤吏、善治三者的统一

总括上述，中国古代的良法与善治具有相向而行的一致性，良法是缔造善治的前提；善治又是良法的价值取向，是良法所追求的目标。但是，虽有良法，却不一定必然带来善治。法律制定得再好，也只是停留在纸面上的规范而已，只有变成实际才能发挥应有的作用。因此，在良法与善治之间，需要贤吏加以沟通。中国古代所谓贤吏的特征，无外乎勤政为民、克己奉公、恪尽职守、刚正不阿、为国尽瘁、执法无私等等。三国时期的诸葛亮被认为是执行臣道的贤吏的典范，史书说："诸葛亮之为相国也，抚百姓，示仪轨，约官职，从权制，开诚心，布公道；尽忠益时者虽雠必赏，犯法怠慢者虽亲必罚，服罪输情者虽重必释，游辞巧饰者虽轻必戮；善无微而不赏，恶无纤而不贬；庶事精练，物理其本，循名责实，虚伪不齿；终于邦域之内，咸畏而爱之，刑政虽峻而无怨者，以其用心平而劝诫明也。可谓识治之良才，管、萧之亚匹矣。"[1]

可见，贤吏是执法者，是运用法律推行善治的执行者。没有贤吏，法是"死物也"，很难据以自动地缔造善治。正如唐时白居易所说，"虽有贞观之法，苟无贞观之吏，欲其行善，无乃难乎？"[2]白居易此论，是对贞观以来法与吏相互关系的深刻反思。《贞观律》是唐朝君臣在总结隋朝法制之失以及现实司法经验基础上所形成的一部良法，参与制定和执行此良法的官吏，是一大批贤吏，如长孙无忌、房玄龄、杜如晦、戴胄、魏征等等。正是这一大批贤吏认真实施《贞观律》这一良法，由此带来了贞观朝的盛世。然而白居易所处的德宗时代，唐朝已经趋于衰世，虽有《贞观律》《永徽律》这样的良法，但执法之吏却是"小人多而君子少"，以致有良法而不能行，善治也就难

〔1〕《三国志·蜀书·诸葛亮传》。

〔2〕《白居易集·策林·论刑法之弊》。

以出现了。宋时，王安石也从其变法失败的教训中，深刻认识到贤吏的重要性，他说，“守天下之法者吏也。吏不良，则有法而莫守”〔1〕。

所以，良法、贤吏、善治是一个整体，三者互相联结，共同为治，失掉哪一部分，都不可能实现国家的正常活动和长治久安。良法的出现，责在立法者；贤吏的出现，责在铨选得当，督察有法；而善治，既是良法与贤吏共同追求的目标，同时又为进一步发挥良法、贤吏的作用提供了良好的客观环境。在建设社会主义法治国家的今天，既需要制定良法，更需要培养遵法、奉法、行法的贤吏，务求做到习近平总书记在主持召开中央全面依法治国委员会第一次会议上所说的“使社会主义法治成为良法善治”。

〔1〕（宋）王安石：《王文公文集》卷三四《度支副使厅壁题名记》，上海人民出版社 1974 年版，第 409 页。

第六章　传统司法文化的现实意义

习近平同志就任总书记以来，多次就司法改革发表重要讲话。2013 年 2 月 23 日，他在主持中央政治局第四次集体学习讲话中指出，“全面推进依法治国，必须坚持公正司法。公正司法是维护社会公平正义的最后一道防线。所谓公正司法，就是受到侵害的权利一定会得到保护和救济，违法犯罪活动一定要受到制裁和惩罚。如果人民群众通过司法程序不能保证自己的合法权利，那司法就没有公信力，人民群众也不会相信司法。法律本来应该具有定分止争的功能，司法审判本来应该具有终局性的作用，如果司法不公、人心不服，这些功能就难以实现”。2014 年 1 月 7 日，习近平同志在中央政法工作会议上强调，“促进社会公平正义是政法工作的核心价值追求。从一定意义上说，公平正义是政法工作的生命线，司法机关是维护社会公平正义的最后一道防线。政法战线要肩扛公正天平、手持正义之剑，以实际行动维护社会公平正义，让人民群众切实感受到公平正义就在身边。要重点解决好损害群众权益的突出问题，决不允许对群众的报警求助置之不理，决不允许让普通群众打不起官司，决不允许滥用权力侵犯群众合法权益，决不允许执法犯法造成冤假错案”。2015 年 3 月 24 日，习近平同志在主持中共中央政治局第二十一次集体学习时强调，“我国司法制度是党领导人民在长期实践中建立和发展起来的，总体上与我国国情和我国社会主义制度是适应的。同时，由于多种因素影响，司法活动中也存在一些司法不公、冤假错案、司法腐败以及金钱案、权力案、人情案等问题。这些问题如果不抓紧解决，就会严重影响全面依法治国进程，严重影响社会公平正义"。2017 年 7 月，他对司法体制改革作出重要指示，"司法体制改革在全面深化改革、全面依法治国中居于重要地位，对推进国家治理体系和治理能力现代化意义重大"。2017 年 10 月，他在十九大报告中指出，"深化司法体制综合配套改革，全面落实司法责任制，努力让人民群众在每一个司法案件中感受到公平正义"。

习近平同志的多次讲话，清楚地表达了司法改革对于全面依法治国的重要性。中国作为世界文明古国之一，司法制度、司法原则、司法理念、司法经验等，都达到相当高的程度，形成了绚丽多彩的司法文化。这是其他世界文明古国所少见的，对于今天的司法改革也具有值得借鉴的现实意义。

一、中国古代重视司法官的培养与选任

由于司法不仅关系到当事人的切身利益，也影响到社会的稳定，因此，古代的统治者以司法作为治国理政的重要手段，非常关注司法官的培养与选任。既要求司法官掌握律例知识，同时更注意司法官的品德、学识以及对社会生活实际的了解。

秦汉时，已设有专门传授法律知识、培养司法官吏的官署，称作"律学"。至西汉元光元年（公元前 134 年），皇帝下诏，令郡察举人才设"四科"，其三曰"明达律令"〔1〕，说明"明法律令"是担任司法官的重要条件。

魏明帝太和元年（227 年），卫觊鉴于律学章句难以理解，上疏说："九章之律，自古所传，断定刑罪，其意微妙……刑法者，国家之所贵重，而私议之所轻贱。狱吏者，百姓之所悬命，而选用者之所卑下。王政之弊，未必不由此也。请置律博士，转相教授。"〔2〕魏明帝允准，设律博士之制，不仅培养了司法专业人才，而且推动了法学的发展，促进了社会重视法律的风气。

---

〔1〕《续汉书·百官志》。

〔2〕《三国志·魏书·卫觊传》。

唐朝沿袭魏晋律博士之制，在国子监下设“律学”，由律博士负责。学生初期为五十人，后减至二十人，但要求严格，学制长达六年。律博士职掌为“教八品以下及庶人之子为生者，以律令为专业，兼习格式条例亦兼习之”。[1]由国家兴办法学教育，对于法律之学的发展起了巨大的推动作用。正如晚清沈家本所说：“董卓之乱，海内鼎沸，生民涂炭，人士凋零。卫凯于是有设律博士之请。自是之后，迄于赵宋，代有此官。虽历代当局之人，或视为重要，或视为具文，所见不同，难归一致，然赖有此一官，而律学一线之延，遂绵绵不绝。”对于法学教育的重要性，沈家本指出：“国家设一官以示天下，天下之士，方知从事此学。功令所垂，趋向随之。必上以为重，而后天下群以为重，未闻有上轻视之，而天下反重视之者。然则律博士一官，其所系甚重而不可无者也。法律为专门之学，非俗吏之所能通晓。必有专门之人，斯其析理也精而密，其创制也公而允。”[2]

唐朝建立科举制度以后，设明法科，开科取士。永徽三年（1652 年）高宗下诏指出，“律学未有定疏，每年所举明法，遂无凭准，宜广召解律人条义疏奏闻”。[3]可见，著名的《唐律疏议》的最初目的之一就是为明法考试提供答卷解卷的标准。

宋沿唐制，科举中仍设明法科，而且扩大了录取名额。神宗改制时，为了进一步改变“近世士大夫，多不习法”的学风，“又立新科明法，试律令、《刑统》，大义、断案”。[4]科举试法起着某种导向作用，激发了士人学习法律的积极性。如同神宗时期大臣彭汝砺所说：“异时士人未尝知法律也，及陛下以法令进之，而无不言法令。”[5]

明朝废除律博士，同时科举中废明法科、刑法科，改用八股取士，致使

〔1〕《旧唐书·职官二》。

〔2〕（清）沈家本撰，邓经元、骈宇骞点校：《历代刑法考》附《寄簃文存》卷一《设律博士议》。

〔3〕《旧唐书·刑法志》。

〔4〕《宋史·选举志三》。

〔5〕《历代名臣奏议》卷一一六《风俗》。

入仕之官对于法律茫然无知。但是明律又规定“诸断罪皆须具引律令”[1]，如违则予以处罚，因此州县长官审判时不得不倚仗幕吏，遂使幕吏擅权。这是明清司法中的一大弊端。

为了弥补司法官法律知识的缺乏，防止司法权下移，《大明律·吏律·公式》中专列“讲读律令”条：“百司官吏务要熟读，讲明律意，剖决事务。每遇年终，在内从察院，在外从分巡御史、提刑按察司官，按治去处考校。若有不能讲解，不晓律意者，初犯罚俸钱一月，再犯笞四十附过，三犯于本衙门递降叙用。”

清朝建立以后，仿《大明律》制定了《大清律集解附例》，仍将“讲读律令”条列于《吏律·公式》之中，并加小注“益欲人知法律而遵守也”。

雍正一朝，对“讲读律令”极为重视。史载，雍正三年（1725 年）议准：“嗣后年底，刑部堂官传集满汉司员，将律例内酌量摘出一条，令将此条律文背写完全，考试分别上、中、下三等，开列名次奏闻。”[2]

乾隆初期，吏部以内外官员各有本任承办事例，“律例款项繁多，难概责以通晓，奏请删除官员考校律例一条”，乾隆帝“不允”，谕曰：“诚以律例关系重要，非尽人所能通晓，讲读之功不可废也。”[3]乾隆七年（1742 年），上谕中严肃指出：“若谓各部律例，未能尽行通晓则可，若于本部本司律例，茫然不知，办理事件，徒委之书吏之手，有是理乎！”[4]

“讲读律令”条中的“国家律令”，是就“颁行天下，永为遵守”的《大明律》和《大清律例》而言。这两部法典虽以刑法为核心内容，但也是诸法合体的国家大法，所涉内容十分广泛，涉及行政、民事、经济、刑法、诉讼、断狱、监狱与家庭、社会等诸多方面，故而要求“百司官吏务要熟读，讲明律意，剖决事务”。

---

〔1〕《大明律·刑律·断狱》。

〔2〕马建石、杨育棠主编：《大清律例通考校注》，中国政法大学出版社 1992 年版，第 374 页。

〔3〕（清）沈家本撰，邓经元、骈宇骞点校：《历代刑法考》附《寄簃文存》卷六《大清律例讲义序》。

〔4〕《清高宗实录》卷一五九。

为适应官员“讲读律令”的需要，清朝允许和鼓励私家注律，形成了由州县官至封疆大吏乃至刑部官员组成的律学家队伍，从多方面注释《大清律例》，成为中国古代注释律学最发达的时期。为了便于官吏阅读和理解《大清律例》，以适应“讲读律令”的需要，有些律学家还编著了“便览”之类的简易读本，还编写了便于记忆的图表、歌诀类律学著作。

明清时代对于官吏的法律教育和一系列规定，是很值得玩味的。如：官是执法者，故为官者不可不知法，并且不应限于本部门的法规，而应当熟悉国家最重要的法典。官员试法每年定期举行，具有强制性，违反规定者要给予相应制裁。试法结果区分优劣，依法予以奖惩。明清时期，“讲读律令”条起了很好的导向作用，增加了官民的法律意识。历史经验证明，只有提高执法者的法律素质，才有助于援法断罪，改善司法的现状。

从事幕友多年，后为知县的汪辉祖，以其切身的经历撰写了《佐治药言》，其中提到州县官与幕客需要深入了解律例知识，临事方能应付裕如。他说：“幕客佐客，全在明习律例。律之为书，各条具有精蕴。仁至义尽，解悟不易，非就其同异之处，融会贯通，鲜不失之毫厘，去之千里。夫幕客之用律，犹秀才之用四子书也。四子书解误，其害止于考列下等，律文解误其害乃致延及生灵。昔有友人，办因奸拐逃之案，意在开脱奸夫，谓是奸妇在逃改嫁，并非因奸而拐。后以妇人背夫自嫁，罪干缳首，驳该平反，大费周折。是欲宽奸夫之遣，而几入奸妇于死所，调知其一不知其二也。故神明律意者，在能避律，而不仅在引律。如能引律而已，则悬律一条以比附人罪一刑，胥足矣，何藉幕为。律文一定？不移例，则因时更改，宜将本到通行，随手抄粘。律本以免，引用歧误，仍常看条例以绎意义而达时务。”〔1〕

汪辉祖从多年的司法实际工作中深切感受到，社会生活是复杂的，犯罪的情节因各地风俗之不同不能一律对待。所以，他提出州县官不仅要熟读律例，还要深入社会生活实际，了解风俗民情，这对于查明案情，作出合理的

〔1〕（清）汪辉祖：《佐治药言·读律》。

判决至关重要。他说："幕之为学，读律尚已。其运用之妙，尤在善体人情。盖各处风俗往往不同，必须虚心体问，就其俗尚所直，随时调剂。然后传以律令，则上下相协，官声得著，幕望自隆。若一味我行我法，或且怨集谤生。古云利不百不兴，弊不百不除。真阅历不可不念也。"[1]

州县官审理的案件，以田土、婚姻、钱债之诉为主，此类案件往往涉及宗法、服制、嫡庶之分，至于田土争讼，又有各种契具纷然杂呈，都要求州县官须有多方面的知识与经验，以免偏听幕友之言而不察，丧失司法的公正性。做过多年地方官的徐士林在他的判词中严肃地指出："律例犹医书《本草》也，其情事万端，如病者之经络虚实也。不善用药者杀人，不善用律者如之。"[2]正因为如此，史书说他"治狱不以刑讯而以理折，不以迹拘而以情求"。因而，他能够"握一狱之关键，晰众口之异同，而折以是非之至当，揆之天理而安，推之人情而准，比之国家律法而无毫厘之出笔入"。[3]他反对深文周纳，以至刑讯逼供，也不许"姑息养奸"，无原则的宽容。"凡谳定必先摘大略牌示，始发缮文册，吏不得因缘为奸。"[4]因此，经他审定的案件，从无翻案者。每当士林奉委派会审部驳大案时，他也尽力做到"听断精敏……析疑疏滞，如见如绘；批郄导窾，无不迎刃而解"。[5]徐士林不仅以不善用律者无异于杀人自警，也据以勉励属下，"每守令来谒，辄具狱命判，试其才"。[6]

二、对司法官的责任要求

（一）律法断罪，罪刑法定

中国古代的思想家、政治家对于法律的功能与价值是十分重视的，认为

[1]（清）汪辉祖：《佐治药言·须体俗情》。

[2]（清）袁枚：《小仓山房文集》卷三《江苏巡抚雨峰徐公神道碑》。

[3] 陈全伦等主编：《徐公谳词——清代名吏徐士林判案手记》附录三《旧序跋·徐雨峰中丞勘语·序》，齐鲁书社2001年版，第689~690页。

[4]《清史稿·徐士林传》。

[5]（清）卢见曾：《国朝山左诗钞》卷五〇。

[6]（清）李元度：《国朝先正事略》卷一五《徐雨峰抚军事略》。

“法者，天下之程式也，万事之仪表也”[1]，“法律政令者，吏民规矩绳墨也”[2]，“法者，所以齐天下之动，至公大定之制也”[3]，因此“治国使众莫如法，禁淫止暴莫如刑”[4]。法律既然具有这样的价值与功能，援法断罪就成为必然的选择。

战国时期，法家都主张“一断于法”；儒家同样主张以法为准绳，只不过强调以礼乐为司法的主宰。孔子说：“礼乐不兴，则刑罚不中；刑罚不中，则民无所措手足。”[5]

至晋代，三公尚书刘颂针对“法渐多门，令甚不一”的弊病，提出了具有划时代意义的司法改革意见。其一，主张“君臣之分，各有所司”，“监司以法举罪，狱官案劾尽实，法吏据辞守文”[6]，皇帝不随意干涉司法，而应使执法者恪尽职守。其二，强调法律颁布以后，皇帝必须信守于天下，不得肆意更改。他说：“人君所与天下共者，法也。已令四海，不可以不信以为教。方求天下之不慢，不可绳以不信之法。”[7]其三，为了做到援法断罪，他强调：“律法断罪，皆当以律令正文。若无正文，依附名例断之。其正文名例所不及，皆勿论。”[8]同时建议：“今限法曹郎令史，意有不同为驳，唯得论释法律，以正所断，不得援求诸外，论随时之宜，以明法官守局之分。”[9]

刘颂关于援法断罪的思想，是对汉以来封建法治思想的继承和发展。汉宣帝时，涿郡太守郑昌便提出：“律令一定，愚民知所辟，奸吏无所弄矣”，[10]并把这看作是“正本”之举，可以避免司法官之擅断。东汉思想家桓谭鉴于“法令决事轻重不齐，或一事殊法，同罪异论……刑开二门”，建议“可令通

---

[1]《管子·明法解》。
[2]《管子·七主七臣》。
[3]《慎子·逸文》。
[4]《管子·明法解》。
[5]《论语·子路》。
[6]《晋书·刘颂传》。
[7]《晋书·刑法志》。
[8]《晋书·刑法志》。
[9]《晋书·刑法志》。
[10]《汉书·刑法志》。

义理，明习法律者，校定科比，一其法度，班下郡国，蠲除故条。如此天下方知，而狱无冤滥矣"[1]。除传承已有的认识外，多年的司法管理工作也使刘颂能够在经验的基础上，作出更加明确的理论概括，并使之上升为法律。

刘颂的主张与17~18世纪西方资产阶级革命时期提出的"法无明文规定不为罪"的罪刑法定原则相比，在理念上具有一致性，但早于西方一千余年。

对于刘颂的主张，当时在朝中多有支持者。如，侍中太宰汝南王亮便奏请惠帝"以为宜如颂所启，为永久之制"。[2]门下属三公曰："昔先王议事以制，自中古以来，执法断事，既以立法，诚不宜复求法外小善也。若常以善夺法，则人逐善而不忌法，其害甚于无法也。"[3]

由于晋律已佚，刘颂的主张是否被法律化已无法直接考证，但北周、隋唐律中有关于援法断罪的明确规定，不仅说明其思想影响深远，同时也可以反证其主张已被纳入晋律。如北周宣帝在宣下州郡的"诏制九条"中规定，"一曰决狱科罪，皆准律文……三曰以杖决罚，悉令依法"。[4]

隋初开皇五年（585年），文帝针对一件诬陷反坐案明令司法官断狱时具写律文，他说："人命之重，悬在律文，刊定科条，俾令易晓。分官命职，恒选循吏，小大之狱，理无疑舛。而因袭往代，别置律官，报判之人，推其为首。杀生之柄，常委小人，刑罚所以未清，威福所以妄作，为政之失，莫大于斯。其大理律博士、尚书刑部曹明法、州县律生，并可停废。""自是诸曹决事，皆令具写律文断之。"[5]

至唐朝，更将具引律令作为司法官必须履行的一项法律责任。唐律规定："诸断罪，皆须具引律令格式正文。违者，笞三十。"[6]这条规定可以说是对中国古代援法断罪、罪刑法定思想最简明、最典型的概括。它标志着中国古

---

〔1〕《后汉书·桓谭传》。
〔2〕《晋书·刑法志》。
〔3〕《晋书·刑法志》。
〔4〕《周书·宣帝纪》。
〔5〕《隋书·刑法志》。
〔6〕《唐律疏议·断狱律》，"断罪不具引律令格式"。

代刑法的发展和司法活动的规范化，既反映了法律所具有的权威，又严肃了司法官的司法责任，维护了法制秩序。《唐律疏议·断狱律》虽然也明载“事有时宜，故人主权断制敕，量情处分”，但是“制敕断罪，临时处分，不为永格者，不得引为后比”，这对于人主权断的滥用未尝不是一种限制。

宋朝是一个重视法制的朝代，宋太祖以法律为“理国之准绳，御世之衔勒”，要求“食禄居官之士”皆为“亲民决狱之人”。[1]在援法断罪方面，《宋刑统》继承了唐律援法而治的精神及其相关规定，并根据社会的发展在制度上进行了补充。宋朝在刑事案件审判中实行的鞫谳分司制度就是明显的例证。鞫谳分司制度就是将审与判分离，由司理参军专管狱讼勘鞫，称为“鞫司”；由司法参军专掌“检法断刑”，称为“谳司”。在司法机关中设专官负责“检法断刑”以确保罚当其罪、准确适用法律，是宋朝的一项创举。宋朝在中央司法机关中也设有专门的检法官，负责检详法条，其目的同样在于准确地适用法律，提高司法效能与权威。

明清两朝的司法制度基本沿袭唐制，只是在其基础上略有增减而已。

（二）以五声听狱讼：注意人犯的心理变化

中国古代的司法官在审理案件时采取纠问式的审判方式。这种审判方式要求司法官在纠问中注意人犯的心理变化，也就是所谓的“以五声听狱讼”。

西周初期的审判制度，在摒弃了商朝神断法的基础上，经过对司法经验的认真总结，形成了“五听”的审判方法。据《周礼》记载：“以五声听狱讼、求民情”。所谓五听“一曰辞听，二曰色听，三曰气听，四曰耳听，五曰目听”。对此，东汉的郑玄注释如下：“观其出言，不直则烦；观其颜色，不直则赧然；观其气色，不直则喘；观其听聆，不直则惑；观其眸子视，不直则眊。”“五听”是在总结大量司法实践经验与研究犯罪者心理变化的基础上所形成的审讯方法。根据犯罪心理学，罪犯在犯罪前的心理活动，常常是形

---

〔1〕《宋会要辑稿》选举一三之一一。

成犯罪行为的内在动因。因此通过观察与研究犯罪者的心理活动，进而判断其是否犯罪具有一定的科学根据。在物证技术极不发达的中国古代，司法官逐渐以人的心理活动为观察对象，并借此发现案件事实，而不只是一味地诉诸占卜、神判或拷讯，这种远神近人的做法为中国古代的司法制度增添了人文精神的印记。现代司法实践中所应用的测谎仪器，也不外乎是用现代科学仪器，侦测犯罪者的心理反应而已。

“以五声听狱讼”的影响甚为深广。西晋时期，张斐论证说：“夫刑者，司理之官；理者，求情之机；情者，心神之使，心感则情动于中，而形于言，畅于四肢，发于事业。是故奸人心愧而面赤，内怖而色夺。论罪者务本其心，审其情，精其事，近取诸身，远取诸物，然后乃可以正刑。仰手似乞，俯手似夺，捧手似谢，拟手似诉。拱臂似自首。攘臂似格斗，矜庄似威，怡悦似福，喜怒忧欢，貌在声色。奸真猛弱，候在视息。”[1]此论以心理学为依据对“五听”作了进一步诠释。

综上可见，早在公元前十一世纪左右，司法制度已经摆脱了神断的约束，而集中到对人的观察上。“五听”不是主观唯心主义的臆断，而是以充分的经验和心理观察为基础，总结出的审断方法。它与现代司法心理学的原理基本吻合，充分说明了中国古代司法文明的先进性。

（三）公平公正是司法官的第一要义

在先秦文献中，以“中”来比喻司法的公平与公正。周初伟大的政治家、思想家周公总结殷亡于“重刑辟”的教训，提出“明德慎罚”的国策，就是不得“滥罚无罪，杀无辜”[2]。他还举出司寇苏公，作为执法得中的榜样：“司寇苏公，式敬尔由狱，以长我王国，兹式有慎，以列用中罚。”[3]所谓“中罚”，

---

〔1〕《晋书·刑法志》。
〔2〕《尚书·康诰》。
〔3〕《尚书·立政》。

《尚书正义》解释说："列用中常之罚，不轻不重，当如苏公所行也。"[1]

荀子《王制篇》以"公平"为"职之衡也"，"中和"为"听之绳也"，即以公平来衡量官吏的职守，以中和作为司法的准绳。《吕氏春秋·贵公》说："昔先圣王之治天下也必先公。公则天下平矣，平得于公。尝试观于上志，有得天下者众矣，其得之以公，其失之必以偏。凡主之立也生于公……天下非一人之天下也，天下之天下也。阴阳之和，不长一类。甘露时雨，不私一物。万民之主，不阿一人。"

汉宣帝在元康二年（公元前64年）五月诏书中，一方面指出司法的重要性与良吏执法的价值，所谓"狱者万民之命，所以禁暴止邪，养育群生也，能使生者不怨，死者不恨，则可谓文吏矣"[2]；另一方面谴责贪酷之吏任意用法造成的危害："今则不然，用法或持巧心，析律贰端，深浅不平，增辞饰非，以成其罪。"[3]

唐高宗时期，为了确保公正司法，建立了三司推事作为权力制衡的机制。据《唐会要》："有大狱，即命中丞、刑部侍郎、大理卿鞫之，谓之大三司使；又以刑部员外郎、御史、大理寺官为之，以决疑狱，谓之三司使。"[4]三司推事，一则在司法机关系统中建立了互相制衡的机制，再则发挥了监察机关司法监察的作用。唐朝实行的三司推事，为公正司法提供了一重制度保障，对后世深有影响。明清时期的会审制度即导源于此。

由于公平公正是司法最重要的价值取向，也是司法官为官的第一要义，因此，要求司法官"去私曲，就公法"，以使"民安而国治"。[5]为了保证程序公正，还实行司法官回避制度。《唐六典·刑部》规定："凡鞫狱官与被鞫人有亲属仇嫌者，皆听更之。"唐朝以后关于审讯回避的规定更为具体。据《大清律例》"听讼回避"条："凡官吏于诉讼人内关有服亲及婚姻之家，若

〔1〕《尚书·立政》。
〔2〕《汉书·宣帝纪》。
〔3〕《汉书·宣帝纪》。
〔4〕（宋）王溥撰：《唐会要·诸史中》卷七八。
〔5〕《韩非子·有度》。

受业师及素有雠隙之人并听移文回避，违者笞四十。若罪有增减者以故出入人罪论。"[1]

（四）以法为据，兼顾情理

法，指国家的制定法，它是司法的主要依据。先秦时期的法律渊源主要是刑、誓、命，秦汉时期的法律渊源主要是律、令、科、比。至唐朝，发展为律、令、格、式、典、敕、例。两宋时期，除正律外还有敕、令、条法。明清时期，以律例为主，也包括则例、会典、敕谕等。可见，中国古代形成了悠久的制定法传统。随着法律的儒家化和司法经验的积累，法、理、情三者统一逐渐成为司法官断罪量刑的重要考量。

理，主要指理由、道理、事理、理法，它具有普遍性的世俗规则的性质，因此司法审判中也要循理，不得悖理。至宋朝，理学家们又将宇宙万物之"极则"的"天理"与体现世俗规则的"理"相附会，并以之主宰司法，所谓"良法秉天理而定，司法秉天理而行"。

情，主要指情感、人情、情理。《礼记·礼运》说："何谓人情？喜、怒、哀、惧、爱、恶、欲，七者弗学而能。"这说明，人情是人类带有共同性的特征，即通常所说的"人之常情"。在中国古代，人情以深厚的血缘伦理亲情为基础，具有伦理性，而亲情又是具有社会性的，是社会关系在家庭（族）间的具体化。因此，也要从社会大视野的角度去认识和掌握人情，并把亲情扩大为世情。不从血缘伦理亲情着眼去考察人情，便脱离了宗法社会的本体，而仅仅从伦理血缘亲情着眼，又妨碍了揭示人情的社会本质。总之，人情具有伦理性、社会性、时代性，它不是个人的爱恶或少数人的趋向，而是公认的爱恶和社会绝大多数成员的趋向。人情的标准因时代、阶级、阶层而异，但也有共性，那就是人性在正常状态下的反映。《名公书判清明集》中出现的"情"，除人情外，有的也借以表达案情的事实而"酌情据法，以平其事，则

---

〔1〕《大清律例·刑律·诉讼》，"诉讼回避"。

无厌之讼炽矣”，如“今揆之天理，决不可容，佥厅所拟，已近情理”。[1]

汉朝礼法合流，礼主刑辅成为国家法制的指导原则，以致纲常之礼被视为最重要的道理。至宋代，纲常之礼被渲染为“天理”，而在纲常入律以后，使得天理与国法相通，从而增加了法的权威性。南宋理学家真德秀阐述了天理与国法的关系，他说：“是非之不可易者也，天理也；轻重之不可逾者，国法也。以是为非，以非为是，则逆乎天理矣！以轻为重，以重为轻，则违乎国法矣！居官临民，而逆天理违国法，于心安乎？雷霆鬼神之诛，金科玉条之禁，其可忽乎？”[2]显而易见，真德秀的天理国法观是务实的，是立足于司法实际的，是对于居官临民的具体要求。坚持是非就是坚持天理，这样的天理非常具体，它同国法的关系也更加相合。

明清时期，随着科学技术的发展，充满神秘色彩的天理所影响的空间缩小了，但天理的法律化却得到进一步加强。天理愈是法律化，政治与伦理愈和谐，君权、父权、族权愈膨胀，个人的法律意识与权利观念愈淡薄。宋朝以后，中国的法律历史就是沿着这样的轨迹发展的。

关于国法与人情的关系。首先，二者具有一致性。纲常同以血缘、伦理、亲情为内涵的人情是相合的。法顺人情，赋予法律一种中庸平和的亲切感，使法贴近生活，凸显古代法律“仁”的基调。执法以顺人情，使国法增添伦理色彩的同时，还获得了社会舆论的支持，因而对判决的执行更具有广泛的约束力和影响力。因此，古代法官司法时最为常见的情形便是“上不违于法意，下不拂于人情”。

其次，二者也存在着冲突。人情所反映的亲情义务与法律所规定的国家义务之间存在着不同的要求。中国古代虽然宣传国之本在家，但如果家族私利影响国家利益，家法干扰国法，家族成员犯上作乱，则一律依法严惩，以示国重于家，君高于父。法律以强制的制裁为后盾，要求所有社会成员恪守国法，一体承担国家义务，迫使庶民接受赋敛征发。即使在一般情况下，国

---

〔1〕《名公书判清明集》卷七《户婚门·立继·出继子破家不可归宗》。

〔2〕（宋）真德秀：《西山政训》。

法与人情也存在着不同的侧重面。国法与人情的要求不同，规范目的不同，制裁方式不同，这构成了二者冲突的客观基础。南宋著名司法官胡石壁对法与情的关系作了精辟的论述："法意、人情，实同一体，徇人情而违法意，不可也；守法意而拂人情，亦不可也。权衡于二者之间，使上不违于法意，下不拂于人情，则通行而无弊矣。"〔1〕

明清时期，县衙大堂上一般都悬有匾额，上书"天理国法人情"，表示案件的审理既要顺应天理，又要遵守国法、合乎人情。河南内乡县衙是目前全国保存最好的一座古代县衙，大堂、二堂、三堂为县衙中轴线上的三大主体建筑，其中尤以大堂最为壮观，其上方悬挂"内乡县正堂"匾额，堂前黑漆柱上的楹联曰"欺人如欺天毋自欺也；负民即负国何忍负之"。大堂是昔日知县举行重大典礼、重审重大案件、迎接上级官员的地方，整个大堂的布置气派而庄严。但走入第二进院子则风格陡变，二堂屏门上挂一横匾，上书"天理国法人情"六个大字；堂前的楹联为"法行无亲令行无故；赏疑唯重罚疑唯轻"；堂上设公案，两侧有刑具。二堂的规模和气派都要逊于大堂，但却是县官主要的审理场所，绝大多数的案件都是在二堂审理的。从县衙的匾额、楹联中，可以看出中国古代传统的司法理念。

对于刑事案件的判决，必须依据法律，情与理只作附带的考量；对于民事案件的判决，情与理的影响则加强，以致出现有法者依法律、无法者依情理的现象。司法官要在天理、国法、人情之间进行权衡、协调统一，以确保司法公正，利于社会有序和国家稳定。

（五）调解息争，减少讼累

中华民族自古以来便有以和为贵的文化传统，亲族之间、邻里之间，多以和睦相处、患难相济为相处之道。同时，在孔子"必也使无讼乎"〔2〕司法理念的影响下，对于一般的民事方面的争讼，官府多以调解为主，当事人为

〔1〕《名公书判清明集》卷九《户婚门·取赎·典买田业合照当来交易或见钱或钱会中半收赎》。
〔2〕《论语·颜渊》。

减少讼累，也乐于接受调处。因此，早在汉代便出现了调解息讼的一些案例。至唐代，有些善于调处的官员致仕返乡以后，民间争讼仍然奔赴其门请求调解。在宋代，调解息讼累见于文献记载。至清朝，调解息讼的形式多样，分为堂上调解、堂下调解，堂下调解又可分为亲族调解、邻里调解、基层组织调解。调解之后，由当事人出具甘结，以示各息，官府据此结案，不许再诉。

在中国法文化中，调解是中国古代司法一项独具特色的重要经验。其所以延续千年而不衰，不是偶然的，中国古代稳定的血缘地缘关系是推动调解的客观条件，追求政简刑清是官府提倡调解的主观动机，避免讼累又是民众乐于接受调解的主观原因和心理状态。

但是调解绝非不讲原则，不顾法纪，也不是一味和事佬性质的举措，而是一种建基于情、理、法之上以求“致中和”的司法艺术。调解的甘结，多是在“晓之以理，动之以情”之后作出的。调解的终极意义，在于激发争讼之人的羞恶之心、辞让之心、是非之心，自觉地远恶迁善。当然，不论是执法原情、屈法伸情，还是调解息讼，所涉及的案件都是对社会和国家危害不大的，并且息讼甘结由官定、原情免罪由上裁。这样做，既可以起到渲染圣君仁慈的效果，又体现了重纲常、和睦相处、维护名教的宗旨。

（六）严格执法，提高司法权威

历史证明，只有严格执法，才会增强司法的权威性。例如，商鞅变法之始，“言初令之不便者以千数，于是太子犯法，卫鞅曰：‘法之不行，自上犯之。’将法太子。太子，君嗣也，不可施刑，刑其傅公子虔，黥其师公孙贾。明日，秦人皆趋令。行之十年，秦民大说，道不拾遗，山无盗贼，家给人足”。[1]

汉文帝时，一次出行至中渭桥，有人从桥下出，惊文帝马，被执下狱，由廷尉张释之审判，断为此人犯跸，罚金四两。文帝怒曰：“此人亲惊吾马，马赖和柔，令它马，固不败伤我乎？而廷尉乃当之罚金！”张释之对曰：“法

〔1〕《史记·商君列传》。

者，天子所与天下公共也。今法如是，更重之，是法不信于民也。且方其时，上使使诛之则已。今已下廷尉，廷尉，天下之平也，一倾，天下用法皆为之轻重，民安所错其手足？唯陛下察之。”文帝良久曰：“廷尉当是也。”[1]

东汉时期，湖阳公主的豪奴白日杀人，隐匿在公主家，后豪奴为公主驾车出行，洛阳令董宣乃“驻车叩马……大言数主之失，叱奴下车，因格杀之”。由于董宣严于执法，“由是搏击豪强，莫不震粟。京师号为‘卧虎’”。[2]

蜀汉诸葛亮以公正司法治世，他曾说，“吾心如秤，不能为人作轻重”。[3]《三国志》的作者陈寿充分肯定了诸葛亮执法公平的效果：“诸葛亮之为相国也，抚百姓，示仪轨，约官职，从权制，开诚心，布公道；尽忠益时者虽雠必赏，犯法怠慢者虽亲必罚，服罪输情者虽重必释，游辞巧饰者虽轻必戮；善无微而不赏，恶无纤而不贬；庶事精练，物理其本，循名责实，虚伪不齿；终于邦域之内，咸畏而爱之，刑政虽峻而无怨者，以其用心平而劝诫明也。”[4]

以公正司法、铁面无私、流芳百世的包公在任开封知府时，“立朝刚毅，贵戚宦官为之敛手，闻者皆惮之。人以包拯笑比黄河清。童稚妇女，亦知其名，呼曰‘包待制’。京师为之语曰：‘关节不到，有阎罗包老。’”[5]他曾说，“法令既行，纪律自正，则无不治之国，无不化之民”。[6]

历史的经验证明，只有严于执法，不疏贵贱，才能彰显司法的公正性，提高司法的权威，有效维护法治的秩序。

三、司法渎职的惩罚

中国古代不仅从正面提出对于司法官的责任要求与道德要求，而且还以严格的法律惩治司法渎职行为。早在《睡虎地秦墓竹简》中便规定有“失

〔1〕《汉书·张释之传》。

〔2〕《后汉书·酷吏列传·董宣传》。

〔3〕《北堂书钞》三七《三国蜀诸葛亮杂言》。

〔4〕《三国志·蜀书·诸葛亮传》。

〔5〕《宋史·包拯传》。

〔6〕（宋）包拯：《包拯集》卷一《上殿札子》，中华书局1963年版，第14页。

刑”“纵囚”“不直”等罪名，用以惩治执法不公的官员。随着历代法律的不断完善，惩治司法渎职的罪名不断增多，刑罚也不断明确，大致可以分为以下几类。

（一）断罪不如法

早在战国时期，法家便反对“临事议罪”，提出了援法断罪的主张。至西晋时期，三公尚书刘颂针对司法实践中“断罪不如法”的现象，提出：“律法断罪，皆当以法律令正文，若无正文，依附名例断之，其正文名例所不及，皆勿论。”[1]至唐朝，唐律明确规定：“诸断罪皆须具引律令格式正文，违者笞三十。”[2]

《宋刑统》也仿唐律：“诸决罚不如法者，笞三十”，“以故致死，徒一年”。[3]

《大明律》对于不如法者，笞四十，“因而致死者，杖一百”，虽轻于宋律，但须赔偿埋葬银一十两，“行杖之人，各减一等”。[4]

《大清律例》关于断罪不如法的规定更为具体：“凡（官司）断罪，皆须具引律例。违者，（如不具引。）笞三十。若（律有）数事共一条，（官司）止引所犯（本）罪者，听。（所犯之罪，止合一事，听其摘引一事以断之。）其特旨断罪，临时处治，不为定律者，不得引比为律。若辄引（比）致（断）罪有出入者，以故失论。（故行引比者，以故出入人全罪，及所增减坐之。失于引比者，以失出入人罪，减等坐之。）”[5]

（二）出入人罪

此罪分失出入与故出入，前者为过失，后者为故出入人罪，是司法渎职

---

〔1〕《晋书·刑法志》。
〔2〕《唐律疏议·断狱》，“断罪不具引律令格式”。
〔3〕《宋刑统·断狱律》，“决罚不如法”。
〔4〕《大明律·刑律·断狱》，“决罚不如法”。
〔5〕《大清律例·刑律·断狱下》，“断罪引律令”。

的常见现象。唐律对于官司出入人罪的规定如下："诸官司入人罪者，（谓故增减情状足以动事者，若闻知有恩赦而故论决，及示导令失实辞之类。）若入全罪，以全罪论；（虽入罪，但本应收赎及加杖者，止从收赎、加杖之法。）"疏议曰："官司入人罪者，谓或虚立证据，或妄搆异端，舍法用情，锻炼成罪。"[1]

唐律还规定："从轻入重，以所剩论；刑名易者：从笞入杖、从徒入流，亦以所剩论。（从徒入流者，三流同比徒一年为剩；即从近流而入远流者，同比徒半年为剩；若入加役流者，各计加役年为剩。）从笞杖入徒流，从徒流入死罪亦以全罪论。其出罪者，各如之。""即断罪失于入者，各减三等；失于出者，各减五等。"[2]

《大明律》在出入人罪的法律规定中，既简要剖析了犯罪的原因，又分清了官与吏各应负的刑责："凡官司故出入人罪，全出全入者，以全罪论。（谓官吏因受人财及法外用刑，将本应无罪之人而故加以罪，及应有罪之人而故出脱之者，并坐官吏以全罪。）""若增轻作重，减重作轻，以所增减论，至死者，坐以死罪。若断罪失于入者，各减三等，失于出者，各减五等。"[3]

（三）受赇枉法

受赇枉法是一项古老的犯罪类别，也是司法官最常见的职务犯罪。据《说文》："赇，以财物枉法相谢也。"据颜师古注："以财求事曰赇。"汉律对官吏受赇枉法的处罚严厉，犯之者处以重刑。汉文帝十三年（公元前167年）诏曰："吏受赇枉法……皆复以古刑。"[4]另据《张家山汉墓竹简》："受赇以枉法，及行赇者，皆坐其臧（赃）为盗。罪重于盗者，以重者论之。"[5]汉律

[1] 《唐律疏议·断狱》，"官司出入人罪"。

[2] 《唐律疏议·断狱》，"官司出入人罪"。

[3] 《大明律·刑律·断狱》，"官司出入人罪"。

[4] 《汉书·刑法志》。

[5] 张家山二四七号汉墓竹简整理小组编：《张家山汉墓竹简·二年律令·盗律》，文物出版社2006年版，第16页。

除惩治受赇枉法者外，也制裁行赇者，如元朔五年（公元前124年），临汝侯灌贤“行赇罪，国除”[1]。

《唐律疏议》以六赃——受财枉法、受财不枉法、受所监临财物、强盗、窃盗和坐赃，概括了非法占有公私财物的犯罪。六赃之中以受财枉法列于首位，处刑极严。唐律“监主受财枉法”条规定，受绢一尺杖一百，每一匹加一等，十五匹处绞刑。即使“诸有事先不许财，事过之后而受财者，事若枉，准枉法论；事不枉者，以受所监临财物论”。[2]

另据唐律“监主受财不枉法”条规定：“赃一尺杖九十，每二匹加一等，三十匹加役流。无禄人受财不枉法减一等处刑，四十匹加役流。”[3]

（四）请托枉法

请托枉法，系指以私事相托，俗称“走门路”“通关节”，以求曲法减免罪犯的处刑。为杜绝此种司法渎职现象，唐律规定：“诸有所请求者，笞五十；（谓从主司求曲法之事。即为人请者，与自请同。）主司许者，与同罪。（主司不许及请求者，皆不坐。）已施行，各杖一百。”《唐律疏议》解释曰：“凡是公事，各依正理。辄有请求，规为曲法者，笞五十。即为人请求，虽非己事，与自请同，亦笞五十。‘主司许者’，谓然其所请，亦笞五十，故云‘与同罪’。若主司不许及请求之人，皆不坐。‘已施行’，谓曲法之事已行，主司及请求之者各杖一百，本罪仍坐。”[4]

如受人财而为请托者，“坐赃论加二等”；如系监临势要者，“准枉法论”；“与财者，坐赃论减三等”。疏议曰：“‘受人财而为请求者’，谓非监临之官。‘坐赃论加二等’，即一尺以上笞四十，一匹加一等，罪止流二千五百里。”[5]

---

〔1〕《史记·高祖功臣侯者年表》。
〔2〕《唐律疏议·职制》，“事后受财”。
〔3〕《唐律疏议·职制》，“监主受财不枉法”。
〔4〕《唐律疏议·职制》，“有所请求”。
〔5〕《唐律疏议·职制》，“有所请求”。

（五）挟仇枉法

因挟私仇而枉法陷人于罪，亦属司法渎职的一种。明律中有“怀挟私仇故禁平人”之条：“凡官吏怀挟私仇故禁平人者，杖八十；因而致死者，绞。提牢官及司狱官、典狱卒知而不举首者，与同罪。至死者，减一等。不知者，不坐。若因公事，干连平人在官无招，误禁致死者，杖八十。有文案应禁者，勿论。若故勘平人者，杖八十；折伤以上，依凡斗伤论；因而致死者，斩。同僚官及狱卒知情共勘者，与同罪；至死者，减一等；不知情，及依法拷讯者，不坐。若因公事，干连平人在官，事须鞫问，及罪人赃仗证佐明白，不服招承，明立文案，依法拷讯，邂逅致死者，勿论。”〔1〕

（六）滥用酷刑

中国古代司法审判重视口供，所谓罪从供定，因此有些司法官急欲取得罪犯口供，往往滥施酷刑。

唐朝是以法相尚的朝代，拷讯也趋于规范化。按唐律，“诸应讯囚者，必先以情，审察辞理，反复参验，犹未能决，事须讯问者，立案同判，然后拷讯。违者，杖六十”。〔2〕“每讯相去二十日。若讯未毕，更移他司，仍须拷鞫者（囚移他司者，连写本案俱移），则验计前讯，以充三度。即罪非重害及疑似处少，不必皆须满三。若囚因讯致死者，皆俱申牒当处长官，与纠弹官对验。”〔3〕“诸拷囚不得过三度，数总不得过二百，杖罪以下不得过所犯之数。拷满不承，取保放之。若拷过三度及杖外以他法拷掠者，杖一百；杖数过者，反坐所剩；以故致死者，徒二年。即有疮病，不待差而拷者，亦杖一百，若决杖笞者，笞五十；以故致死者，徒一年半。”〔4〕

---

〔1〕《大明律·刑律·断狱》，“怀挟私仇故禁平人”。

〔2〕《唐律疏议·断狱》，“讯囚察辞理”。

〔3〕《唐令拾遗·狱官令》，长春出版社1989年版，第712~713页。

〔4〕《唐律疏议·断狱》，“拷囚不得过三度”。

对于享有议、请、减法律优待的特权者，以及年七十以上，十五以下及废疾者，不得拷讯，而据众证定罪，违者以故失论。

（七）淹禁稽迟

在司法审判中承审官出于主观上的各种原因，应审不审、应释不释、应结不结等淹禁稽迟现象，亦属司法渎职。唐律规定："诸徒、流应送配所，而稽留不送者，一日笞三十，三日加一等；过杖一百，十日加一等，罪止徒二年。（不得过罪人之罪。）"[1]

宋朝为了提高司法效率，规定了审判期限。凡大理寺审判的案件，大事不过二十五日，中事不过二十日，小事不过十日。审刑院详复（复核），大事不过十五日，中事不过十日，小事不过五日。所谓大事、中事、小事，按宋律皆已作出明确规定：凡二十缗以上为大事，十缗以上为中事，不满十缗为小事。但即使有上述期限的规定也无法避免审判实践中的拖沓淹滞与旷日废时。

四、行使司法监察权的主要方式

由于司法是国家的一项重要职能，司法的状态如何是国家法治秩序的重要标志。因此，历代为了使官吏做到执法无私、公正判决，实行严格的司法监察制度，以期发挥防止司法腐败的防线的作用。

根据史书记载，中国古代行使司法监察权的方式主要有以下四种。

（一）审录囚徒，辨明冤枉

所谓录囚就是审录在押的囚犯，如发现冤抑便纠正，同时疏决淹囚，督察狱政。除定期举行录囚外，遇有重大灾异，所谓天象示警，也要进行临时性的录囚，以疏通冤抑之气，纠正司法中的不法行为。

---

〔1〕《唐律疏议·断狱》，"徒流送配稽留"。

录囚又称“虑囚”。《周礼·朝士》郑注：“虑谓谋也。谓当图谋缓刑、贬减。”《说文》：“虑，谋思也。”《唐六典》李林甫注：“虑，谓检阅之也。”《集韵》：“录，宽省也。”宋人王观国在《学林·虑囚》中说：“前汉、后汉皆称录囚，《唐史》《五代史》皆称虑囚，二字皆是也。”据清人沈家本考证，“虑、录通用”，“虑本训谋思，然兼有详审之义，故《汉书》录囚亦即虑囚也”。[1]

录囚制度形成于西汉，一直为后世所沿用。录囚的主体和方式如下：

一为地方长官录囚。西汉时期，隽不疑“擢为京兆尹，赐钱百万。京师吏民敬其威信。每行县录囚徒还，其母辄问不疑：‘有所平反，活几何人?’即不疑多有所平反，母喜笑，为饮食语言异于他时；或亡所出，母怒，为之不食。故不疑为吏，严而不残”。[2]东汉时期，应奉“为郡决曹史，行部四十二县，录囚徒数百千人。及还，太守备问之，奉口说罪系姓名，坐状轻重，无所遗脱，时人奇之”。[3]

二为监察官和司法官录囚。汉武帝设十三部监察区，以刺史为监察官，曾下诏刺史“常以八月巡行所部郡国，录囚徒”。[4]西汉时期，何武“为刺史，行部录囚徒”。[5]唐代，大理卿“若禁囚有推决未尽，留系未结者，五日一虑”。[6]

三为遣使录囚。《后汉书·顺帝纪》载：“二年三日，旱，遣使者录囚徒。”《新唐书·刑法志》载：“刑部岁以正月遣使巡覆，所至，阅狱囚杻校、粮饷、治不如法者。”

四为皇帝亲自录囚。东汉时期，汉明帝曾多次亲自录囚。《后汉书·第五伦传》载：“永平五年……帝幸廷尉录囚徒。”《后汉书·寒朗传》载：“永平中……车驾自幸洛阳狱录囚徒，理出千余人。”西晋武帝不仅下诏“郡国守

[1] （清）沈家本：《寄簃文存·释虑囚》。
[2] 《汉书·隽不疑传》。
[3] 《后汉书·应奉传》。
[4] 《后汉书·百官志》。
[5] 《汉书·何武传》。
[6] 《唐六典·大理卿》。

相，三载一巡行属县，必以春，……录囚徒，理冤枉，详察政刑得失，知百姓所患苦。无有远近，便若朕亲临之”，还多次亲至听讼观，录廷尉、洛阳二狱囚徒。泰始四年（268 年），“庚寅，帝临听讼观，录廷尉洛阳狱囚，亲平决焉”。泰始五年（269 年），“丙申，帝临听讼观录囚徒，多所原遣”。[1]唐太宗时期，“每视朝，录禁囚二百人，帝亲自案问”。[2]《宋史·刑法志》载：“宋兴，承五季之乱，太祖、太宗颇用重典，以绳奸慝，岁时躬自折狱虑囚，务底明慎，而以忠厚为本。”宋太祖“每亲录囚徒，专事钦恤”。宋太宗即位以后，“常躬听断，在京狱有疑者，多临决之，每能烛见隐微”。太宗雍熙二年（985 年）十月，“亲录京城系囚，遂至日旰”，“辄亲录系囚，多所原减”。

（二）巡按州县，监督司法

御史受命巡按地方，既考察官吏的治绩、农业的丰歉，更重要的是进行司法监察。唐时划分天下为十五道监察区，由御史台所属监察御史定期巡按所属州县。所察内容广泛，但以司法监察为重点。此外，朝廷也不定期地派出使臣巡行天下。唐太宗贞观八年（634 年）正月，发布《遣使巡行天下诏》，派遣大臣萧禹等“分行四方，申谕朕心，延问疾苦，观风俗之得失，察政刑之苛弊”。[3]

《唐六典》卷十三《御史台》载：“监察御史，掌分察百僚，巡按郡县，纠视刑狱，肃整朝仪。凡将帅战伐，大克杀获，数其俘馘，审其功赏，辨其真伪。若诸道屯田及铸钱，其审功纠过亦如之。”[4]御史巡按，一般是“持有制命”，“奉制巡按”，[5]因而具有较高权威。唐高宗在仪凤二年（677 年）十一月颁发《申理冤屈制》，制中要求巡按地方的监察官：“所有诉说冤滞文案，见未断绝者，并令当处速为尽理勘断，务使甘服，勿使淹滞。若处断不平，

[1]《晋书·武帝纪》。
[2]《册府元龟》卷五八。
[3]《全唐文》卷七七。
[4]《唐六典·御史台》。
[5]《唐会要·御史台上》。

所司纠察得实者，所由官人，随即科附。”〔1〕监察御史韦思谦说：“御史出使，不能动摇山岳，震慑州县，为不任职。”〔2〕唐宪宗时，元稹为监察御史出使东蜀，劾奏故节度使严砺“违制擅赋”，严砺“虽死，其属郡七州刺史，皆坐责罚”。〔3〕

元朝虽然不重视法制，但却极为重视监察机关的作用。至元十四年（1277年）七月颁布的《行台体察等例》三十条中，属于司法监察的条例几乎占一半，而且在最后一条，还明确规定：“其余该载不尽，应合纠弹事理，比附已降条画，斟酌彼中事宜就便施行。”〔4〕这就赋予提刑按察使以法律内和法律外的监察权。

终明之世，派遣巡按御史巡按地方司法，成为常态，起到了振肃百官的作用。明洪武十四年（1381年）遣监察御史林愿、孙荣、石恒等分按各道罪囚；洪武十五年（1382年）设十二道监察御史（后增加一道）共110人。员额的扩大，一则反映了中央对于监察御史的倚重，又因监察御史是皇帝的耳目之司，适应了专制制度的强化。御史巡按州县，实质上是代表皇帝对地方司法进行控制和监察。地方官吏有罪，由巡按御史按问。除此之外，地方无权管辖的案件，也可以由巡按御史审理。地方重案的复审权，统一由巡按御史行使。从效果上看，巡案御史在依法审断、辩明冤案方面，确实起到了一定的作用。如嘉靖时期海瑞巡按应天府时，力摧豪强奸顽，赈抚穷弱黎民，“豪有力者，至窜他郡以避”。〔5〕又如陈选巡按四川时，“黜贪奖廉，雪死囚四十余人”。〔6〕

（三）杂治会审，决定大狱

所谓“杂治”，又称“杂按”“杂问”，是指非司法官员会同司法官共同

---

〔1〕《唐大诏令集》卷八二“身理冤屈制”。
〔2〕《新唐书·韦思谦传》。
〔3〕《唐会要·御史台下》。
〔4〕《元典章·台纲一》。
〔5〕《明史·海瑞列传》。
〔6〕《明史·陈选传》。

审理大案、要案的一种体制。如汉武帝元狩元年（公元前122年），“公卿请遣宗正、大行与沛郡杂治（衡山）王”。[1]昭帝初，“（刘德）为宗正丞，杂治刘泽诏狱”。颜师古注曰：“杂，谓与他官共治之也。”[2]汉哀帝时，下诏：“左将军彭宣与中朝者杂问（赵玄）。”[3]由于杂治，监察官参与了从案件的提起直到判决的全过程，因而不仅可以从总体上进行监察，而且对诉讼过程中的某个环节也都可以监察。正因如此，杂治成为审理大案、要案的首选方式。由此也说明，由杂治发展到唐朝的三司推事和明清的会审制度，不是偶然的。

汉时的“杂治”发展至唐朝，形成了三司推事的体制，也就是刑部、大理寺、御史台长官共同审理大案、要案。据《唐会要》记载：“有大狱，即命中丞、刑部侍郎、大理卿鞫之，谓之大三司使；又以刑部员外郎、御史、大理寺官为之，以决疑狱，谓之三司使。”[4]

（四）照刷案牍，督促结案

在中国古代的司法实践中，案件久拖不决是常见的现象，既影响了司法效率，也造成了当事人的困苦不堪。因而，从宋朝起，便赋予监察机关照刷司法案牍的权力，以督促按期结案，避免淹滞。照刷案牍成为宋以后司法监察的一项重要内容。

宋朝还规定了大中小案件结案的期限。按宋制，凡大理寺审判的案件，大事不过二十五日，中事不过二十日，小事不过十日。审刑院详复（复核），大事不过十五日，中事不过十日，小事不过五日。

宋孝宗乾道二年（1166年）规定，民事诉讼在州县半年之内未结绝者，即可上诉，“比来民讼，至有一事经涉岁月，而州县终无予决者，缘在法：县结绝不当，而后经州，州又不当，而后经监司。迄自今词诉，在州县半年以

---

〔1〕《史记·衡山王传》。

〔2〕《汉书·楚王刘元交传》。

〔3〕《资治通鉴》卷三四。

〔4〕《唐会要》卷七八《诸使中·诸使杂录上奏荐附》。

上不为结绝者，悉许监司受理”。[1]宋宁宗庆元年间又规定：“诸受理词诉，限当日结绝，若事须追证者，不得过五日，州郡十日，监司限半月，有故者除之，无故而违限者，听越诉。”[2]朱熹知潭州时发布的《约束榜》规定，经县起诉的民事诉讼：“今立限约束，自截日为始，应诸县有人户已诉未获，盗贼限一月，斗殴折伤连保辜通五十日，婚田之类限两月，须管结绝。”[3]

元朝《宪台格例》规定，御史台“纠察诸囚禁非理死损者，诸承追取合审重刑及应照刷文案，若有透漏者，以及诉讼人于应管公事官员私第谒托者”。对于民事案件，《元典章·告拦》规定：“凡告婚姻、田宅、家财、债负外，不违法者，若已拦告，所在官司不许轻易再接词状归问，如违，从廉访司照刷究治。”

明朝洪武二十六年（1406年）规定了照刷文卷的严格程序：“凡监察御史并按察司分司巡历去处，先行立案，令各该军民衙门抄案，从实取勘本衙门并所属有印信衙门，合刷卷宗。分豁已未照刷，已未结绝，号计张缝，依左粘连刷尾。同具点检单目并官吏不致隐漏结罪文状，责令该吏亲赍赴院，以凭逐宗照刷。”经过照刷，根据不同情况分为照过、通照、稽迟、失错和埋没五种。“如刷出卷内，事无违枉，俱已完结，则批以照过。若事已施行，别无违枉，未可完结，则批以通照。若事已行，可完而不完，则批以稽迟。若事已行已完，虽有违枉而无规避，则批以失错。若事当行不行，当举不举，有所规避，如钱粮不追，人赃不照之类，则批以埋没。各卷内有文案不立，月日颠倒，又在乎推究得实，随其情而拟其罪。”[4]

正统四年（1439年）规定：“其照刷之际，务要尽心，若有狱讼淹滞，刑名违错，钱粮埋没，赋役不均等项，依律究问。迟者举行，错者改正，合追理者，即与追理，务要明白立案，催督结绝。不能尽职者，监察御史从都

---

〔1〕《宋会要辑稿》刑法三之三二。

〔2〕《宋会要辑稿》刑法三之四○。

〔3〕（宋）朱熹：《朱文公文集》卷一○○《约束榜》。

〔4〕《明会典》卷二一○《都察院·照刷文卷》。

察院，按察分司从总司，体察奏闻究治。”[1]

清朝《钦定台规》规定：“刑科稽核刑部、通政使司、大理寺，……各衙门所办理之事每月两次造册送稽核之科注销，依限完结者，开除；限内未完及逾限有因者，于注销本内声明；无故逾限者，指参。各于月抄缮本具题。”[2]

（五）明察暗访，务得实情

御史奉命出巡，为了取得真凭实据，既可以明察，也可以暗访。前者表现为监察官以公开的身份，巡历所在地区，调查案卷，审录囚徒，或者立判，或者奏裁。西汉武帝时，何武为扬州刺史，每巡至所部（监察区），必先到学官访问诸生，“试其诵论，问以得失”，再进入传舍，“问垦田顷亩，五谷美恶”，最后才会见郡守等地方官员，进行实质性的监察工作。[3]后者表现为监察官微服私访，深入到民间，听取百姓对于地方官的评价，从而了解地方官的政绩优劣，所办案件有无冤抑，等等。如，东汉和帝即位以后，“分遣使者，皆微服单行，各至州县，观采风谣”。[4]经验证明，监察官暗访往往可以获得官方渠道所不能提供的真实信息。正是为了扩大信息的来源，扩展监察官的视听，有效地发挥监察作用，监察官暗访为后世所沿用。汉朝以后，实行的御史风闻言事，从某种意义上说，就是以暗访为基础发展起来的。

五、遏制司法腐败的司法监察

在中国古代的法文化中司法文化是其核心内容。司法活动不仅与诉讼当事人的利益攸关，而且往往直接影响社会的生产与生活，甚至冲击着中华民族固有的公平正义观念。如西汉名吏陆温舒所说，“天下之患，莫深于狱；败

---

[1] 《明会典》卷二一〇《都察院·照刷文卷》。

[2] 《钦定台规》卷一五《六科一》。

[3] 《汉书·何武传》。

[4] 《后汉书·李郃传》。

法乱正，离亲塞道，莫甚乎治狱之吏”。[1]正因为如此，历代统治者都十分重视发挥司法的功能。

与司法监察相关的法律是国家的主要制定法，特别是专门的监察法。对司法领域内的官吏的各种行为进行监督检查，是中国古代监察法除行政监察外最重要的监察内容。为了将司法监察纳入法制的轨道，历代在国家基本法典外，还专门制定了监察法，并根据监察法开展司法监察活动。这不仅使监察具有法律依据，从而提高司法监察的权威性，而且还表明了监察官是代表皇帝行使司法监督权。监察官根据法律赋予的权力，可以调阅案卷，检查证据的真伪，传唤当事人，辨明是非，作出判断。小案立断，大案奏裁，既可进行专项监察，也可以参与核查诉讼的全过程，以就便监督。但是，在司法监察漫长的发展过程中，因不同王朝的政治、经济、文化的发展程度不同，司法监察也各有其侧重点。以下以汉、唐、明三朝为例。

（一）两汉司法监察制度的初创

两汉是监察体制的确立时期，无论是监察活动还是其监察法都带有初创的时代特点。因此，汉武帝时期，为了加强中央集权，划分全国为十三部监察区，以刺史为监察官。根据《六条问事》，刺史监察地方二千石官吏与地方豪强相勾结的不法行为，其中“二千石不恤疑狱，风厉杀人，怒则任刑，喜则淫赏，烦扰苛暴，剥戮黎元，为百姓所疾，山崩石裂，祆祥讹言”[2]属于司法监察的内容。

除此之外，监察的基本方式“杂治”和“录囚”在汉代也已实施。以“杂治”为例，汉武帝时期，息夫躬、孙宠等上书告东平王云犯“谋弑上为逆”，“廷尉梁相与丞相长吏、御史中丞即五二千石杂治东平王狱”。[3]

此外，作为司法监察常行之制的巡行录囚，在汉代也已兴起。监察官刺

---

〔1〕《汉书·陆温舒传》。

〔2〕《汉书·百官公卿表》注引《汉官典职仪》。

〔3〕《汉书·王嘉传》。

史“周行郡国，省察治状，黜陟能否，断治冤狱”[1]，“常以八月巡行所部郡国，录囚徒”[2]。如五凤四年（公元前54年），宣帝“遣丞相、御史掾二十四人循行天下，举冤狱，察擅为苛禁深刻不改者”；[3]鸿嘉元年（公元前20年），成帝“临遣谏大夫理等举三辅、三河、弘农冤狱”。[4]此外，设于朝廷执掌法律监察的治书侍御史有权核查全国疑狱是否合法，所谓“凡天下诸谳疑事，掌以法律当其是非”。[5]

（二）唐朝司法监察制度的定型

唐朝是中国古代典章制度的成熟和定型时期。就监察制度而言，形成了对后世影响深远的“一台三院制”。在监察方式方面，“杂治”也已被制度化、法律化。据《唐会要》记载：“有大狱，即命中丞、刑部侍郎、大理卿鞫之，谓之大三司使；又以刑部员外郎、御史、大理寺官为之，以决疑狱，谓之三司使。”

唐代初期，君臣上下都以隋亡于任意违法、坏法为戒。因此，司法官是否以律断案是司法监察的重点。贞观初，大理寺少卿戴胄根据国家制定法判处伪造资荫的司户参军流刑，并以“按法断流”改正了太宗以敕令断死的意见。永徽二年（651年）七月，华州刺史萧龄之担任广州都督，接受他人金银奴婢，诏令与群臣评议上奏。皇帝怒，令当廷处死。御史大夫唐临奏曰：“臣闻国家大典，在于刑赏，古先圣王，惟刑是恤。……比来有司，多行重法，叙勋必须刻削，论罪务从重科，非是憎恶前人，止欲自为身计。”他认为，“原情取事”，萧龄之受贿，理应受到法律制裁，但是既然皇帝让慎重仔细评议，就应该按法治罪，不当处死。皇帝听从了唐临的谏议，将萧龄之改

[1]《汉书·百官公卿表》注引《汉官典职仪》。
[2]《后汉书·百官志五》。
[3]《汉书·宣帝纪》。
[4]《汉书·成帝纪》。
[5]《后汉书·百官志三》。

为发配流放岭南。[1]

文宗太和三年（829 年），华州刺史宇文鼎、户部员外郎卢允中贪污犯罪，文宗怒，欲杀之。侍御史卢宏贞奏曰："鼎为近辅刺史，以赃污闻，死固恒典。但取受之首，罪在允中，监司之责，鼎当连坐。"文宗听从了卢宏贞的劝奏，"减鼎三等"。[2]

唐朝统治者深知冤假错案带来的社会危害，因此不断颁布申冤诏令，督促认真核查一些冤案、错案，予以昭雪。如中宗神龙元年（705 年）二月二十七日颁发申冤制："门下：九重严邃，非闾阎之可闻。万邦遐旷，因表疏而方达。朕尊居黄屋，心念苍生。微物不安，每切纳隍之虑。一人失业，更萦宵旰之怀。思欲下情上通，无令壅隔，所以明四聪者也。其官人百姓等，有冤滞未申，或狱讼失职，或贤才不举，或进献谋猷，如此之流，任其投匦。凡百士庶，宜识朕怀。"[3]中宗令朝散大夫守御史中丞崔谧、朝散大夫守给事中刘景先、郎中守中书舍人裴敬彝等，"于南衙门下外省，共理冤屈"，并令在外地州县受理的申冤诉案，仍未处断的，"速为尽理勘断，务使甘服，勿使淹滞。若处断不平，所司纠察得实者，所由官人，随即科附"。[4]可见，司法监察更多地表现为监察官对地方上冤假错案的察核和处理。

（三）明朝司法监察制度的强化

明朝是中国古代后期具有代表性的王朝。明朝专制制度的发展，使得监察体制也由"一台三院制"发展为都察院"一院制"，由多元化的监察体制向着集中化的监察体制发展。

就司法监察而言，杂治也由三司推事进一步发展为九卿会审制度。据《明史·刑法志》记载："刑部受天下刑名，都察院纠察，大理寺驳正。"明

[1]《唐会要》卷三九《议刑轻重》。

[2]《唐会要》卷六〇《御史台上·侍御史》。

[3]《唐大诏令集补编》卷二〇《刑法·投匦文状·令官民投匦雪冤制》。

[4]《唐大诏令集》卷八二《政事·刑法·申理冤屈制》。

朝的会审制度有“热审”“秋审”“大审”之分。“热审”始于永乐二年（1404年），后遂成为定制。“秋审”始于天顺三年（1459年），“命法司会廷臣，每岁霜降录囚，后以为常”。[1]《明史·刑法志》也有类似记载：“天顺三年，令每岁霜降后，三法司同公、侯、伯会审重囚，谓之朝审。”其中“朝审”即“秋审”。“大审”始于成化十七年（1481年），命司礼监太监一人会同三法司长官，于大理寺审录罪囚，谓之“大审”。凡大狱重囚，都察院都要“会鞫于外朝，皆同刑部大理寺谳平之”。[2]由此可见，会审制度使得监察机关的司法监察得到了最重要的制度保障和组织保障。

除此之外，由于明朝专制制度极端发展，皇帝深居九重，不得不依靠御史巡按达到“明四目，达四聪”[3]的目的。因此，明朝巡按御史制度最为发达。例如，洪武十四年（1381年）差监察御史分按各道罪囚，凡罪重者悉送京师；洪武十六年（1383年）又遣监察御史往浙江等处录囚，“按临所至，必先审录罪囚，吊刷卷案，有故出入者理辩之”。[4]

洪武二十四年（1391年）规定：“差刑部官及监察御史清审天下狱讼。”二十六年（1393年）规定：“凡在外布政司、按察司、都司并直隶府州刑名，有犯死罪囚人收监在彼，止开招罪申达，合干上司，详议允当，移文本院，通类具奏，点差监察御史，会同刑部委官，按临审决。”永乐元年（1403年）令：“各布政司死罪重囚，至百人以上者，差御史审决。”[5]

在审录过程中，若罪名不当，驳回再问。弘治元年（1488年）奏准，对“律无正条，情犯深重者，引律比附，奏请定夺，不得一概俱拟不应”。[6]嘉靖二十七年（1548年）题准，“巡按御史遇有囚犯应辩正者，务要虚心审处，勿以审录官有行，自分彼此，干碍原问官员，一体举究”。如发现有疑，“责

---

〔1〕《明史·英宗后纪》。
〔2〕《明史·职官志二》。
〔3〕《明史·杨守陈列传》。
〔4〕《明史·职官志二》。
〔5〕以上引文均参见《明会典》卷二一一《都察院·审录罪囚》。
〔6〕《明会典》卷二一四《大理寺·详拟罪名》。

令所在官司类报，矜疑发遣者，于何日起解；释放宁家者，于何日发落；驳回再问者，于何日结勘，备达刑部查考。如有偏执阻挠，擅为更改，又因审录官驳回，凌虐致死者，刑部指实参奏治罪”。[1]明朝的巡按御史监察司法，对于昭雪冤狱起了一定的作用，如陈选巡按四川时，“黜贪奖廉，雪死囚四十余人”[2]，对地方申诉或控告案件，“其所受理必亲决，不令批发”[3]。

按明朝的司法制度，刑事诉讼没有审级限制，可以上诉，直至京控。为了加强对京控案件的查实，洪武二十六年（1393 年）规定，由钦差监察御史出巡追问。据《大明会典》记载：“凡在外军民等人等赴京，或击登闻鼓，或通政司投状陈告，一应不公冤枉等事，钦差监察御史出巡追问，照出合问流品官员，就便请旨拿问。带同原告，一到追问处所，着令原告供报被告干连人姓名、住址，立案，令所在官司抄案提人。案验后，仍要抄行该吏书名画字，如后呈解原提被告人到，不许停滞，即于来解内立案。将原被告当官引问，取讫招供服辩，判押入卷，明立文案，开具原发事由，问拟招罪，照行事理。除无招笞杖轻罪，就彼摘断，徒流死罪，连人卷带回审拟，奏闻发落。”[4]

御史如在司法监察中营私舞弊，或过误杀囚，要受到严刑处置。洪武三十年（1397 年），“有乡人系狱，家人击登闻鼓状诉”，左都御史杨靖为之改状，被御史奏劾，皇帝赐死。[5]明成祖时，御史王愈等“会决重囚，误杀无罪四人，坐弃市”。[6]正统四年（1439 年）规定：“凡监察御史、按察司官司追问公事，中间如有仇嫌之人，并听移文陈说回避。若怀私按问，敢有违枉者，于反坐上加二等科罪。所问虽实，亦以不应科断。”[7]

在专制主义不断强化的明朝，皇帝控制着最高的司法权，因此“凡律内

[1]《明会典》卷二一一《都察院·审录罪囚》。
[2]《明史·陈选传》。
[3]《春明梦余录》卷四八《都察院·各差建置》。
[4]《明会典》卷二一一《都察院·追问公事》。
[5]《朱元璋系年要录》，洪武三十年七月丁巳。
[6]《明史·成祖纪三》。
[7]《明会典》卷二一一《都察院·追问公事》。

该载请旨发落者”，大理寺须要“具本开写犯由罪名奏闻，取自上裁”。“凡奉旨送法司问者，由本寺详审具题，送刑部拟罪者，则该部径题。”[1]监察御史、按察司官所纠察的取受不公等事的官员，如系军官、京官并勋旧之臣及在外文职五品以上官，例应具奏请旨，方许取问。即使是六品以下官在取问明白、从公决断之后，仍须具奏。“若奉特旨委问者，须将始终缘由，议罪回奏，取自上裁。”[2]如应请旨而未请旨，即为都察院奏劾的对象，该官自应负一定的罪责。

随着宦官势盛、特务擅权，特别是司礼监参与三法司会审，并且控制了审判权，司法监察已难以发挥应有的作用。

综括上述，由于司法不仅涉及个人利益，而且关乎国计民生，因此为历代统治者所重视。无论是司法机构的设置，司法官的培养与选任，司法制度的精心建构，司法原则的总结与概括，诉讼法律的不断完善，还是司法监察的不断制度化、法律化，都融入了先哲们的智慧和心血，造就了中国古代先进的司法文化。剔除其封建性的糟粕，激活其中优秀的成分，对于当前的司法改革仍然具有现实的借鉴意义。如同习近平总书记所说：“坚持从实际出发，就是要突出中国特色、实践特色、时代特色。要总结和运用党领导人民实行法治的成功经验，围绕社会主义法治建设重大理论和实践问题，不断丰富和发展符合中国实际、具有中国特色、体现社会发展规律的社会主义法治理论，为依法治国提供理论指导和学理支撑。我们的先人们早就开始探索如何驾驭人类自身这个重大课题，春秋战国时期就有了自成体系的成文法典，汉唐时期形成了比较完备的法典。我国古代法制蕴含着十分丰富的智慧和资源，中华法系在世界几大法系中独树一帜。要注意研究我国古代法制传统和成败得失，挖掘和传承中华法律文化精华，汲取营养、择善而用。”[3]

---

〔1〕《明会典》卷二一一《大理寺·请旨发落》。

〔2〕《明会典》卷二一四《都察院·追问公事》。

〔3〕习近平：“加快建设社会主义法治国家”（2014年10月23日），载《求是》2015年第1期。

第七章　百姓知法、上下守法的法律宣传

2014 年 10 月 23 日，习近平总书记在党的十八届四中全会第二次全体会议上的讲话中强调："推进全民守法，必须着力增强全民法治观念。要坚持把全民普法和守法作为依法治国的长期基础性工作，采取有力措施加强法制宣传教育。要坚持法治教育从娃娃抓起，把法治教育纳入国民教育体系和精神文明创建内容，由易到难、循序渐进，不断增强青少年的规则意识。要健全公民和组织守法信用记录，完善守法诚信褒奖机制和违法失信行为惩戒机制，形成守法光荣、违法可耻的社会氛围，使尊法守法成为全体人民共同追求和自觉行动。"

中国作为法制文明的古国，不仅在立法、司法方面形成了特色鲜明、卓尔不群的法律传统，法律宣传也同样受到了历代开明统治者和思想家的重视。在不同的历史条件下，法律宣传的形式各异，体现了古圣先贤以法治世、以法育民的智慧。有些经验，对于当前的普法教育也有值得借鉴的现实意义。

一、中国古代法律宣传概述

（一）先秦时期的法律宣传

1. 木铎传法，悬法象魏

《尚书 · 胤征》有以下记载："惟仲康肇位四海，胤侯命掌六师。羲和废

厥职，酒荒于厥邑，胤后承王命徂征。告于众曰：嗟予有众，圣有谟训，明征定保，先王克谨天戒，臣人克有常宪，百官修辅，厥后惟明明，每岁孟春，遒人以木铎徇于路，官师相规，工执艺事以谏，其或不恭，邦有常刑。”《左传·襄公十四年》对“木铎传法”做了进一步的解释：“故《夏书》曰：遒人以木铎徇于路。官师相规，工执艺事以谏。正月孟春，于是乎有之，谏失常也。天之爱民甚矣。岂其使一人肆于民上，以从其淫，而弃天地之性？必不然矣。”《周礼·秋官·小司寇》亦云：“正岁，帅其属而观刑象，令以木铎，曰：不用法者，国用常刑。”又据《周礼春官·小宰》记载：“正岁……徇以木铎。”郑玄注曰：“正岁，谓夏之正月。得四时之正，以出教令者，审也。古者将有新令，必奋木铎以警众，使明听也。木铎，木舌也。文事奋木铎，武事奋金铎。”丘浚在《大学衍义补》中也说：“令之木铎，使有耳者所共闻，欲其入于耳而警于心。”〔1〕

上述关于“木铎传法”的记载说明，先秦统治者每于正月，派出了解民情的使臣遒人震木铎于途，宣讲法律，内容包括已有的“常宪”和新颁布的法令，广播四方，使民众知悉，不致误触刑网。与此同时，也通过这种形式，谏告为君者，不可违常法，“岂其使一人肆于民上，以从其淫，而弃天地之性?”〔2〕

除以木铎宣传法令，使民知而敬畏法律、远离犯罪外，还采取“悬刑象魏”的形式，使民畏惧刑法之严酷，而不敢触法。《周礼·秋官·大司寇》说：“大司寇之职，掌建邦之三典，以佐王刑邦国，诘四方。……正月之吉，始和，布刑于邦国、都鄙乃县刑象之法于象魏，使万民观刑象。挟日而敛之。”所谓“挟日而敛之”，就是悬挂十日之后将刑象收回。《周礼·秋官·布宪》也有类似记载；“布宪掌宪邦之刑禁。正月之吉，执旌节以宣布于四方。而宪邦之刑禁，以诘四方邦国，及其都鄙，达于四海。凡邦之大事合众庶，则以刑禁号令。”丘浚在《大学衍义补》中进一步解释说：“正月既布于象魏，县于

〔1〕（明）丘浚：《大学衍义补》卷一〇七《顺天时之令》。

〔2〕《左传·襄公十四年》。

门间、都鄙、邦国，然恐其奉行之者不必谨，或有废格而懈弛者，于是设布宪之官，每岁自正月始遍巡天下，自内而至于外、由近而至于远，内而方国，外而海隅，无不至焉。"[1]所谓象魏，是天子、诸侯宫门外的高大建筑，经常悬挂教令、法律之属的文书。除象魏外，还在门闾、都鄙、邦国悬挂刑象，唯恐地方官怠于此事，还专门派出宣传法令的所谓"布宪之官"遍巡天下，内而方国，外而海隅。可见，古代统治者借刑象以禁民为非是何等重视。

无论是木铎传法，还是悬法象魏，都是这一时期比较简单和直观的法律宣传形式。前者在于使百姓了解法律的内容，后者在于使百姓感到刑法之可畏，不敢触犯法纪。尽管形式简单、直观，但却说明统治者对于百姓知法的重视，为此还令专官执掌其事。

2. 铸刑书于鼎，公布成文法

春秋时期是社会大变动时期，周朝初期的礼法文化已经失去了约束力，"礼崩乐坏"了。随着土地私有制的确立，新兴地主阶级的代言人力图打破传统的贵族垄断国家权力的旧体制，要求公布法律，维护自身的权利。这是新兴地主阶级向旧贵族发起的一次权力之争。

《左传·昭公六年》记载"郑人铸刑书"，杜预注曰："铸刑书于鼎，以为国之常法。"郑国执政者子产是一位卓越的改革者，他"铸刑书于鼎"，打破了"临事制刑，不豫设法"，"刑不可知，则威不可测"[2]的旧传统，剥夺了贵族们任意化无罪为有罪，变有罪为无罪的擅断权。由于鼎是象征国家权力的重器，将刑书铸于鼎，表示法律在治国中的地位，因而引起了极大的震动，遭到晋国以叔向为代表的旧贵族势力的激烈反对。叔向对于子产改革所实施的各项新政进行全面攻击："今吾子相郑国，作封洫，立谤政，制参辟，铸刑书，将以靖民，不亦难乎……民知争端矣，将弃礼而征于书，锥刀之末，将尽争之，乱狱滋丰，贿赂并行，终子之世，郑其败乎，肸闻之，国将亡必多

[1]（明）丘浚：《大学衍义补》卷一〇七《顺天时之令》。

[2]《左传·昭公六年》。

制，其此之谓乎?”对于叔向的谴责，子产坚定地回答说：“吾以救世也。”〔1〕所谓“救世”就是在大变动的时代潮流面前，顺应社会的发展趋向，为改革富强开辟一条新路，公布成文法的目的就在于此。可见，铸刑鼎主要不在于法律宣传，而在于权力争夺。但是，公布成文法打破了法律的秘密状态，使百姓不仅知道法律规范的具体内容，而且还进一步了解违反既定的法律规范应受到的处罚。这正是旧贵族力图阻止公布成文法的主要原因之一。

正如历史的发展不以个人的意志为转移一样，曾经反对郑铸刑书的晋国，却于二十三年以后也不得不“铸刑鼎”，公布了“刑书”。《左传·昭公二十九年》记载如下：“冬，晋赵鞅、荀寅帅师城汝滨，遂赋晋国一鼓铁，以铸刑鼎，著范宣子所为刑书焉。”晋铸刑鼎，公布成文法，也遭到孔子的非难，认为：“晋其亡乎，失其度矣。夫晋国将守唐叔之所受法度，以经纬其民，卿大夫以序守之，民以是能尊其贵，贵是以能守其业，贵贱不愆，所谓度也。……今弃是度也，而为刑鼎，民在鼎矣，何以尊贵?弃礼征书，故不尊贵。贵何业之守?民不奉上，则上失业。贵贱无序，何以为国。”〔2〕孔子所说的“民在鼎矣，何以尊贵”，同叔向的“民之有辟，则不忌于上”如出一辙，孔子所谓的“度”就是贵贱有别，应各自享有不同的法定的权利义务，正因为如此，孔子把“失其度矣”提到了“何以为国”的高度，表现了斗争的激烈。尽管孔子进行了激烈地反对，但公布成文法已成为不可阻挡的时代潮流。

如果说郑铸刑书是子产进行改革的产物，那么晋铸刑鼎也不是偶然发生的。晋国在春秋时期，经济较为发达，改革也颇有成效，贵族的家族组织和宗法等级制度都遭到不同程度的破坏，从而为法制改革提供了有利的客观条件。此外，各诸侯国为了控制新的社会秩序，压制敌对势力，以争取兼并战争的胜利，都需要公布成文法，以执法的程序化取代断罪量刑的随意性。

春秋时期，以公布成文法的形式宣传法律，具有以下的时代特点：其一，公布成文法是为了打破旧贵族垄断的以法律为形式的权力知识所造成的法律

〔1〕《左传·昭公六年》。

〔2〕《春秋左传正义·昭公二十九年》。

秘密状态的一场尖锐的权力斗争，而不仅限于法律宣传。其二，通过公布成文法，使百姓既了然法律的规范内容，进而明确何种行为触犯法律以及应受到何种法律制裁，这种法律宣传较之“木铎传法”“悬法象魏”，无疑是一种进步的表现。其三，为防止百姓知法之后，为自身的权益而运用法律向当政者进行无休止的斗争，也即所谓的“锥刀之末，将尽争之”，为此杀掉“教民词讼”的邓析以示警诫。

3. 提倡“法莫如显”，吏民知法

至战国时期，法家主张向全社会公布法律。如同韩非所说，“法者，编著之图籍，设之于官府，而布之于百姓者也……故法莫如显……是以明主言法，则境内卑贱莫不闻知也”〔1〕，“法者，宪令著于官府，刑罚必于民心，赏存乎慎法，而罚加乎奸令者也，此臣之所以师也”〔2〕。既然“法莫如显”而且布之于众，因此这样的法应该是既统一而又稳定的，才能使吏民遵循。

商鞅变法时便力主法律宣传，以使民与官皆知法、守法。史书说：“妇人婴儿皆言商君之法。”〔3〕此处“婴儿”意为“小儿”。特别是“吏明知民知法令也，故吏不敢以非法遇民，民不敢犯法以干法官也”，〔4〕“于是法大用，秦人治”〔5〕。这说明广泛的法律宣传成为政治法律改革的一项重要措施。

1975年，湖北云梦出土的秦墓竹简《语书》中说，“良吏明法律令”“恶吏不明法律令”，〔6〕这不仅是以明法律令作为区分良吏与恶吏的标准，而且，也是对官吏明法、知法的一种督励。

（二）秦汉时期的法律宣传

1. 秦统一后的刻石记法

秦始皇在统一六国以后，废除六国法律，使法令归于一。为了强化专制

〔1〕《韩非子·难三》。
〔2〕《韩非子·定法》。
〔3〕《战国策·秦策一》。
〔4〕《商君书·定分》。
〔5〕《史记·秦本纪》。
〔6〕睡虎地秦墓竹简整理小组编：《睡虎地秦墓竹简》，文物出版社1990年版，第15页。

主义的思想统治，他推行法家“以法为教”“以吏为师”[1]的法制思想，并借巡行之机，以刻石记功的形式，宣传秦国法令，使民知之。如秦始皇二十八年（公元前219年）泰山刻石记法，广泛宣传法律的多样性与严密性，“皇帝临位，作制明法，臣下修饬。……治道运行，诸产得宜，皆有法式”。同年于琅岈刻石，“端平法度，万物之纪……除疑定法，咸知所辟。……驩欣奉教，尽知法式”。要求百姓知法，咸知所避。二十九年（公元前218年）芝罘刻石，“大圣作治，建定法度，显著纲纪……普施明法，经纬天下，永为仪则”。三十七年（公元前280年）于会稽刻石，“秦圣临国，始定刑名，显陈旧章，初平法式，审别职任，以立恒常”。[2]

上述刻石表明了秦始皇的立法指导思想，阐明了作制明法的目的，以使臣下修饬，各知所行，同时也使天下臣民咸知所辟，尽知法式。而更重要的是普施明法，经纬天下，亦即坚持以法治国的方略。通过秦始皇刻石的方式宣传立法准则和某些法律，不仅使之具有极大的权威，而且也是宣传法律的一种新的方式，表示秦国法制是皇帝亲自制定的，所谓“大圣作治”，是用来经纬天下、经久常行的规范。为了贯彻“以法为教”“以吏为师”，李斯进一步提出，“今天下已定，法令出一，百姓当家则力农工，士则学习法令辟禁”，“若欲有学法令，以吏为师”，[3]说明士人学习法律，是不受限制的，但须遵守“以吏为师”的前提。允许士人学习法律，也是推行法律宣传的一种措施。

2. 两汉法律宣传的多样性

西汉政权的稳定，法文化的发展，使得法律宣传也趋向多样。

其一，汉朝初期“约法三章”的法律宣传形式。

由于秦末酷刑虐民成为农民起义的重要诱因，因此，汉初以蠲除苛法严刑以取得百姓的拥护。汉高祖初入咸阳时，为了扩大政治影响，以利于夺取政权，便在灞上当众宣布：“与父老约，法三章耳：杀人者死，伤人及盗抵

---

〔1〕《韩非子·五蠹》。

〔2〕以上引文均参见《史记·秦始皇本纪》。

〔3〕《史记·秦始皇本纪》。

罪。余悉除去秦法。”[1]“约法三章”的基本精神是删繁就简、去苛从宽，以保护人身安全和私有财产权作为法律的主要内容，这在当时的历史背景下无疑是顺应民心的，使得苦秦法久矣的“兆民大说”[2]。尽管这是一种策略性的措施，但却对汉高祖战胜项羽、统一全国产生了极有利的影响。

其二，汉朝初期通过将法律书之于匾的形式，使民知之。

据《敦煌汉简》记载：“写移檄到，具写檄扁传输亭隧高显处，令吏卒明。”“知令，重写令，移书到，各明白大扁书市里、官所、寺舍、门亭、燧堠中，令吏民卒尽讼知之，且遣鄣吏循行问吏卒，凡知令者案论，尉丞令以下毋忽，如律令，敢告卒人。”[3]“十一月丙戌宣德将军张掖大守苞长史丞旗告督邮掾□□□□□□□都尉官□写移书到扁书乡亭市里显见处，令民尽知之，商□起察有毋四时言，如治所书律令。”[4]可见，广泛悬于各衙门高处的法律匾书，与先秦悬于象魏的形象不同。后者是用刑之象，前者是法律规范的内容，是汉代法律宣传的新的形式。其中，“令吏民卒尽讼知之，且遣鄣吏循行问吏卒，凡知令者案论，尉丞令以下毋忽，如律令”，已经是以法律来考课官吏的一种新的举措。

其三，西汉时期道德入律，使法律宣传取得了明显的效果。

汉朝建立以后，在新的历史条件下形成了巩固的政治、经济、文化大一统的国家。随着政权的巩固、疆域的扩大，特别是社会发展的需要，统治者治国的指导思想由“黄老之学”转向“独尊儒术”。在董仲舒“大德小刑”学说的影响下，汉朝开始实行“霸王道杂之”“外儒内法”的治国方略。所谓“外儒内法”，就是以儒家所倡导的伦理道德为外饰，以法家治世之具的法治思想为内涵。由于道德入律，使道德法律化，以致执行某些法律与执行道德相统一，既适应了中华民族的传统意识与心理状态，又减少了推行法律的

[1] 《汉书·高帝纪》。
[2] 《汉书·刑法志》。
[3] 吴礽骧等：《敦煌汉简释文》，甘肃人民出版社1991年版，第142~143页。
[4] 谢桂华等：《居延汉简释文合校》，文物出版社1987年版，第25页。

阻力。因此汉代的法律宣传是守法与遵守道德的相统一，法律不再只是刑人的严酷的手段，而是寓刑于教，蕴含道德教化于其中。汉代“德主刑辅”的方略之所以得到稳定地实施，并且长久地影响于后世，是和道德的法律化分不开的。这使得推行法律宣传的官吏更具有主动性，而接受法律宣传的百姓也体会到法律非以刑人为目的，主要在于止恶劝善，从而减少了民众某种消极抵制的心理。

其四，私家注律，使宣传法律深入。

通过注律，使法律广泛融入社会。汉儒受董仲舒“春秋决狱”的影响，使治学的立足点向着通经和注律的方向转移，律学成为经学的附庸。东汉时期，著名的大儒，如马融、郑玄等，均以注释现行法律而名标青史。一些大儒不仅聚徒传授通经注律之学，而且子孙相传，作为世业，如颍川郭氏、沛国陈氏、河南吴氏都是祖孙相承，明经解律，位列高官，治绩显著。两汉注释律学的发展，得到东汉统治者的肯定，使法律之学由殿堂移向讲堂，由官吏掌握运用转向儒生子弟讲说评论，从而使法律知识流向了社会，带动了社会法律意识的普遍提高，这是法律宣传深入的效果。

（三）为上执法是唐代最有效的法律宣传

唐太宗李世民和辅佐他的臣僚都亲身经历了隋末炀帝“宪章遐弃”〔1〕，“不以官人违法为意”〔2〕遭致转瞬覆亡的历史变局，因而深刻认识到为上执法的重要性。魏征曾经向太宗进言说：“且法，国之权衡也，时之准绳也。权衡所以定轻重，准绳所以正曲直”，作为“万乘之主”，如果“任心弃法”，无异于“舍准绳以正曲直，弃权衡而定轻重”，“不亦惑哉?”〔3〕唐太宗也多次表示，“法者，非朕一人之法，乃天下之法”，不可以因私“挠法”。〔4〕可见，以

〔1〕《隋书·刑法志》。
〔2〕《魏郑公谏录》卷三《对隋日山东养马》。
〔3〕《贞观政要》卷五《公平》。
〔4〕《贞观政要》卷五《公平》。

明法作为“安民立政，莫此为先”[1]的治国方略，是唐初君臣的共识。

唐太宗不仅是言者，也是行者。例如针对唐初官员假冒资历者多，因而下敕重罚，不久，司户参军柳雄假冒资荫事发，太宗交大理寺少卿戴胄审断，但戴胄却只判处流刑。太宗责之，戴胄对曰：“法者，国家所以布大信于天下，言者，当时喜怒之所发耳。陛下发一朝之忿而许杀之，既知不可而置之以法，此乃忍小忿而存大信，臣窃为陛下惜之。”太宗表示折服，表示：“朕法有所失，卿能正之，朕复何忧也。”[2]又如，令裴仁轨私自役使门夫，太宗怒“欲斩之”，但按法“诸监临之官，私役使所监临……各计庸、赁，以受所监临财物论”，[3]罪不至死。因此，监察御史李乾祐为之力争，指出：“法者，陛下所与天下共也，非陛下所独有也。今仁轨坐轻罪而抵极刑，臣恐人无所措手足。”[4]终于使太宗收回成命，并提升李乾祐为侍御史。特别是广州都督党仁弘犯法当死，太宗“哀其老且有功”[5]，免其死罪，为此特下诏罪己，“请罪于天”，以示不应曲法。他说：“法者……不可以私而失信，今朕私党仁弘而欲赦之，是乱其法，上负于天，欲……谢罪于天三日。”[6]由于太宗率先垂范、以法治世，在他的影响下，“官吏多自清谨。制驭王公、妃主之家，大姓豪猾之伍，皆畏威屏迹，无敢侵欺细人”[7]。

可见，为上执法是唐朝最有效的法律宣传，反之，为上不执法，其害无穷。隋文帝晚年，欲于六月杖杀人，大臣以秋冬行刑的故事谏阻，文帝自辩说：“六月虽曰生长，此时必有雷霆；我则天而行，有何不可!”[8]遂杀之。由于隋文帝作为万乘之君破坏了他参与制定的《开皇律》，其影响所至，“不以官人违法为意”，法制败坏，国家衰亡。

---

〔1〕《旧唐书·刑法志》。
〔2〕《贞观政要》卷五《公平》。
〔3〕《唐律疏议·职制》，“役使所监临”。
〔4〕《资治通鉴》卷一九二。
〔5〕《新唐书·刑法志》。
〔6〕《资治通鉴》卷一九六。
〔7〕《贞观政要》卷一《政体》。
〔8〕《资治通鉴》卷一七八。

（四）读书读律是宋代特有的法律宣传形式

宋朝也是一个重视法律的朝代。宋初皇帝务实求实，非常重视运用法律管理国家。太祖曾说："王者禁人为非，莫先于法令。"〔1〕太宗也反复告诫臣下："法律之书甚资政理，人臣若不知法，举动是过，苟能读之，益人知识。"〔2〕仁宗更将法制作为图治的首要条件，他说："法制立，然后万事有经，而治道可必。"〔3〕在上述尊法重法的思想影响下，后世诸帝也多"究心庶狱"，"临轩虑囚"，加强法制建设。

太宗时期，在"经生明法，法吏通经"〔4〕的思想影响下，科举中创设了"明法科"，使法律进入科考领域。太宗太平兴国八年（983 年），又命"诸科始试律义"。遂使法律成为入仕的敲门砖。神宗改制时，为了进一步改变"近世士大夫，多不习法"的学风，"又立新科明法，试律令、《刑统》，大义、断案"。〔5〕科举试法的导向作用，激发了"士人"学法习律的积极性。一时之间，读书读律，蔚成风气，如同神宗时大臣彭汝砺所说："异时士人未尝知法律也，及陛下以法令进之，而无不言法令。"〔6〕苏轼在《戏子由》诗中说："读书万卷不读律，致君尧舜知无术。"意在说明只有精通法律才能辅佐皇帝治理国家。苏轼自己就是读书读律的实践者。嘉祐二年（1057 年）苏轼参加科举考试，其所撰写的策论《刑赏忠厚之至论》受到主考官梅尧臣和欧阳修的赏识，拔擢为第二名。至礼部复试时，他再以《春秋对义》被取为第一名。并且在他的做官经历中，也有纯然为司法官员的经历，如大理寺平事、知登闻鼓院等。

需要指出的是，宋朝相对宽松的政治环境，与读书读律的提倡，使得法

〔1〕《宋大诏令集》卷二〇〇《刑法上》，《改窃盗赃计钱诏》。

〔2〕（宋）李攸：《宋朝事实》卷一六《兵刑》。

〔3〕《续资治通鉴长编》卷一四三，庆历三年九月丙戌。

〔4〕《文献通考》卷三二《选举考五》。

〔5〕《宋史·选举志一》。

〔6〕《历代名臣奏议》卷一一六《风俗》。

律思想较为活跃，一些著名的法学著作相继问世。例如，律学博士付霖撰写的《刑统赋》，将建隆四年（963 年）颁布的《刑统》，以音韵的形式，编成通俗易懂便于记忆的律学读本，并亲自作注，该书对于读书读律的士子而言不啻为重要的参考书。金元时期仍有人为《刑统赋》作注，注本近十种之多。

仁宗时，曾任国子监直讲的孙奭撰著《律文音义》《律令释义》二书，说明当时国子监对于教授法学的重视。

由于宋朝重视司法，有时一个普通的案件，如阿云之狱，也会引起满朝君臣共同讨论如何处理。在律学著作中，也出现了案例汇编之书，如桂万荣纂辑的《棠阴比事》，特别是宋慈编纂的《洗冤集录》，是中国古代最著名的关于司法勘验的著作，它的出版引起了世界的重视，得到各国的竞相翻译。在两宋时期，以讲求理气之学与天理人欲之辨的理学家们，也研求法律之学，著名的理学家陈襄在《和郑闳中仙居十一首》诗中说他常以法律之书不离左右，所谓："法律行随手，诗书坐满箱。"特别是朱熹在《论治道》文中立足于地方官的施政经验，比较切实地阐述了他对法律的认识。首先，他认为："大抵立法必有弊，未有无弊之法，其要只在得人。若是其人，则法虽不善，亦占分数多了。若非其人，则有善法，亦何益于事。"[1]同时，他面对现实，反对行古之法，他说："居今之世，若欲尽除今法，行古之政，则未见其利，而徒有烦扰之弊。……要之因祖宗之法而精择其人，亦足以治。"[2]其次，他强调法令颁布之后，违法者自当给予刑罚："号令既明，刑罚亦不可弛。苟不用刑罚，则号令徒挂墙壁尔。"[3]

以上可见，读书读律蔚然成风，是两宋时期法律宣传的特殊形式。尽管其所涉及的群体仅限于士人，但科举入仕之后，有法在胸，可以从容应对各种案件，显示了读书读律的作用，也开启了明清时期"讲读律令"法律宣传的先河。

---

〔1〕《朱子语类》卷一〇八《论治道》。
〔2〕《朱子语类》卷一〇八《论治道》。
〔3〕《朱文公政训》。

如前所述，春秋战国时期公布成文法，使社会各个阶层都了解法律，知所回避；秦统一以后，尽管专制制度不断强化，但允许士人在“以吏为师”的前提下学习法律；唐宋两朝在科举中设明法科、刑法科，使天下读书人有机会通过科举应试成为司法官。以上种种，充分说明了中国古代由官府执行“普法教育”的传统，并根据历史形势的变化而有不同的形式。至明清两朝，又出现了“讲读律令”的制度，督励全国官民习法知法。

（五）明朝法律宣传的创举——讲读律令

明太祖朱元璋虽出身于平民，却十分注意总结国家统治的历史经验，尤其是他亲历了元末政治腐败，法纪荡然，招致农民大起义的剧变，使他清醒地认识到整饬法制的重要性。他说：“元氏昏乱，纪纲不立，主荒臣专，威福下移，由是法度不行，人心涣散，遂至天下骚乱”，“卒至于亡”。〔1〕他强调：“夫法度者，朝廷所以治天下也。”〔2〕

为了避免元末“条格烦冗，吏得夤缘，出入为奸，所以其害不胜”〔3〕的弊病，还在吴元年（1367 年）十月，李善长等议拟律令时，朱元璋便指出法贵简当，易为人知为要。他说：“法贵简当，使人易晓，若条绪繁多，或一事两端，可轻可重，吏得因缘为奸，非法意也。夫网密则水无大鱼，法密则国无全民，卿等悉心参究，日具刑名条目以上，吾亲酌议焉。”〔4〕吴元年（1367 年）十二月，《大明令》完成时，朱元璋惟恐“小民不能周知，命大理卿周桢取所定律令，自礼乐、制度、钱粮、选法之外，凡民间所行事宜，类聚成编，训释其义，颁之郡县，名曰《律令直解》。太祖览其书而喜曰：‘吾民可以寡过矣。’”〔5〕这是明初法律宣传的一种形式。

洪武元年（1368 年）公布《大明令》时，他再次指出：“……古者律令

〔1〕《明太祖实录》卷一四。

〔2〕《明太祖实录》卷一一六。

〔3〕《明太祖实录》卷二七。

〔4〕《明史・刑法志一》。

〔5〕《明史・刑法志一》。

至简，后世渐以繁多，甚至有不能通其义者，何以使人知法意而不犯哉？民既难知，是启吏之奸而陷民于法，朕甚闵之。今所定律令，芟繁就简，使之归一，直言其事，庶几人人易知而难犯。”[1]

以上可见，朱元璋的出身经历决定了他务求立法简约，以使百姓易知。

为了防止条绪繁多，一事两端，于可轻可重之间便于奸吏行私，凡“比例之繁，奸吏可资为出入者，咸痛革之”。[2]吴元年（1367年）十二月制定的《大明律令》，“凡为令一百四十五条，律二百八十五条”，[3]较之唐宋律确为简当易知。统一的明朝建立以后，几次修订《大明律》，也都注意贯彻简当的思想，如同《明史·刑法志》所说，“大抵明律视唐简核”。

朱元璋除提出“法贵简当”外，还重视“明刑弼教，以礼导民”。明刑弼教是中国由来已久的传统法律思想，也是朱元璋以法治国的理论基础，在他手订的《大诰》中反复强调明刑弼教的重要性。明刑弼教重在明刑，以刑辅教。为了明刑，朱元璋不仅重视立法，尤其重视吏民知法，通过法律宣传，整饬纲纪，预防犯罪。《皇明通纪》有以下记载：“吴元年十一月，命中书省详定律令……先是，上以唐、宋以来，皆有成律断狱。惟元不仿古制，取一时所行之事为《条格》，胥吏易为奸弊。自平武昌以来，即议定律。至是，台谏已立，各道按察司将巡历郡县，欲颁成法，俾内外遵守。”[4]

至洪武五年（1372年）二月，鉴于“田野之民，不知禁令，往往误犯刑宪”，特“命有司于内外府州县及乡之里社皆立申明亭，凡境内之人民有犯者，书其过名，榜于亭上，使人有所惩戒”。洪武十五年（1382年）八月，就申明亭在实行中的弊病，再“谕礼部：‘天下郡邑申明亭，书记犯罪者姓名，昭示乡里，以劝善惩恶。今有司概以杂犯小罪书之，使善良一时过误为终身之累，虽欲改过自新，其路无由，尔等详议之。’于是礼部议：‘自今犯

〔1〕（明）丘浚：《大学衍义补》卷一〇三《定律令之制》（下）。

〔2〕《大明律·进大明律表》。

〔3〕《明史·刑法志一》。

〔4〕（明）陈建：《皇明通纪》卷三。

十恶、奸盗、诈伪、干犯名义、有伤风俗及犯赃至徒者书于亭，其余杂犯公私过误，非干风化者，悉皆除之，以开良民自新之路……’制曰可。”[1]申明亭制度是朱元璋首创的向百姓宣传法律，使之明礼仪、知廉耻、远罪过、惧刑罚的一种制度，也是明刑弼教的重要举措。因此，《大明律·刑律·杂犯》“拆毁申明亭”条规定：“凡拆毁申明亭房屋及毁板榜者，杖一百，流三千里。”除申明亭外，还有旌善亭、乡饮酒礼、祭厉、祭社稷等礼制，[2]也都是服务于明刑弼教、宣传法律的目的。

除此之外，朱元璋向官民全面进行法律宣教的最重要措施，是宣讲洪武十八年至二十年（1385～1387年）手订的《大诰》四篇。其内容主要是以律外峻令、酷刑处罚官民过犯的案例，以及趋吉避凶之道的训诫。为了广泛宣传大诰的内容，以威慑官民，要求“户户有此一本”，“所在臣民，熟观为戒”。[3]洪武三十一年（1398年），还将《大诰》三编颁之学宫，作为国子监学和科举考试的内容，而在乡里则由塾师教授《大诰》。每于乡村节日民众集会之处，有专人讲说《大诰》。“天下讲读大诰师生来朝者十九万三千四百余人，并赐钞遣还。”[4]洪武三十年（1397年），《大明律诰》成，朱元璋亲御午门，面谕群臣，昭示制作律诰的目的：“法在有司，民不周知，故命刑官取《大诰》条目，撮其要略，附载于律……刊布中外，令天下知所遵守。”[5]

特别需要指出的是，明朝废除了传统科举制度中的经义之学和词章之学，以八股文取士，因此入仕之官对于法律茫然无知，而作为基层的州县官每日都面对各种刑民诉讼，因而不得不依赖幕友协助断案，由此造成幕吏擅权的弊端。为了避免此种弊病，在《大明律》中专设“讲读律令”条作为补救措施。《大明律·吏律·公式》“讲读律令”条规定：“凡国家律令，参酌事情轻重，定立罪名，颁行天下，永为遵守。百司官吏务要熟读，讲明律意，剖

---

〔1〕（清）沈家本：《历代刑法考·律令九》，“申明亭”。

〔2〕罗冬阳：《明太祖礼法之治研究》，高等教育出版社1998年版，第102页。

〔3〕《御制大诰·颁行大诰》。

〔4〕《明太祖实录》卷二五三，洪武三十年月巳卯。

〔5〕《明史·刑法志一》。

决事务。每遇年终，在内从察院，在外从分巡御史、提刑按察司官，按治去处考校。若有不能讲解，不晓律意者，初犯罚俸钱一月，再犯笞四十附过，三犯于本衙门递降叙用。其百工技艺，诸色人等，有能熟读讲解，通晓律意者，若犯过失及因人连累致罪，不问轻重，并免一次。其事干谋反、逆叛者，不用此律。若官吏人等，挟诈欺公、妄生异议，擅为更改，变乱成法者，斩。”沈家本认为：“此条《唐律》无文。盖自元废律博士之官，而讲读律令者，世遂无其人，明虽设有此律，亦具文耳。”[1]但清人吴坛在《大清律例通考》中对此律条有如下考证：前明成化四年（1468 年）旧例内开，“各处有司，每遇朔望诣学行香之时，令师生讲说律例及御制书籍，俾官吏及合属人等通晓法律伦理，违者治罪”。[2]说明“讲读律令”条在现实生活中仍有一定的影响，并非完全具文。

（六）清朝官吏试法与律学的发展

清朝建立以后，统治者重视法律宣传，务使百姓知法畏法。顺治十八年（1661 年）《巡方事宜》便有法律宣传的相关内容：入境三日内，将御史出巡禁约及皇帝有关敕谕誊黄刊刻，每一司道发十张，每一府州县各发十张，遍示城乡绅士人民。如不刊刻、不遍示，经都察院举劾，即以违旨论处，凡事必须设法确访，不可只凭府、厅开报；不可纵容司、道、府、厅，而只参州、县；不可庇护大贪大恶，而只参劾老者、弱者。出巡御史若违反禁令者，许地方文武官员对该御史进行纠举，撤回治罪。

雍正三年（1725 年）九月九日，雍正皇帝在御制《大清律集解》序中，借周礼所载“布刑于邦国都鄙，乃悬刑象之法于象魏，使万民聚而观之”的掌故，论证了“先王立法定制，将以明示朝野，俾官习之而能断，民知之而不犯，所由息争化俗，而致于刑措也”。为此，他要求《大清律集解》“刊布内外”以后，已居官位者也要“精思熟习，悉其聪明，以查小大之比”。凡

〔1〕（清）沈家本：《历代刑法考·明律目笺二·公式》，“讲读律令”。

〔2〕马建石、杨育棠：《大清律例通考校注》，中国政法大学出版社 1992 年版，第 374 页。

“注名吏部将膺民社之责”的士人，要“讲明有素，则临民治事不假于幕客胥吏而判决有余”。雍正皇帝特别提出：“自通都大邑至僻壤穷乡，所在州县仿《周礼》布宪读法之制，时为解说，令父老子弟递相告戒，知畏法而重自爱。如此，则听断明于上，牒讼息于下，风俗可正，礼让可兴。”[1]

雍正十一年（1733年）定例，“各衙门应行律例，各宜留心讲解，内官则交于各部、院堂官考校，外官则交于各省督抚，饬令各该府州就近考校，并将曾否通行之处详明督抚，属员因公进进之时，留心考试，每于岁底，将内外各官通晓律例者咨明吏部注册，遇有升迁之时，注明能晓律例以示鼓励，其不能讲解者，交部议处。至于各衙门吏典，即交于该管官岁底考核，如有通晓律例者，役满咨部考职之日，即于咨内声明，卷面印一通晓律例字样，酌量优取，如有不能讲解者，照律治罪”。[2]

乾隆五年（1740年），《大清律例》成，也仿《大明律》将讲明律令列于“吏律公式”之中，规定如下：“凡国家律令，参酌事情轻重，定立罪名，颁行天下，永为遵守。百司官吏务要熟读，讲明律意，剖决事务。每遇年终在内、在外，各从上司官考校。若有不能讲解、不晓律意者，官罚俸一月，吏笞四十。其百工技艺诸色人等，有能熟读讲解通晓律意者，若犯过失及因人连累致罪，不问轻重并免一次。其事干谋反、叛逆不用此律。若官吏人等挟诈欺公，妄生异议，擅为更改，变乱成法（即律令）者，斩（监候）。”[3]

“讲读律令”条所规定的考校时间，明、清律都定在每年年终，但负责考校的机关与对不合格者的惩治，明、清律稍有不同。按明律，京内官由察院考校，京外官由分巡御史、提刑按察司官考校。对于“不能讲解，不晓律意者，初犯罚俸钱一月，再犯笞四十附过，三犯于本衙门递降叙用”。按《大清律例》，无论京内京外官均由“上司官考校”。对于“不能讲解、不晓律意”的官吏的制裁是“官罚俸一月，吏笞四十”。

---

〔1〕《大清律例通考》卷首，《世宗宪皇帝御制〈大清律集解序〉》。

〔2〕《大清律例根源》卷二三《吏律·公式》，“讲读律令”条。

〔3〕《大清律例·吏律·公式》，“讲读律令”条。

清律“讲读律令”条，首先针对内外百司官吏。至于“讲读律令”条中所谓“国家律令”是就“颁行天下，永为遵守”的《大清律例》而言的。这部法典虽以刑法为核心内容，但也是按诸法合体编成的国家大法，涉及行政、民事、经济、刑法、诉讼、断狱、监狱等诸多方面，故而要求百司官吏，“务要熟读，讲明律意，剖决事务”。

《大清律例》颁布以后，吏部曾以内外官员各有本任承办事例，“律例款项繁多，难概责以通晓，奏请删除官员考校律例一条”，乾隆帝“不允”，谕曰：“诚以律例关系重要，非尽人所能通晓，讲读之功不可废也。”[1]

为适应官员讲读律令的需要，涌现出一批类似参考书之类的律学著作，如《大清律例提纲》《读律心得》《大清律例便览》等。此外，图表歌诀类的律学著作也应运而生。

在清朝律学家的队伍中，由州县官至封疆大吏是重要的组成部分。如康熙时期的州县官于琨撰《祥刑要览》、知县黄六鸿撰《福惠全书》；雍正时期的知县蓝鼎元撰《鹿州公案》、河南总督田文镜撰《州县事宜》；乾隆时期的江苏巡抚徐士林撰《守皖谳词》《巡漳谳词》，江苏巡抚吴坛撰《大清律例通考》；嘉庆时期的广东提刑按察使陈若林撰《大清律例重订统纂集成》、湖南布政司理问瞿中溶撰《洗冤录辨证》；道光时期的四川保宁府知府刘衡撰《读律心得》、州县官穆瀚撰《明刑管见录》；同治时期的湖广总督李翰章撰《大清律例汇辑便览》；光绪时期的湖北州县官江峰撰《大清律例略记》等。他们从司法实践中体验到讲读律令的应用价值，因而纷纷撰写注律之说，一时之间，群书竞献，推动了律学的发展，也有助于法律知识的宣传。

从现存清代判词与档案资料中，可以看出对于案件的判决是合法的，其中虽不乏出自幕友之手，但有些确为州县府道长官亲自拟定的。现存的明清官箴书中也多有关于读律的阐述，显然是对明清律中“讲读律令”条的回应。

《大清律例》是中国古代社会后期最完备的法典，涵盖面极为宽广，充分体

[1] （清）沈家本：《历代刑法考》附《寄簃文存·大清律例讲义序》。

现了国家的意志。因此要求内外百官都要熟读、讲明律意、剖决是非。尽管清代各部院司各有专门的则例，对各部院司权责奖惩规定得十分具体，但仍要求百官在了解本部院则例的同时，须熟读《大清律例》，而且不限于司法之官。

在“讲读律令”条中首列官、次列民。官之责在于执法，民之责在于守法。守法者的利害仅限于自身，而执法者是否援法，其影响关系到社会的振荡，国家的安危。因此“讲读律令”条首列官、次列民，表现了统治者对于明主治吏而后治民的传统认识。凡是不明律意、考校不及格的官与吏分别予以惩戒，说明“讲读律令”条具有一定的强制性。“讲读律令”条对于官吏习法、用法起到了积极的推动作用，现存的地方官撰写的判词，证明了这一点，近年整理出版的《徐公谳词》就是一例〔1〕。

徐公即徐士林，号雨峰，山东文登人，康熙五十二年（1713 年）进士。曾任内阁中书、刑部主事、礼部主事、礼部员外郎，后外任江南安庆知府、江苏按察使、河南布政使、寻迁汀漳道，卒于江苏巡抚任上。《徐公谳词》由《守皖谳词》与《巡漳谳词》合编而成，是徐士林任安庆知府与汀漳道道员任上审理 102 件案件的判词手稿。

徐士林以善于断狱著称。多年断案的实践经验，以及他对大清律例的研习体悟，使他深感“律例犹医书《本草》也，其情事万端，如病者之经络虚实也。不善用药者杀人，不善用律者如之”。〔2〕正因为如此，史书说他“治狱不以刑讯而以理折，不以迹拘而以情求”。因而，能够“握一狱之关键，晰众口之异同，而折以是非之至当，揆之天理而安，推之人情而准，比之国家律法而无毫厘之出入”。〔3〕他反对深文周纳，期在必得以至刑讯逼供，也不许“姑息养奸”，无原则的宽容。“凡谳定必先摘大略牌示，始发缮文册，吏不得因缘为奸。”〔4〕因此，经他审定的案件，从无翻案者。每当徐士林奉委派会审

〔1〕 陈全伦等主编：《徐公谳词——清代名吏徐士林判案手记》，齐鲁书社 2001 年版。

〔2〕（清）袁枚：《小仓山房文集》卷三《江苏巡抚雨峰徐公神道碑》。

〔3〕 陈全伦等主编：《徐公谳词——清代名吏徐士林判案手记》附录三《旧序跋·徐雨峰中丞勘语·序》，齐鲁书社 2001 年版，第 689 ~ 690 页。

〔4〕《清史稿·徐士林传》。

部驳大案时，都尽力做到“听断精敏……析疑疏滞，如见如绘；批郄导窾，无不迎刃而解”。[1]徐士林不仅以不善用律者杀人自警，也据以勉励属下，“每守令来谒，辄具狱命判，试其才”。[2]

除此之外，乾隆时期的贵阳兵备道张经田在《励治撮要》一书中阐明了读律的重要性：“士人学古入官，读书尤贵读律。律之为书，仁至义尽，词简意赅，一句一字具有精蕴存焉。而律为一定不易之成规，例则为因时制宜之良法。凡律有未备，藉例以权其大小轻重之衡。纤悉比附，胥归至当，非就其同异之处，宽严之别，参互而考订之。遇有一案到手，且茫然无所适从，善办案者以案就例，兼之以例就案，两相就以准乎，宽严之并济，合乎仁义之至尽。有一成而不可变者，是在平日明习例文，深知其意，庶于审案时中有把握，且亦知所趋避，而操纵自如矣。”[3]

乾隆时期的名幕、后任知县的汪辉祖，以其切身经验强调“律例不可不读”：“听讼不协情理，虽两造曲遵，毕竟是孽断，事茫无把握，以覆讯收场，安得不怠。原其故，只是不谙律例所致。官之读律，与幕不同。幕须全部熟贯，官则庶务纷乘势有不暇。凡律例之不关，听讼者原可任之幕友，若田宅、婚姻、钱债、贼盗、人命、斗殴、诉讼、诈伪、犯奸、杂犯、断狱诸条，非了然于心，则两造对簿猝难质诸幕友者，势必游移莫决，为讼师之所窥测。熟之可以因事傅例，讼端百变，不难立时折断，使讼师慑服。诳状自少，即获讼简刑清之益。每遇公余，留心一二条，不过数月可得其要。惮而不为，是谓安于自怠，甘于作孽矣。”[4]

嘉道时期，曾任州县官的刘衡提出，读律在于熟读诉讼、断狱两门：“或问律例浩繁，其要旨安在？有尤要而宜先读者乎？曰：有。伏查现行律例，

---

〔1〕（清）卢见曾：《国朝山左诗钞》卷五〇。

〔2〕《清史稿·徐士林传》。

〔3〕（清）张经田：《励治撮要·读律》，载官箴书集成编纂委员会编：《官箴书集成》（第六册），黄山书社1997年版，第50页。

〔4〕（清）汪辉祖：《学治说赘·律例不可不读》，载官箴书集成编纂委员会编：《官箴书集成》（第五册），黄山书社1997年版，第311页。

系道光五年钦定刊颁，计四百三十有六门，凡一千七百六十有六条。言言酌情理之平，字字协中和之轨。而其要旨，敢以一言蔽之，曰：保全良民，禁制棍蠹诬扰而已。至诉讼门之十二条，断狱门之二十九条，则其尤要而宜先读者也……律例既熟，胆力以壮，乃能于收呈时，依据刑律诉讼门之十二条，分别准驳。于听断时，则体会设身处地四字，恪遵断狱门之二十九条，分判曲直，乃稍稍能禁制棍蠹之害民者。"[1]

"讲读律令"条在要求百司官吏习法并定期考试、酌于奖惩之外，还针对"其百工技艺诸色人等"，如犯"过失及因人连累致罪"，如能"熟读讲解，通晓律意者"，可以"不问轻重并免一次"，但"谋反、叛逆不用此律"。为此，地方官府也仿传统之例，在通衢要道张贴法律文本，使民知之。此外，流行于民间的"日用类书"中也有介绍法律知识的内容，甚至在童蒙读本中也介绍了一些简单的法律知识。例如，晚清刘树屏编撰、吴子城绘图的《澄衷蒙学堂字课图说》一书，对"斩"和"绞"等刑罚作了字面上的释义，还配图像，便于儿童识字和记忆。清朝通过这样的法律宣传，鼓励百姓了解律例，避免犯罪。可见讲读律令之法带有敦促吏民习法、守法的普法性质。除此之外，康熙帝、乾隆帝还通过圣谕的形式，使民众习法、敬法，遵而行之。

总括上述，明清作为中国古代后期的两个王朝，在法律宣传方面具有以下特点：其一，法律宣传形式多样化。如法律文本宣传、案例宣传、基层里老宣传等，意在使民知法，从而远离犯罪；其二，针对明清入仕之官不习法律而采取的讲读律令的补救措施，使官吏习法、定期举行考校并根据考核结果予以赏罚被制度化。在一段时期里，讲读律令成为有效的官吏普法制度；其三，明清律在"讲读律令"条中也规定百姓轻微过犯，如能"熟读讲解通晓律意者"，"不问轻重并免一次"，以此推动百姓知悉法律，趋吉避凶。

---

[1]（清）刘衡：《蜀僚问答·读律在熟读诉讼断狱两门其四十一条》，载官箴书集成编纂委员会编：《官箴书集成》（第六册），黄山书社1997年版，第149页。

二、中国古代法律宣传的史鉴价值

中国古代的国情是重农主义的经济形态和专制主义的政治体制。宋朝以前，在名田制、均田制下，世代务农之家与市场的联系较为薄弱，因此发生财产纠葛的案件在司法案件中所占的比重较小，由此限制了百姓法律意识的提高和对于法律知识的自觉追求。至宋朝，实行不立田制，不抑兼并的政策，遂使土地进入流通领域，可自由买卖，与此同时，商品经济迅速发展，使民事法律关系复杂化，产生了一系列涉及私权益的法律纠纷，迫使百姓为了维护切身利益，不得不求助于法律。《名公书判清明集》中记载了户婚、田土、钱债等各种案件，而且在州县官的判决中明确标识“准法”“按法”，以示依法断案。由此，也使百姓切身感受到了解法律知识的必要性，寻求以法律手段维护自己的合法权益。

但在专制主义的政治体制下，统治者一方面希望百姓知法守法，因而进行了各种形式的法律宣传；但另一方面又严禁社会上流行的《惊天雷》《萧曹遗笔》《刑台秦镜》之类的教民词讼之书，唯恐百姓据法越诉缠讼，以致造成狱讼繁兴，引起社会的不安，表现了中国古代法律宣传的局限性。

在漫长的古代社会，不同的王朝所处的环境不同，经济发展程度和文化水准不同，尤其是国家面临的政治形势不同，因此所采取的法律宣传的形式和力度也不同，所取得的效果自然也各自有别。由于官是执法的主体，是主动者，民是遵法守法的被动者，历代从“明主治吏不治民”的传统观念出发，要求官吏知法、执法作为法律教育的首要目的，其次才是教民知法。但迄至明清之前，官吏“普法”并没有被制度化、法律化。明清两朝，鉴于入仕之官，多不习法知法，而入仕之后，如系州县官，便面对各种复杂的民刑事诉讼，不得不依靠幕友协助断案，以致幕吏擅权成为官场一大弊政。为了补救官吏法律知识的阙如，在明清律中专设“讲读律令”条，由上级官吏和监察官对官吏定期考核律例知识，不合格者予以处罚，以此督励官吏学习法律知识，能够判决各种案件。官员所习之法不限于本部门的法规，而是要求熟悉国家最重要的法典，即《大明律》和《大清律例》；而且在固定时间定期举行考校，之后根据优劣或赏或罚，使之制度化、法律化、常态化。明清律所定"讲读律令"条，曾经历行不辍，官吏习法的热潮也带动了私家注释律学的发展，出现了法律歌诀类、图表类的简易读本。但至明清两代的中后期，国势日衰，此项考核制度也流于形式。

为便于官吏执法，百姓知法，历代的统治者和思想家在立法时力求做到简而易知，知而能行，无论唐宗宋祖，还是明太祖在立法之初都迭颁诏令，务求立法简单易知，便于记忆和理解，这也有利于法律的宣传和教育，营造官民知法、守法、用法的环境。

中国从汉朝起，道德入律，德法互补，共同治国。道德的法律化使百姓由畏法而敬法，不仅提高了法律的权威，也减少了推行法律的阻力，这是中华法系的一大特点。历史的经验证明，普法的首要对象在官而不在民，民即使知法，而官不知法、不执法，并不能维护法治秩序。在确定官吏为法律教育的主要对象的同时，还要严于上官。只有上官严，居下位者才不敢疏忽，做到上行下效。民虽是守法的被动者，但是民知法又是官习法行法的重要推动力。如同商鞅所说："官知民知法，故不敢以非法遇民。"官民法律意识的强弱是衡量一个国家法治成就的重要尺度。

习近平总书记强调，"人民权益要靠法律保障，法律权威要靠人民维护。要充分调动人民群众投身依法治国实践的积极性和主动性，使全体人民都成为社会主义法治的忠实崇尚者、自觉遵守者、坚定捍卫者，使尊法、信法、守法、用法、护法成为全体人民的共同追求"。[1]抚今追昔，只有百姓知法，上下守法，才能保障法律的作用得到有效发挥；只有官民法律意识的增强，才能促进法治环境的稳定，推动全面依法治国方略的实施。

---

〔1〕 2014 年 10 月 23 日，习近平同志在党的十八届四中全会第二次全体会议上的讲话。

第八章　依法治国，历史发展的必然

习近平总书记指出，“全面依法治国是一个系统工程，是国家治理领域一场广泛而深刻的革命”。他在主持召开中央全面依法治国委员会第一次会议时进一步指出：“坚持中国特色社会主义法治道路。全面推进依法治国必须走对路。要从中国国情和实际出发，走适合自己的法治道路。”本书试图论证依法治国不仅是中国古代以法治国的质的飞跃，而且也与近代资产阶级民主派所追求的资产阶级共和国的方案彻底划清了界限，进而说明依法治国是历史发展的必由之路。

一、依法治国是以法治国的质的飞跃

历史进入春秋战国时期，社会发生了大变动、大改革。铁制生产工具的广泛应用，使得“辟草莱”开垦荒地成为可能，从而推动了土地私有制的确立，促进了地方经济的发展，加强了诸侯和卿大夫的独立性。由周朝初期构建的宗法等级制度和礼乐之治已经失去了控制社会和维持国家的作用，“礼崩乐坏”已不可避免。在无休止的争夺疆土与权力的兼并战争中，各诸侯国为了富国强兵，夺取兼并战争的胜利，都在寻求构建一种新的有效的治军、治国和驭民的方案，以取代丧失了约束力的礼乐之治。

在这个大变动时代的推动下，如何构建新的治国模式，是政治家、思想家不断思考的问题。儒墨道法各家学派纷起论辩，蔚成百家争鸣的学术氛围。法家以其“不法古，不循今”[1]的历史观和“不务德而务法”[2]“以力服人”[3]的政治观，以及“不别亲疏，不殊贵贱，一断于法”[4]的法治观，逐渐赢得了以力相争的诸侯国君的支持。曾经奉周礼为圭臬的儒家学派，逐渐让位给新兴的法家学派，法家奉行的法治取代了礼乐之治。

公元前七世纪，早期法家代表人物管仲提出：“威不两错，政不二门，以法治国，则举错而已。”[5]由此，“以法治国”的法治学说成为时代的最强音，即使在世界法制史上也是最早的以法治国的开篇之作。

法家不仅是言者，而且是行者。他们在一些国家推行的变法顺应了时代潮流，取得了很大的成功。以法治国的国家模式陆续在各国得到实施，法家的法治学说成为最具有活力的显学。尤其是秦国经过商鞅变法，国富兵强，终于灭六国，实现了大一统，这是法家学说所产生的巨大力量的体现。经过法家的理论宣传和成功的实践，法作为治世之具一直为后世所沿承。

法家以法治国学说的主要内容，是以法为治国之权衡，无论卿相大夫，违法者一断于法。管子说：“法者，天下之程式也，万事之仪表也。”[6]“夫法者，所以兴功惧暴也。律者，所以定分止争也。令者，所以令人知事也。法律政令者，吏民规矩绳墨也。”[7]商鞅说：“先王悬权衡，立尺寸，而至今法之，其分明也……故法者，国之权衡也……中程者赏之，毁公者诛之。”[8]“刑无等级，自卿相、将军以至大夫、庶人，有不从王令，犯国禁，乱上制者，罪死不赦。”[9]又说：“守法守职之吏有不行王法者，罪死不赦，刑及三族。”[10]

〔1〕《商君书·开塞》。
〔2〕《韩非子·显学》。
〔3〕《孟子·公孙丑上》
〔4〕《史记·太史公自序》。
〔5〕《管子·明法》。
〔6〕《管子·明法解》。
〔7〕《管子·七臣七主》。
〔8〕《商君书·修权》。
〔9〕《商君书·赏刑》。
〔10〕《商君书·赏刑》。

韩非说："不辟亲贵，法行所爱。"[1]

法家学说之所以受到诸侯国的信奉，法家实行的变法之所以得到百姓的拥护，不是偶然的。法家推行的"尽地力之教"[2]，"开阡陌封疆"[3]，民得买卖的土地立法，得到了农民和新兴地主的支持；法家所实施的"见功而与赏，因能而受官"[4]，"宰相必起于州部，猛将必发于卒伍"[5]，实行二十等军功爵制度得到了参与兼并战争的广大将士的拥护；此外，法家主张的赏信罚必的政策，也有利于诸侯国君赢得广泛的拥护者以抗击守旧势力并取得战争的胜利。因此，法家能够成为诸侯国的执政者、改革者。秦之所以兼并六国、统一天下，就在于商鞅变法贯彻了法治主张。至于二世而亡，也不是偶然的，其原因之一就在于秦统一以后"乐以刑杀为威"[6]，毁法残民，践踏了法治原则，曾经受到百姓拥护的法治，变成了"苦秦久矣"的百姓哀叹。

法家以法治国的模式是在与儒、墨、道各派的治国模式进行论辩、比较，并战而胜之以后才确立的，它的成功体现了时代的潮流所向。对此，梁启超曾作过历史的考证和总结，他说："法治主义对于放任主义，则彼乃不治的，而此乃治的也。其对于人治主义，则彼乃无格式的，而此乃有格式的也。其对于礼治主义，则彼乃无强制的，而此乃有强制的也。其对于势治主义，则彼乃无限制的，而此乃有限制的也。此法治主义之位置也。"[7]

先秦法家的法治学说出现于公元前六七百年，雄辩地说明了古圣先贤的智慧和杰出的法律思维，其法治学说的成就，可以跻身于世界早期法治学说的先进之林。但是，先秦法治学说又带有巨大的历史局限性。法家认为君主是生法者，他处势抱法而治，法是君主手中的治世之具。法家法术势相结合的学说不仅为秦始皇的肆行专制提供了理论依据，也是后世君主专制制度的

[1]《韩非子·外储说右上》。
[2]《史记·荀卿列传》。
[3]《史记·商君列传》。
[4]《韩非子·外储说左上》。
[5]《韩非子·显学》。
[6]《史记·秦始皇本纪》。
[7]《饮冰室全集·文集》卷一五《中国法理学发达史论》。

理论基础。法律的工具主义对后世影响深远，唐朝魏征曾做过形象的比喻："为理之有刑罚，犹执御之有鞭策也。"[1]意为国家如同一匹奔马，君主是驭手，他手中策马的鞭子就是法律。法既然是生于君，又是君手中的工具。因此，遇有明君，可以发挥法律的治世功能，如唐太宗、宋太祖是也；如遇昏君，不仅不能发挥法律应有的功能，反而会行恶法以残民，造成暴政，终于亡国，此类史例迭见于历史文献记载。

依法治国与以法治国虽然只有一字之差，但在性质上却是质的不同。依法治国是法生于民，是法律的权威主义，也就是任何人都要在宪法和法律的范围内活动，都平等地接受法律的约束和制裁。如同《中华人民共和国宪法》第五条所规定："中华人民共和国实行依法治国，建设社会主义法治国家。国家维护社会主义法制的统一和尊严。一切法律、行政法规和地方性法规都不得同宪法相抵触。一切国家机关和武装力量、各政党和各社会团体、各企业事业组织都必须遵守宪法和法律。一切违反宪法和法律的行为，必须予以追究。任何组织或者个人都不得有超越宪法和法律的特权。"为了全面依法治国，对于沿袭数千年之久的法律工具论的消极影响，仍然有必要认真地加以肃清。

二、寻求民族复兴道路的探索

1840 年鸦片战争以后，中国陷入了巨大的国家危机和民族危机中。中华民族与外国侵略者的矛盾，上升为主要矛盾。为了挽救民族危机而展开的救亡图存的斗争，成为中国近代史的主线和核心内容。在严峻的现实面前，不同的阶级、阶层纷纷展开民族复兴之路的探索。

鸦片战争后十年发生的太平天国运动，要以农民的天国取代清朝，以平均主义的"天法"取代清朝的"妖法"。太平天国的失败说明，在当时的历史条件下，农民阶级的救国方案是没有出路的。只有太平天国后期领导人洪

---

〔1〕《全唐文》卷一四〇《魏征二·理狱听谏疏》。

仁玕撰写的《资政新篇》，为我们保留了一个实行资产阶级民主法治的雏形。

对于1840年鸦片战争的失败，中国的士大夫曾经认为，中国之败，败在西方侵略者的坚船利炮，因而以魏源为代表的思想家提出了“师夷之长技以制夷”的主张。他说：“善师四夷者，能制四夷；不善师外夷者，外夷制之。”[1]又说：“欲制外夷者，必先悉夷情始；欲悉夷情者，必先立译馆翻夷书始。”[2]他阐明编著《海国图志》的目的，就是“为以夷攻夷而作，为以夷款夷而作，为师夷之长技以制夷而作”。[3]

曾经充当李鸿章幕僚的冯桂芬在《校邠庐抗议》一书的《采西学议》中提出：“如以中国之伦常名教为原本，辅以诸国富强之术，不更善之善者哉?”这个观点可以说是洋务派所主张的中体西用论的先导。洋务派把冯桂芬的“本术论”，发展为“中学为体，西学为用”的“体用论”。

所谓洋务派，是由曾国藩、李鸿章等一批手握军政实权的大官僚所组成的政治团体。他们以“中体西用”为旗帜，以“稍变成法，引进西法”为具体行动，以购买洋枪洋炮武装军队为主要目标。然而，他们苦心经营了二十年的洋务运动，却在甲午战争中全部灰飞烟灭。

取代“中体西用”的另一种新思潮是起于19世纪70年代改良政治的思潮。19世纪60～70年代，自然经济结构逐渐瓦解，由洋务派兴办的军用工业、工矿交通企业和以官督商办、官商合办为形式的近代民用企业，对中国民族工商业的兴起，起到触酶的作用，由此也促进了社会阶级结构的变化。这些都为改良政治思想的萌发，提供了初步的物质基础。

与此同时，以王韬、薛福成、何启、胡礼坦、郑观应、马建忠、黄遵宪、郭嵩焘等为代表的一批了解西学或亲自接触到西方国家与社会的官僚士大夫，虽然他们是从洋务派营垒中分化出来的，但所关注的焦点已经从仿效西方的器物文明，转向政体的改良上。

---

[1] （清）魏源：《海国图志》卷三七《大西洋欧罗巴洲各国总叙》。

[2] （清）魏源：《海国图志》卷二《筹海篇三·议战》。

[3] （清）魏源：《海国图志·原叙》。

曾经远涉重洋，考察过西方国家“风俗利病得失盛衰之由”的官商郑观应，在《盛世危言》自序中说：“乃知其治乱之源，富强之本，不尽在船坚炮利，而在议院上下同心，教养得法”，“西人立国具有本末。虽礼乐教化远逊中华，然其驯致富强亦具有体用。育才于学堂，论政于议院，君民一体，上下同心，务实而戒虚，谋定而后动，此其体也。轮船火炮，洋枪水雷，铁路电线，此其用也。中国遗其体而求其用，无论竭蹶走趋，常不相及。就令铁舰成行，铁路四达，果足持欤！”〔1〕

科举出身的王韬在1851年还用传统的专制政治的眼光，批评西方的政治经济制度，批评西方“君民同治”是“立法之大谬”。然而，从1867年开始，他游历了英、法、俄等国，考察了西方国家的政治经济制度之后，思想发生了极大的转变。在其撰写的《变法》和《变法自强》二文中，明确提出了改革君主专制，实行君主立宪的变法要求。他赞美君民共主之国：“上下相通，民隐得以上达，君惠得以下逮，……犹有中国三代以上之遗意焉。”〔2〕

然而，早期改良派思想家虽然发表了一系列有关西方议会制度的论说，却并没有付诸行动。将改良政治的思想付诸实践的是19世纪末发生的“戊戌变法”。

1894年中日战争中中国的失败与丧权辱国的《马关条约》的签订，激起了广大中国民众的爱国主义热潮，救亡图存、变法自强的呼声不断高涨，并迅速地推动了一场政治改革运动——“戊戌变法”的出现。梁启超曾经指出：“唤起吾国四千年之大梦，实自甲午一役始也……鼾睡之声，乃渐惊起。”〔3〕又说：“自甲午东事败后，朝野乃知旧法不足恃，于是言变法者乃纷纷……强学会、《时务报》大呼于天下，天下人士咸知变法，风气大开矣。”〔4〕

康有为在《上清帝第四书》中，提出了“设议院以通下情”的建议，要

〔1〕（清）郑观应：《盛世危言·自序》。
〔2〕（清）王韬：《弢园文录外编》卷一《重民下》。
〔3〕梁启超：《戊戌政变记》附录一《改革起源》，中华书局1954年版，第113页。
〔4〕梁启超：《戊戌政变记》卷一《新政诏书恭跋》，中华书局1954年版，第22页。

求“凡有政事，皇上御门，令之会议，三占从二，立即施行”。[1]

康有为在《请定立宪开国会折》中向光绪皇帝提出召开国会的建议：“国会者，君与国民共议一国之政法也。”[2]

康有为在《上清帝第五书》中提出“采择万国律例，定宪法公私之分”。[3]稍后又在《上清帝第六书》中提出“开制度局而定宪法”。他认为只有“宪章草定”，才能“奉行有准，然后变法可成，新政有效也”。[4]如果“无宪法为之著明”，就会出现“恶之者驳诘而不行，决之者仓卒而不尽，依违者狐疑而莫定，从之者条画而不详”的现象。[5]

他在《上清帝第六书》中还建议制定仿西方的法律体系：“今宜采罗马及英、美、德、法、日本之律，重定施行”，“其民法、民律、商法、市则、舶则、讼律、军律、国际公法，西人皆极详明，既不能闭关绝市，则通商交际，势不能不概予通行。然既无律法，吏民无所率从，必致更滋自弊。且各种新法，皆我所夙无，而事势所宜，可补我所未备。故宜有专司，采定各律以定率从”。[6]

以上可见“戊戌变法”期间维新派所设计的君主立宪制的蓝图。但是，维新派无权无勇，更缺乏群众基础，他们所能做的就是争取光绪帝实行“自上而下，顺而易”[7]的变法。这种改良主义的变法活动，不堪顽固派的反戈一击。“戊戌政变”使康梁亡命海外，六君子血洒菜市口，一切又都率由旧章。然而历史的发展并没有被顽固派所左右。曾经镇压“戊戌变法”的顽固守旧的统治集团，在义和团运动失败以后已经无法照旧统治的背景下，宣布实施新政，1905年又被迫宣布预备立宪。晚清的预备立宪虽然进行了官制改

〔1〕《戊戌变法》第2册，《上清帝第四书》，神州国光社1953年，第176页、第184页。
〔2〕《戊戌变法》第2册，《请定立宪开国会折》，神州国光社1953年，第236页。
〔3〕《戊戌变法》第2册，《上清帝第五书》，神州国光社1953年，第194页。
〔4〕《戊戌变法》第2册，《上清帝第六书》，神州国光社1953年，第202页。
〔5〕《戊戌变法》第2册，《上清帝第六书》，神州国光社1953年，第200页。
〔6〕《戊戌变法》第2册，《上清帝第六书》，神州国光社1953年，第200页。
〔7〕徐世昌等编，沈芝盈、梁运华点校：《清儒学案》卷四八《凝斋学案·程功録》，中华书局2008年版，第1927页。

革，起草了《钦定宪法大纲》，修订各种新律等等，但归根结底依旧是维护“大清皇帝统治大清帝国，万世一系，永永尊戴”,〔1〕最终难免于覆亡。

就在维新思潮兴起不久，另一种以革命为号召的革命民主派的思潮，逐渐取代维新思想。以孙中山、章太炎、邹容等为代表的革命民主派，以推翻清朝政府的政治革命为号召，以建立西方民主共和政府为目标，以武装起义为手段，于1911年10月10日发动了辛亥革命，推翻了清朝政府，建立了南京临时政府，并且颁布了具有资产阶级共和国宪法性质的《中华民国临时约法》。但是，辛亥革命后不久，孙中山迫于内外压力，不得不“尽让政权于袁氏”〔2〕，革命的果实落入北洋军阀的首领袁世凯之手。

为了抵制袁世凯和北洋军阀破坏民国的种种行径，孙中山曾经发动了反袁战争和两次护法运动，但由于缺乏更积极的目标，未能取得民众的拥护，而所依靠的力量又是地方军阀，最终都以失败终结，这使孙中山认识到南北军阀都是“一丘之貉”。他在迭遭失败之后，接受了中国共产党的帮助，实行“联俄、联共、扶助农工”三大政策，实现了他一生中最大的转变。

三、资产阶级共和国方案的破产

在北洋军阀控制下的“中华民国”成为各派军阀互相争夺的一个法统上的招牌，而广大民众并没有获得民国的福祉，相反，在帝国主义分裂剥削政策支配下发生了各派军阀的连年混战，使得国权丧失、民众困苦不堪。

产生于半殖民地半封建社会的民族资产阶级，没有力量解决中国的民生问题——土地。所谓“平均地权”，只不过是一句空话；没有力量解决中国人民千百年来只是作为权利客体而存在的历史地位，没有得到真正的民主、自由与人权；没有力量解决帝国主义列强分裂中国，划分势力范围的现实，中

〔1〕《钦定宪法大纲·君上大权》第一条，转引自夏新华等整理：《近代中国宪政历程：史料荟萃》，中国政法大学出版社2004年版，第127页。

〔2〕湖南省社会科学院编：《黄兴集·与陈炯明等联名通电》附一《陈其美致黄兴书》，中华书局1981年版，第401页。

华民族依然没有摆脱民族危机的厄运。

各派军阀以国家为筹码，以人民为赌注，以卖国为获取赌本的手段。

在这种背景下，具有激进民主主义思想的陈独秀、李大钊等人奋笔揭露和批判军阀操纵下的中华民国。陈独秀指出："中华民国的假招牌虽然挂了八年，却仍然卖的是中华帝国的药，中华官国的药，并且是中华匪国的药。"[1] 张勋复辟帝制的闹剧发生以后，更使得激进民主主义者认识到军阀手中的民国，依旧是名亡而实存的封建专制制度。李大钊沉痛地指出，辛亥革命以后，神州陆沉，是"则君主专制之祸耳"[2]。他以犀利的笔锋，淋漓尽致地揭露了北洋军阀统治下的民国政治是"武人专制的政治——也可以叫做武乱"[3]，是把人民当作猪宰的"宰猪场式的政治"[4]，是"几个政客，抱着强盗的大腿转来转去，混一口饭吃"的政治[5]。在这样的民国政治下，人民的民主权利和自由都被少数特权者所剥夺。因此他发出了"民与君不两立，自由与专制不并存，是故君主生则民国死，专制活则自由亡"[6]的呐喊，痛斥形形色色的帝制复辟派是"国家之叛逆、国民之公敌"，而要"诛其人，火其书，殄灭其丑类，摧拉其根株，无所姑息，不稍优容"。[7]这在黯然窒息的民国，恰如振聋发聩的惊雷骇电，使人猛省，发人深思。

青年时期的毛泽东尖锐地指出君主国和三纲、资本家"同为天下之恶魔也"[8]，而主张"改建政体"，他认为资产阶级所提倡的议会、宪法、总统、内阁等等都是枝节不是救国的"药方"。因而反对从枝节入手的变法，而应致力于追索"本源"。这个"本源"不言而喻，就是新式的革命。

---

[1] 陈独秀："实行民治的基础"，载《新青年》第七卷第一号，上海群益书社1919年，第14页。
[2] 李大钊："民彝与政治"，载《李大钊全集》第一卷，人民出版社2013年版，第287页。
[3] 李大钊："文治国庆"，载《李大钊全集》第三卷，人民出版社2013年版，第84页。
[4] 李大钊："宰猪场式的政治"，载《李大钊全集》第二卷，人民出版社2013年版，第450页。
[5] 李大钊："政客"，载《李大钊全集》第二卷，人民出版社2013年版，第387页。
[6] 李大钊："民彝与政治"，载《李大钊全集》第一卷，人民出版社2013年版，第287页。
[7] 李大钊："民彝与政治"，载《李大钊全集》第一卷，人民出版社2013年版，第287页。
[8] 毛泽东评泡尔生所著《伦理学原理》一书时所作的批注，载《毛泽东早期文稿》，湖南出版社1990年版，第152页。

蔡和森还明确地反对不斟酌国情而照搬西制，认为“西制之可采者取之，其不可采者去之。折中至当，两无所偏”。〔1〕

北洋军阀攫取政权以后，一面撕毁临时约法及其他反映资产阶级民主原则的法令，一面恢复《大清律》的部分效力和刑讯制度，颁布《惩治盗匪法》《治安警察法》《出版法》等一系列反动单行法，猖狂地剥夺人民群众的基本权利和自由，并把矛头指向工人运动的领袖和共产党人，进行无情地镇压。周恩来发文痛批，军阀的法律乃是“维持特权阶级的法律”，“不要说实行反抗旧制度，反抗‘上层阶级’了，便是为拥护被压迫阶级利益而有所结合，有所主张，也要常常受那维持特权阶级的法律干涉”。〔2〕

李大钊还在《再论问题与主义》的著名论文中，依据马克思主义的唯物史观阐明了“社会上法律、政治、伦理等精神的构造，都是表面的构造。他的下面有经济的构造作他们一切的基础”。〔3〕欲谋求中国社会的改造，必须改变社会经济制度，因为“经济问题的解决，是根本解决”。〔4〕

1928 年建立的南京国民政府，仍然是新军阀操纵下的独裁政权。毛泽东指出，其政权“所代表的利益是中国的大地主、大银行家、大买办阶层的利益。这些极少数人所形成的反动阶层，垄断着国民党政府管辖之下的军事、政治、经济、文化的一切重要的机构”。〔5〕他们比北洋军阀更加肆无忌惮地进行反共、反人民的内战，颁布了《戡乱时期紧急治罪法》，建立了特种刑事法庭，残酷地镇压共产党人和爱国进步人士，最终和北洋军阀一样遭到了覆亡的命运。

在北洋军阀统治期间，曾经提出法统来为其统治的合法性辩护。直系军阀曹锟、吴佩孚在战胜皖系军阀段祺瑞以后，提出恢复法统，为此，匆匆贿

---

〔1〕 转自《张昆弟日记》，1917 年 8 月 23 日，湖南省博物馆藏。

〔2〕 周恩来：“宗教精神和共产主义”，中共中央文献研究室编：《建党以来重要文献选编（一九二一—一九四九）》第一册，中央文献出版社 2011 年版，第 174 页。

〔3〕 李大钊：“再论问题与主义”，载《李大钊全集》第三卷，人民出版社 2013 年版，第 55 页。

〔4〕 李大钊：“再论问题与主义”，载《李大钊全集》第三卷，人民出版社 2013 年版，第 55 页。

〔5〕 毛泽东：“论联合政府（1945 年 4 月 24 日）”，载《毛泽东选集》第三卷，人民出版社 1991 年版，第 1045 页。

选议员，召开国会，制定宪法，作为法统“重光”的象征，但是，随着直系军阀的迅速崩溃，他们所制定的宪法永远摆脱不掉“贿选宪法”的丑名。北洋军阀所玩弄的法统的招数也为国民党反动派所继承，以致在《求和文告》中，还提出“法统不容中断”〔1〕，他们所谓的法统不过是借助宪法维护其统治权而已。无论是宪法也好，还是法律也好，都不能掩盖其压迫人民、摧残民主的事实。最终，他们所维护的法统随着其统治的瓦解和标榜法统的宪法变成废纸而成为幻梦空花。

历史证明，通过资产阶级革命的道路，实现资产阶级共和国的方案已经被现实彻底粉碎，正是封建军阀“拥兵纵乱，毁法残民，无恶不作，无罪不备”〔2〕的倒行逆施，从反面教育了人民，促使他们觉醒起来，既争民主，也争法治，在中国共产党的领导下走上了通向社会主义的革命道路。

四、社会主义制度下的依法治国是历史的必由之路

1917 年十月革命的胜利，和五四运动的洗礼，大大开阔了先驱者们的视野，使他们由激进的民主主义开始向马克思主义转变，成为具有共产主义觉悟的先驱者。正如习近平同志所说：“十月革命一声炮响，给中国送来了马克思列宁主义。陈独秀、李大钊等人积极传播马克思主义，倡导运用马克思主义改造中国社会。”〔3〕

他们运用马克思主义关于国家与革命的学说，不仅深入地批判了资产阶级专政的共和国，而且赞美十月革命所诞生的无产阶级政权。在马克思主义学说武装下的先驱者们，已经不限于揭露中华民国种种反民主的行径，而是深入到批判西方民主政治的实质，指出：“却不承认现存的资产阶级（即掠夺阶级）的国家、政治、法律，有扫除社会罪恶的可能性。”〔4〕“表面上是共和政

〔1〕《解放日报》社论：“再评破产的政治理论”，载《解放日报》1946 年 4 月 10 日。

〔2〕《北京学联日刊》发刊词。

〔3〕习近平：《在哲学社会科学工作座谈会上的讲话》，2016 年 5 月 17 日。

〔4〕陈独秀：“谈政治”，载《新青年》第八卷第一号，上海新青年社 1920 年，第 9 页。

治，实际上是金力政治，所以共和底（的）自由幸福多数人是没有分的。"[1]"共和政治为少数资本阶级所把持，无论那（哪）国都是一样，要用他来造成多数幸福，简直是妄想。"[2]

与此同时，他们公开赞美社会主义的民主政治，赞美在国民革命中"当先锋的亦只有无产阶级"[3]。要"以劳工阶级的统治，替代中产阶级的少数政治"[4]，必须"用革命的手段建设劳动阶级（即生产阶级）的国家，创造那禁止对内对外一切掠夺的政治法律"[5]。

建立无产阶级专政的政权是无产阶级革命的根本问题，也是马克思主义和机会主义斗争的焦点。李大钊、毛泽东、周恩来同当时纷至沓来的、形形色色的反马克思主义的观点和思潮，进行了激烈的斗争。他们在斗争中论证了无产阶级专政的必要性，及其与一切剥削阶级政权根本上不同的实质。为了回答当时对"劳农专制"的攻讦，李大钊从阶级本质上阐明"专制的确专制，但要问：他的专制，是绅士阶级的专制呢？还是劳动阶级的专制呢？"[6]只有劳农阶级的专政才是真正民主的国家制度，其"政治机关只是为全体人民，属于全体人民，而由全体人民执行的事务管理的工具"[7]。

毛泽东意识到为了实现劳农专政而进行的斗争是不可避免的，因为"历史上凡是专制主义者，或帝国主义者，或军国主义者，非等到人家来推倒，决没有自己肯收场的"。[8]周恩来一方面指出劳农夺取政权，是"为解放人类

[1] 陈独秀："国庆纪念底价值"，载《陈独秀文集》第二卷，人民出版社2013年版，第57页。（正文中括号内的字为现用法——作者注）

[2] 陈独秀："国庆纪念底价值"，载《陈独秀文集》第二卷，人民出版社2013年版，第57页。（正文中括号内的字为现用法——作者注）

[3] 李大钊："在广州追悼列宁并纪念'二七'大会上的演讲"，载《李大钊全集》第四卷，人民出版社2013年版，第512页。

[4] 李大钊："平民主义"，载《李大钊全集》第四卷，人民出版社2013年版，第159页。

[5] 陈独秀："谈政治"，载《新青年》第八卷第一号，上海新青年社1920年，第9页。

[6] 李大钊："我们的大敌究竟是谁呢?"，载《觉悟》，1920年9月20日。

[7] 李大钊："平民主义"，载《李大钊全集》第四卷，人民出版社2013年版，第160页。

[8] 毛泽东："致蔡和森等（1920年12月1日）"，载《毛泽东书信选集》，中央文献出版社2003年版，第5页。

全体……肃清旧毒，扶植自由的新芽”,[1]另一方面批判了当时颇为流行的无政府主义的思潮。马克思主义者和无政府主义者的论战，雄辩地揭示了中国无产阶级专政的民主必将取代资产阶级专政的民主，这是历史的必由之路。

以李大钊、毛泽东、周恩来等人为代表的共产主义先驱，他们的思想更深刻、涉及的领域更宽广，作出的贡献也更杰出。他们在两个战场上都取得了伟大的胜利，不仅粉碎了帝制复辟派掀起的复古逆流，而且痛击了反马克思主义的改良主义者和无政府主义者的各种谰言，批判了企图照搬西方资产阶级民主共和政治的观点。他们还批判地总结了旧民主主义革命时期争取民主政治的历史经验，揭示了只有社会主义道路才是救中国的唯一出路，论证了无产阶级的社会主义民主取代资产阶级的民主，也如资产阶级民主取代封建专制一样，是不可抗拒的历史发展规律，从而在批判旧世界中预示了未来的理想国家——无产阶级专政的社会主义国家。中国革命的历史雄辩地证明了这一点。

共产主义的先驱者们并不只是言者，而是行者。他们深知没有革命的理论就不可能有革命的实践，也只有革命的实践才能验证革命理论的科学性、真理性。正是在马克思主义的指导下，建立了伟大的中国共产党，并且领导广大劳动人民建立了以工农为主体的红色政权。

1927 年 8 月，中国共产党召开了“八七”会议，确定了开展土地革命和以武装斗争推翻国民党政权的总方针。1927 年 10 月，在江西省茨坪镇创建了第一个农村革命根据地，形成了武装割据的局面，并根据马克思主义关于革命与国家的学说，建立了苏维埃共和国，召开了两次工农兵代表大会，又根据革命战争和建设根据地的需要积极立法建制，先后制定了宪法大纲、选举法、政权组织法、土地法、婚姻法、劳动法、惩治反革命条例、司法组织条例等，初步形成了新民主主义的法律体系。

经过十年内战血与火的洗礼，中国共产党在建设革命政权与法制的问题

---

〔1〕 周恩来：“宗教精神与共产主义”，载中共中央文献研究室编：《建党以来重要文献选编（一九二一——一九四九）》第一册，中央文献出版社 2011 年版，第 174 页。

上逐渐成熟，建立了以陕甘宁边区为代表的抗日民主政权。各抗日民主政权的法制建设摆脱了“左倾”机会主义思想路线的影响，并在总结苏区法制建设经验与教训的基础上，进行了创造性的立法活动，制定了各边区施政纲领、人权财权保障条例以及单行的刑事与民事立法，还在司法活动中总结出了深入群众、方便群众、走群众路线的“马锡五审判方式”。

解放战争时期，军事斗争是第一位的，人民民主政权的立法活动以保障战争胜利为中心任务，其中最具代表性的立法是制定了《中国土地法大纲》，形成了没收官僚资本、没收地主土地、保护民族工商业的三大经济纲领；还颁布了《解放军宣言》，宣告了一系列政策，为革命胜利后的法制建设指明了方向。

以上可见，在不同历史时期，虽然各根据地立法的侧重点有所不同，立法的内容也有所差异，但始终是以反帝、反封建的革命纲领为指导，以实现党的政策为目标，因而各根据地的立法是新民主主义性质的。它是以马克思主义为理论基础，以中国共产党的纲领为指导原则，基于革命斗争的需要和人民群众的根本利益而创建形成的。

以毛泽东为首的中国共产党领导中国人民，将马克思主义创造性地运用于中国革命的实际，终于推翻了帝国主义、封建主义、官僚资本主义的反动统治，建立了无产阶级专政的社会主义国家和法制。如同毛泽东在《论人民民主专政》中所说：“西方资产阶级的文明，资产阶级的民主主义，资产阶级共和国的方案，在中国人民的心目中，一齐破了产。资产阶级的民主主义让位给工人阶级领导的人民民主主义，资产阶级共和国让位给人民共和国。”〔1〕

新中国成立以来，法治建设所取得的成就，以马克思主义的学说为指导，同时又和密切联系中国的国情是分不开的。新中国的法制经历了建设具有中国特色社会主义法制道路的不断探索，最终走上了自主创新之路。在中国这片古老的土地上，建设中国特色的社会主义法制是一个全新的课题，以往的

〔1〕 毛泽东：“论人民民主专政（1949年6月30日）”，载《毛泽东选集》第四卷，人民出版社1991年版，第1471页。

根据地经验主义的法制建设，完全不适应新的需要。早在1955年，毛泽东就指出："我们要向先进的国家和民族学习，学习对本民族有用的东西，但不是所有的方面都要学别的民族，而要保持本民族的特点。"〔1〕晚清以来，全盘西化的法制近代化选择，以及中华人民共和国成立以后一面倒地学习苏联的法制模式，都因不适合中国的国情而遭到淘汰。

随着社会主义建设的不断深入，法治的重要性日益凸显，正是从加快推进社会主义建设的任务出发，中国共产党提出了依法治国的方略，号召全党全民为建设社会主义依法治国的法治国家而奋斗。历史充分证明，依法治国是历史发展的必然，是合乎历史发展规律的，是任何人也不能阻挡的。中华民族只有沿着社会主义的道路，努力建设依法治国的法治国家才能不断发展我国在各方面的成就与实力，充分享受改革开放所带来的福祉。

习近平总书记在历次讲话中对于依法治国的必要性以及如何建设社会主义法治国家等问题都作出了深刻的论述：

2014年10月28日，习近平总书记在《关于〈中共中央关于全面推进依法治国若干重大问题的决定〉的说明》中指出："法律是治国之重器，法治是国家治理体系和治理能力的重要依托。全面推进依法治国，是解决党和国家事业发展面临的一系列重大问题，解放和增强社会活力、促进社会公平正义、维护社会和谐稳定、确保党和国家长治久安的根本要求。要推动我国经济社会持续健康发展，不断开拓中国特色社会主义事业更加广阔的发展前景，就必须全面推进社会主义法治国家建设，从法治上为解决这些问题提供制度化方案。"

改革开放以来，我们党一贯高度重视法治。1978年12月13日，邓小平同志在中共中央工作会议闭幕会上，发表了《解放思想，实事求是，团结一致向前看》的重要讲话。在这篇讲话中，他明确指出："应该集中力量制定刑法、民法、诉讼法和其他各种必要的法律，例如工厂法、人民公社法、森林

〔1〕 毛泽东："同达赖喇嘛的谈话"，载中共中央文献研究室、国家民委编：《毛泽东民族工作文选》，中央文献出版社2014年版，第210页。

法、草原法、环境保护法、劳动法、外国人投资法等等，经过一定的民主程序讨论通过，并且加强检察机关和司法机关，做到有法可依，有法必依，执法必严，违法必究。”党的十五大提出依法治国、建设社会主义法治国家，强调依法治国是党领导人民治理国家的基本方略，是发展社会主义市场经济的客观需要，是社会文明进步的重要标志，是国家长治久安的重要保障。党的十六大提出，发展社会主义民主政治，最根本的是要把坚持党的领导、人民当家作主和依法治国有机统一起来。党的十七大提出，依法治国是社会主义民主政治的基本要求，强调要全面落实依法治国基本方略，加快建设社会主义法治国家。党的十八大强调，要更加注重发挥法治在国家治理和社会管理中的重要作用。

党的十八大以来，党中央高度重视依法治国，强调落实依法治国基本方略，加快建设社会主义法治国家，必须全面推进科学立法、严格执法、公正司法、全民守法进程，强调坚持党的领导，更加注重改进党的领导方式和执政方式；依法治国，首先是依宪治国；依法执政，关键是依宪执政；新形势下，我们党要履行好执政兴国的重大职责，必须依据党章从严治党、依据宪法治国理政；党领导人民制定宪法和法律，党领导人民执行宪法和法律，党自身必须在宪法和法律范围内活动，真正做到党领导立法、保证执法、带头守法。

在党的十八届四中全会上，习近平总书记指出：“全面推进依法治国，总目标是建设中国特色社会主义法治体系，建设社会主义法治国家。这就是，在中国共产党领导下，坚持中国特色社会主义制度，贯彻中国特色社会主义法治理论，形成完备的法律规范体系、高效的法治实施体系、严密的法治监督体系、有力的法治保障体系，形成完善的党内法规体系，坚持依法治国、依法执政、依法行政共同推进，坚持法治国家、法治政府、法治社会一体建设，实现科学立法、严格执法、公正司法、全民守法，促进国家治理体系和治理能力现代化。”他进一步强调：“全面推进依法治国是一个系统工程，是国家治理领域一场广泛而深刻的革命，需要付出长期艰苦努力。全党同志必须更加自觉地坚持依法治国、更加扎实地推进依法治国，努力实现国家各项工作法治化，向着建设法治中国不断前进。”[1]

在党的十九大报告中，习近平总书记指出，必须坚持全面依法治国，“全面依法治国是中国特色社会主义的本质要求和重要保障。必须把党的领导贯彻落实到依法治国全过程和各方面，坚定不移走中国特色社会主义法治道路，完善以宪法为核心的中国特色社会主义法律体系，建设中国特色社会主义法治体系，建设社会主义法治国家，发展中国特色社会主义法治理论，坚持依法治国、依法执政、依法行政共同推进，坚持法治国家、法治政府、法治社会一体建设，坚持依法治国和以德治国相结合，依法治国和依规治党有机统一，深化司法体制改革，提高全民族法治素养和道德素质”。要深化依法治国实践，“全面依法治国是国家治理的一场深刻革命，必须坚持厉行法治，推进科学立法、严格执法、公正司法、全民守法。成立中央全面依法治国领导小组，加强对法治中国建设的统一领导。加强宪法实施和监督，推进合宪性审查工作，维护宪法权威。推进科学立法、民主立法、依法立法，以良法促进发展、保障善治。建设法治政府，推进依法行政，严格规范公正文明执法。深化司法体制综合配套改革，全面落实司法责任制，努力让人民群众在每一个司法案件中感受到公平正义。加大全民普法力度，建设社会主义法治文化，树立宪法法律至上、法律面前人人平等的法治理念。各级党组织和全体党员要带头尊法学法守法用法，任何组织和个人都不得有超越宪法法律的特权，绝不允许以言代法、以权压法、逐利违法、徇私枉法”。

2018 年 8 月 24 日，习近平总书记在主持召开中央全面依法治国委员会第一次会议时指出，“当前我国正处于实现‘两个一百年’奋斗目标的历史交汇期，坚持和发展中国特色社会主义更加需要依靠法治，更加需要加强党对全面依法治国的领导。党中央决定成立中央全面依法治国委员会，是贯彻落实党的十九大精神、加强党对全面依法治国集中统一领导的需要，是研究解决

[1] 《中共中央关于全面推进依法治国若干重大问题的决定》，2014 年 10 月 23 日。

依法治国重大事项重大问题、协调推进中国特色社会主义法治体系和社会主义法治国家建设的需要，是推动实现‘两个一百年’奋斗目标，为中华民族伟大复兴中国梦提供法治保障的需要。要健全党领导全面依法治国的制度和工作机制，继续推进党的领导制度化、法治化，把党的领导贯彻到全面依法治国全过程和各方面，为全面建成小康社会、全面深化改革、全面从严治党提供长期稳定的法治保障”。

同时强调：“党的十八大以来，我们提出一系列全面依法治国新理念新思想新战略，明确了全面依法治国的指导思想、发展道路、工作布局、重点任务。概括起来，主要有以下 10 方面：一是坚持加强党对依法治国的领导，二是坚持人民主体地位，三是坚持中国特色社会主义法治道路，四是坚持建设中国特色社会主义法治体系，五是坚持依法治国、依法执政、依法行政共同推进，法治国家、法治政府、法治社会一体建设，六是坚持依宪治国、依宪执政，七是坚持全面推进科学立法、严格执法、公正司法、全民守法，八是坚持处理好全面依法治国的辩证关系，九是坚持建设德才兼备的高素质法治工作队伍，十是坚持抓住领导干部这个‘关键少数’。这些新理念新思想新战略，是马克思主义法治思想中国化的最新成果，是全面依法治国的根本遵循，必须长期坚持、不断丰富发展。”

2019 年 2 月 25 日，习近平总书记在主持召开中央全面依法治国委员会第二次会议时强调，“改革开放 40 年的经验告诉我们，做好改革发展稳定各项工作离不开法治，改革开放越深入越要强调法治。要完善法治建设规划，提高立法工作质量和效率，保障和服务改革发展，营造和谐稳定社会环境，加强涉外法治建设，为推进改革发展稳定工作营造良好法治环境”。

习近平总书记在讲话中多次强调走什么路的问题，说明这是关系到全面推进依法治国、建设社会主义法治国家的根本问题。他指出：“全面推进依法治国必须走对路。要从中国国情和实际出发，走适合自己的法治道路。”历史的经验证明，建设具有中国特色的社会主义法治必须走自己的路。中华民族具有悠久灿烂的法文化传统，又经历了艰难曲折的法治之路的探索。目前以宪法为核心的中国特色社会主义法律体系初步形成，中国特色社会主义法治体系也在总结社会主义法治建设经验教训的基础上不断发展提高。我们党领导的法治伟业，经历了几代人的不断努力，取得了全世界瞩目的伟大成就，正在开创社会主义法治中国的光辉前景。这一切都雄辩地证明了，全面依法治国，建设中国特色社会主义法治国家，是历史发展的必然！

图书在版编目（CIP）数据

全面依法治国与中华法文化的创造性转化研究/张晋藩著. —北京：中国政法大学出版社，2019.5

ISBN 978-7-5620-8988-9

Ⅰ.①全…　Ⅱ.①张…　Ⅲ.①社会主义法治—研究—中国　Ⅳ.①D920.0

中国版本图书馆CIP数据核字(2019)第075808号

出 版 者　中国政法大学出版社

地　　址　北京市海淀区西土城路 25 号

邮寄地址　北京 100088 信箱 8034 分箱　邮编 100088

网　　址　http://www.cuplpress.com（网络实名：中国政法大学出版社）

电　　话　010-58908285(总编室) 58908334(邮购部)

承　　印　固安华明印业有限公司

开　　本　720mm×960mm　1/16

印　　张　17.25

字　　数　246 千字

版　　次　2019 年 5 月第 1 版

印　　次　2019 年 5 月第 1 次印刷

定　　价　52.00 元